LISHI
JIAOSHI
PEIXUN DE
LILUN
YU
SHIJIAN
TANSUO

历史教师培训的
理论与
实践探索

陈　辉／主编

四川大学出版社

项目策划：高庆梅
责任编辑：高庆梅
责任校对：张　露
封面设计：墨创文化
责任印制：王　炜

图书在版编目（CIP）数据

历史教师培训的理论与实践探索 / 陈辉主编. — 成都 : 四川大学出版社, 2020.11
ISBN 978-7-5690-3952-8

Ⅰ. ①历… Ⅱ. ①陈… Ⅲ. ①中学历史课—师资培养—研究 Ⅳ. ①G633.512

中国版本图书馆 CIP 数据核字（2020）第 219064 号

书名　历史教师培训的理论与实践探索

主　　编	陈　辉
出　　版	四川大学出版社
地　　址	成都市一环路南一段 24 号（610065）
发　　行	四川大学出版社
书　　号	ISBN 978-7-5690-3952-8
印前制作	四川胜翔数码印务设计有限公司
印　　刷	郫县犀浦印刷厂
成品尺寸	170mm×240mm
印　　张	20
字　　数	378 千字
版　　次	2020 年 11 月第 1 版
印　　次	2020 年 11 月第 1 次印刷
定　　价	58.00 元

◆ 读者邮购本书，请与本社发行科联系。
电话：(028)85408408/(028)85401670/
(028)86408023　邮政编码：610065
◆ 本社图书如有印装质量问题，请寄回出版社调换。
◆ 网址：http://press.scu.edu.cn

四川大学出版社
微信公众号

前　言

本书是四川师范大学继《历史学科省级骨干教师研修的实践与探索》（四川师范大学电子出版社，2010）、《问题源于历史教学实践》（四川师范大学电子出版社，2013）之后，出版的第三本关于历史学科教师培训方面的书籍。

2009 年，四川师范大学历史学专业获批国家级特色专业。经过十年的建设与实践，2019 年历史学专业又获批国家级一流本科专业建设点。在历史学国家级特色专业和国家级一流本科专业的建设与实践中，四川师范大学力促将历史学专业建设成“三个基地”，即：培养基地、研究基地、培训基地。

一是将历史学专业建设成“学、教、研”深度融合、人才培养质量高、社会服务能力强的国内一流的卓越教师职前“培养基地”，使所培养的历史学专业师范生能在短时期内成为卓越教师，引领四川乃至西部地区基础历史教育的改革与发展。

二是将历史学专业建设成适应区域经济和社会发展需要的历史学“研究基地”，培养扎根四川、立足西部、辐射全国、服务地方文化事业和优秀传统文化创造性转化、创新性发展的高素质的专门人才。

三是将历史学专业建设成立足西部、全国领先的历史教师的“培训基地”，实现“教师培养、培训、研究和服务”一体化，使历史教师在训后的教学实践中逐渐成为“品德高尚、教学技能精湛、富有创新精神和实践能力”的历史教育教学领航名师。

在历史学专业“三个基地”建设中，四川师范大学借助 2009 年试点、2010 年全面启动的教育部、财政部“国培计划”和 2008 年四川省大规模实施“省培计划”的东风，加大对历史学专业“培训基地”的建设力度。2012 年，四川师范大学率先取得教育部“国培计划”中学历史培训机构资质。2014 年，四川师范大学历史学科“国培计划”进入“教育部全国中小学、幼儿园国家级教师培训评审”排行榜第 2 名，并于 2019 年被教育部评为首批“‘国培计划’精品培训项目”，成为全国历史学科“国培计划”唯一获此殊荣的高校（培训机构）。与历史学科“国培计划”相关的项目研究成果，于 2014 年荣获首届国家级教学成果奖二等奖，成为全国历史学科唯一的获奖项目，并于2018年被推荐参加教育部组织的第四届中国教育创新成果公益博览会展览，成为历史学科类唯一参展的全国项目。项目研究成果《历史学科培训构建“七环节三结合”同课异构模式的探索》，成为2020年教育部“国培计划”十周年典型案例征集入选案例，面向全国推广。2014年，在四川省“国培计划”项目实施工作优秀单位和优秀个人表彰中，四川师范大学历史学科“国培计划”荣获集体奖2项，个人奖3项。2020年，四川师范大学历史学科教师培训荣获四川省教师培训优秀成果奖一等奖1项，二等奖2项，成为历史教师培训获奖项目数最多的高校。截至2020年，四川师范大学实施历史学科“国培计划”与“省培计划”88项，培训人数达1.3万余人。其中，历史学科“国培计划”实施的项目数和培训人数位居全国第一。值得一提的是，四川师范大学所承担的“国培计划”——国培管理者团队研修项目（历史学科），属于培训者培训项目，其培训对象主要是高校从事历史学（师范类）专业教学的专业课教师和学科教学论教师，以及来自全国各级教师培训机构的骨干历史教师培训者（历史教研员）和全国知名中学历史教师。高校历史学（师范类）专业教师和中学教师、历史教研员共同参加一个“国培计划”项目的培训，不但有利于历史学（师范类）专业“实习基地”和“培训基地”的建设，同时也有助于高校历史学（师范类）专业的教师在培训期间的“跨界联动”，与知名中学、教研机构建立“历史教师协同培养”机制，更加深入了解基础历史教育的改革与发展，进一步明确历史学（师范类）专业培养目标与毕业要求，明晰历史学（师范类）专业培养效果对培养目标的达成度、历史学（师范类）专业定位对教师需求的适应度、中学用人单位对教师培养的满意度等具体要求，使培养的历史学专业师范生毕业后经过努力能够成为新时代基础历史教育的卓越教师。

本书正是基于历史学国家级特色专业和国家级一流本科专业建设的视域，对四川师范大学实施“国培计划”与“省培计划”历史学科教师培训的理论和实践进行探索和总结。全书分为培训理念与实践探索、培训专题与讲座荟萃、培训获奖与成果分享以及二〇二〇年教育部“国培计划”十周年典型案例征集入选案例四个模块。其中，培训理念与实践探索模块，探讨了作为历史教师培训者的角色定位、基本素养及其专业发展，论述了历史教师培训的培训需求调研、培训课程开发与设计、培训案例资源的采集与利用、培训课堂观察的听评课策略、培训模式与方法创新、培训效果的考核与评价、“同课异构”培训模式实践探索等，旨在提升历史教师培训者的培训方案设计能力、课程开发能力、教学实施能力、活动设计能力。培训专题与讲座荟萃模块，是根据部分培训专家讲座内容整理成文，主要涉及历史教师教育研究若干专题，如中学历史教育研究前沿、中学历史课程标准解读、中学历史统编教材分析与教学实施、中学历史教学设计、中学历史教学评价、中学历史课程资源研发、中学历史教师专业发展等，这些专题内容既是历史教师教育研究的核心问题，也是历史学专业（师范类）建设和师范类专业认证之“培养目标”“毕业要求”“课程与教学”标准部分要着力解决的关键问题。培训获奖与成果分享模块，主要用表格的方式罗列了四川师范大学实施“国培计划”与“省培计划”十余年间的培训项目、获奖成果、荣誉称号、部分培训专家的讲座主题，旨在全面反映历史教师培训所做的理论探索和实践过程，其中列举的175位培训专家的讲座主题，可作为历史学科教师培训讲座的参考题目。二〇二〇年教育部“国培计划”十周年典型案例征集入选案例模块，收入《历史学科培训构建“七环节三结合”同课异构模式的探索》，是理论思想的具体实践。

教师是立教之本、兴教之源。新时代下我国教师教育的基础地位更加彰显，现已基本形成师范院校与非师范院校共同举办师范教育的格局。高校从师范教育向教师教育的转型，实现了我国教师培养体系从单一到多元化的优化升级。尤其是我国推进的“教师教育职前职后一体化”改革，大力推动高校承担促进教师职后发展的工作。在教师教育进入高质量发展的新阶段，四川师范大学全面开启了建设特色鲜明的高水平综合性师范大学的新征程，主要体现在深化教师教育人才培养模式改革，完善教师教育职前职后一体化培养培训体系，丰富拓展教师教育研究体系，引领支撑区域教师教育发展。为此，总结四川师范大学历史学科实施“国培计划”“省培计划”的典型经验和做法，有助于强化师范大学历史学专业的教师教育特色和优势，增强师范大学历史学专业的核心竞争力。四川师范大学在历史教师培训方面所做的探索与实践，旨在抛砖引玉，力求在推动教师教育职前职后一体化建设的基础上，强化师范大学历史学专业教师对基础历史教育的认知，借以反哺历史学专业师范生培养目标的达成，助推历史学国家级一流本科专业建设和师范类专业认证工作的开展。

目　录

培训理念与实践探索

培训专题与讲座荟萃

培训获奖与成果分享

二〇二〇年教育部“国培计划”十周年典型案例征集入选案例

培训理念与实践探索

初中历史骨干教师培训的实践探索

（陈辉，四川师范大学教授、博士生导师）
（李奋珍，四川师范大学2011级硕士研究生）

自2008年以来，四川师范大学通过竞标共承担了八十余项“国培计划”项目（以下简称“国培”），重点培训来自全国各地的优秀中学历史骨干教师、优秀中学历史教研员，以及高校历史教师和各级培训机构的培训者。下面以四川师范大学实施的国培四川省置换脱产研修项目——四川师范大学初中历史班为例，以点带面，就培训实践探索的典型经验进行归纳总结。之所以以此为例，是因为这一研修项目的实施，推动了四川师范大学职前培养与职后培训一体化进程，有利于高校历史学（师范类）专业人才培养模式的改革，取得了多赢的效应。

一、四川师范大学初中历史班研修的实施过程

（一）置换脱产研修前期准备工作

每年3月底至4月初，承办国培的培训机构将根据教育部有关文件精神，在省教育厅组织下，撰写申报书和实施方案，经教育部有关专家评审通过后，方可正式实施培训。从接到教育部通知起，培训准备工作就开始进行。承担国培的四川师范大学历史培训专家团队根据教育部、四川省教育厅的相关要求，对参训教师做培训需求问卷调查，然后根据调查结果和教师培训学院的相关规定拟定培训方案，制定培训计划，联系授课专家，提前准备国培专用教室，订购研修书目、研修专用笔和笔记本，印制学习指南、生活指南、研修专用包，提前预订参训教师住宿酒店等。

（二）参训教师培训工作流程

国培置换脱产研修项目的培训时间一般为半年或三个月。2011年至2012

年，四川省初中历史教师置换脱产研修为三个月，2013 年为 100 天。置换脱产研修项目共分为理论研修、跟岗研修和成果交流展示三个阶段。

1. 具体培训流程

参训教师到高等院校报到→举行开班典礼→问卷需求调查→班组划分→进入理论研修阶段→课题研究和返岗实践指导顶岗实习生→“影子教师”实践跟岗→成果固化与总结考核→参训教师结业答辩→结业典礼。

如上述所示，如果把培训过程按阶段划分，可划分为四个阶段：第一阶段主要是理论研修阶段。这一阶段包括参训教师报到、举行开班典礼、问卷需求调查和班组划分、理论研修等。第二阶段为课题研究和返岗实践指导顶岗实习生。这一阶段，参训教师带着课题回到自己的原任职学校，进行课题研究和指导顶岗实习生。具体内容包括自身的研修提升和对顶岗实习生的实习指导。其中，参训教师自身的研修提升包括课程研修、问题探究、教材分析、教学设计、课题研究、反思与提炼等。参训教师对顶岗实习生的实习指导包括顶岗实习生实习计划的制定、顶岗实习生上课的随堂指导、顶岗实习生实习的考核与评定等。第三阶段为“影子教师”实践跟岗。实践跟岗主要完成以下任务：课堂教学观察、实践导师教学特色跟踪研究、实践基地校本教研观察、参训教师个性化教学设计研评、“影子实践”汇报课交流与反思。第四阶段是成果固化与总结考核。此阶段研修需要完成下列研修任务：总结与提炼骨干教师的教学风格、提升骨干教师培训能力、制订个人学习与专业发展规划、国培学习收获的区域分享、参训教师研修成果展示与固化、参训教师结业答辩与结业典礼等。

2012 年 9 月 16 日，四川师范大学初中历史班研修项目参训教师在四川师范大学报到。四川师范大学历史文化与旅游学院教授、国培首席专家陈辉和班主任潘树林老师以及研究生组成的服务团队进行热情接待。接待工作包括如下内容：引导参训教师报到登记、发放校园“一卡通”及资料包、道路引领及安排住宿等。参训教师报到时每人领取一个研修资料包，包含培训课表、学习指南、学习资料、笔记本、公务笔等。主办方还为参训教师办理了校园“一卡通”。校园“一卡通”是由四川师范大学为参训教师专门定制的，用于餐厅就餐、图书馆借书，以及超市购物等。参训教师领取校园“一卡通”时，每张卡上已存入少许金额，之后再由参训教师自行充值。

2012 年 9 月 17 日，举行开班典礼。开班典礼属于一种礼仪教育，国培首席专家陈辉教授、班主任潘树林副教授和全体参训教师出席，四川师范大学历史文化与旅游学院院长王川教授、党委书记王晓焰教授，以及学院其他领导等嘉宾出席，四川师范大学教师培训学院院长李志全教授在开班典礼上致辞。开班典礼结束后，班主任赓即组织选举班委，选举采用自荐与推荐相结合的方式。

专题讲座从2012年9月18日开始，一直持续到2012年10月16日。这段时间为集中理论培训。专题讲座的主要目的是让参训教师了解新课改，对新课改理念、史学前沿动态、中学历史教材教法、中学生学习心理和教学研究等在理论上有系统的提升。

2012年10月17日至2012年11月17日，参训教师分6个小组分别赴四川师大一中、四川师大附中、成都市棕北中学、成都七中育才学校、成都七中嘉祥外国语学校、成都七中初中学校等“影子研修”基地学校进行“跟岗研修”。这一阶段共一个月的时间，“影子研修”基地学校为参训教师安排了指导老师。参训教师如影随形地跟着指导老师备课、磨课、听课、说课、评课。有的参训教师还参与教学设计，并在基地学校讲授公开课。跟岗研修阶段，参训教师依然住在四川师范大学内。

跟岗研修结束后，参训教师回到四川师范大学，并在国培专家、班主任等老师的指导下进行跟岗研修总结、结业论文写作与答辩。2012年12月16日举行结业典礼，标志着这一项目顺利结束。结业典礼上，为参训教师颁发结业证书、优秀参训教师证书和课时证明等。结业典礼结束后，国培专家还与参训教师合影留念。

2011年四川师范大学承担的初中历史班的实施过程大致与此相同。2013年对实施方案略做调整，调整内容如下：（1）暑期开班，理论研修提前进行。2013年7月27日，正值暑假，参训教师来到四川师范大学报到并开始了理论研修。炎炎烈日并未阻挡参训教师的学习热情，反而取得更好的研修效果。（2）将参训教师指导顶岗实习生作为独立环节予以落实。集中理论研修结束后，2013年9月1日至2013年9月20日，安排参训教师进行课题研究与返岗实践，让参训教师回到原任职学校，对顶岗实习生进行实习指导。

2. 后续跟踪服务

研修结束时，国培专家为参训教师拟定“初中历史骨干教师专业成长规划方案”“初中历史骨干教师指导青年教师方案”和“初中历史骨干教师辐射示范带头作用发挥方案”等，为参训教师规划自身专业成长、在工作岗位上指导青年教师和发挥骨干教师辐射示范带头作用提供参考借鉴。四川师范大学为参训教师制定了自主拟定、互相探讨、专家指导和形成成果“四步走”的专业成长方案。

自主拟定阶段：参训教师根据自身情况和所在学校的实际情况，规划并拟定“初中历史骨干教师专业成长规划方案”“初中历史骨干教师指导青年教师方案”和“初中历史骨干教师辐射示范带头作用发挥方案”。

互相探讨阶段：参训教师分组交流，探讨初中历史骨干教师面临的困惑、挑战及专业成长轨迹，分享专业成长经验，以 PPT 课件的形式展示自己拟定的“初中历史骨干教师专业成长规划方案”“初中历史骨干教师指导青年教师方案”和“初中历史骨干教师辐射示范带头作用发挥方案”。

专家指导阶段：国培专家为参训教师返程自学推荐史学理论和教育教学理论书籍，帮助参训教师提升专业水平。

形成成果阶段：经过研修学习和实践，最终制定出“初中历史骨干教师专业成长规划方案”“初中历史骨干教师指导青年教师方案”和“初中历史骨干教师辐射示范带头作用发挥方案”，形成成果。这个阶段，由参训教师在自己原来所在学校自主完成，其 PPT 课件及论文等通过网络方式与国培专家进行交流，国培专家为参训教师申请了专门的 QQ 群、微信群和邮箱，方便学习交流与问题解答。

2012 年的研修学习成果——《问题源于历史教学实践》，于 2013 年 4 月出版，成为教育部、财政部国培生成性课程资源。

可见，培训一届置换脱产研修班，相关高校付出了艰辛的努力。单从时间上来看，从遴选、通知历史骨干教师到研修成果公开出版，至少持续一年时间。这个过程中的许多工作都是细微而烦琐的，各环节环环相扣。

（三）顶岗实习生实习工作流程

1. 前期充分准备

国培项目实施方案上报教育部之后，根据四川省教育厅的指示，项目承担院校——四川师范大学积极准备顶岗实习生的选拔和岗前培训工作。四川师范大学负责对顶岗实习生进行选拔，并对其实习进行指导管理。为确保顶岗实习生能够胜任顶岗教学工作，四川师范大学制定了顶岗实习生的选拔条件、流程及顶岗实习相关要求。根据“自愿报名→填报个人信息表→资格审查→岗前培训→试讲选拔→顶岗实习→实习考评→顶岗实习工作总结”这样的流程，确定顶岗实习生名单，四川师范大学还要根据参训教师原工作学校的具体情况来安排顶岗实习地点、人数和时间。

2. 指导监控顶岗实习过程

首先，及时安排顶岗实习生到校报到。根据教育部和四川省教育厅的相关通知，国培项目承担院校于规定时间，统一派送顶岗实习生到顶岗实习学校报到，并与被置换的参训教师进行工作交接。四川师范大学于2011年9月16日安排60名顶岗实习生到参训教师所在学校实习，12月15日统一接回；2012年同一时间安排60名顶岗实习生；2013年同一时间安排50名顶岗实习生。

其次，进行中期检查指导。国培项目实施阶段，由高校带队老师组成的赴顶岗实习基地学校检查组检查顶岗实习生的实习工作。带队老师深入顶岗实习基地学校，对顶岗实习生的教学情况、食宿条件和日常生活管理、安全管理等各方面进行调研。四川师范大学的带队老师主要由国培专家团队担任。

最后，进行项目绩效考评。顶岗实习结束时，四川师范大学对顶岗实习生的工作进行绩效考评。对顶岗实习生的教育教学能力、管理能力、人际交往能力等各方面进行考核。顶岗实习结束后，四川师范大学将顶岗实习生如期接回学校，并进行顶岗实习工作总结，举行优秀顶岗实习生颁奖大会，开展顶岗实习生座谈会及其他收尾工作。

二、四川师范大学初中历史班研修的特点

（一）培训内容科学合理

该项目的理论培训阶段主要从理论、技术、实践等层面对参训教师进行系统培训。课程内容包括综合性课程，如“以学定教”的历史课堂转型、史观与初中历史教学、《义务教育历史课程标准》（2011年版）的理念及取向、初中历史知识与新课标课程内容分析；新课标中的史学前沿动态，如新课标中的中国古代史前沿动态、中国近代史前沿动态、中国现代史前沿动态、世界古代史前沿动态、世界近现代史前沿动态；技术指导类课程，如初中学生历史学法指导、初中历史自主学习活动课堂模式的构建 、民族史研究与义务教育地方课程教材开发策略、历史教学与网络公共资源的获取与利用、历史多媒体课件的制作与运用等；专题报告，如初中历史教学的叙事研究与行动研究等；文化拓展，如艺术欣赏、科学技术发展史略、中国传统文化简介；等等。另外还有关于师德、历史教师专业成长个案评析、师生关系、新课改、历史课程性质与价值观教育、有效教学的途径与方法、历史教学设计、历史试题命制、初中历史“同课异构”课例观摩与点评等方面的培训课程。培训期间还有地方历史课程资源考察，如参训教师考察成都金沙遗址博物馆和四川省博物馆以及建川博物馆等。具体课程内容，我们以2012年的四川师范大学初中历史班为例，选取

部分课程内容，列表如 1.1.1：

表 1.1.1　2012 年四川师范大学初中历史班课表摘录①

时间		模块	课程及专题	学时	培训地点
9 月 17 日（星期一）	上午	模块一	①开班典礼 ②问卷需求调查 ③班组划分	3	7 教 314 教室
	下午	模块二	历史课程性质与价值观教育	3	7 教 314 教室
9 月 18 日（星期二）	上午	模块三	初中历史课程改革再深化的重难点问题	3	7 教 314 教室
	下午	模块一	模范教师的师德与职业认同	3	7 教 314 教室
9 月 19 日（星期三）	上午	模块一	教师职业倦怠调节与专业成长个案评析	3	7 教 314 教室
	下午	模块二	中国历史学科的发展趋势	3	7 教 314 教室
9 月 20 日（星期四）	上午	模块七	基于史料的历史教学设计	3	7 教 314 教室
	下午	模块三	“以学定教”的历史课堂转型	3	7 教 314 教室
9 月 21 日（星期五）	上午	模块三	史观与初中历史教学	3	7 教 314 教室
	下午	模块三	反思与探究（作业）	3	自选地点
9 月 24 日（星期一）	上午	模块四	《义务教育历史课程标准》（2011 年版）的理念及取向	3	7 教 314 教室
	下午	模块四	初中历史知识与新课标课程内容分析	3	7 教 314 教室

由表 1.1.1 可见，2012 年四川师范大学初中历史班课程设置是合理的，专题培训前对参训教师进行培训需求问卷调查，开班后首先讲述师德方面的课程，然后讲述历史新课标相关内容和新课改相关理念，之后再细讲历史学科专业理论知识。这样的设置既有广度又有深度，既有普适性又独具个性，既符合教师培训需求又能满足历史学科专业能力的提升。

集中理论培训阶段结束后，参训教师带着课题回到所在学校，进行课题研究和指导顶岗实习生。参训教师返岗后的实践内容包括自身的研修提升和对顶

① 《“国培计划（2012）”四川省置换脱产研修项目四川师范大学初中历史班学习指南》，四川师范大学历史文化与旅游学院、四川师范大学教师培训学院，2012 年。

岗实习生的实习指导。其中，参训教师的研修提升包括课程研修、问题探究、教材分析、教学设计、课题研究、反思与提炼等。对顶岗实习生的实习指导包括顶岗实习计划的制定、顶岗实习生上课的随堂指导、顶岗实习生的考核与评定等。其间会有参训教师与顶岗实习生“一对一”的交流研修。

跟岗研修阶段，国培专家对参训教师关于跟岗研修的目的、任务、主要内容以及跟岗研修的考核要求等方面做详细讲解。参训教师必须明确研修目的，准备好问题赴基地学校，树立教学即研究的思想。“影子研修”过程中，参训教师以研究者的身份参与“影子研修”基地学校的教育教学与科研，进行课程研修、实践锻炼、问题研究，跟班听课、随班上课、参与班级管理、参加教育科研活动，学习借鉴“影子研修”基地学校历史教学的成功经验，提高策划、组织、指导初中历史校本研修、历史学科区域研究的能力。跟岗研修采取情景式体验、案例式研讨、座谈式讨论、影子指导等培训方式。在这个过程中，参训教师充当着教师、“实习生”以及“记者”等角色，在自主学习的同时记录跟岗研修的点点滴滴。参训教师在跟随指导教师研修的同时，要进行专业书籍阅读，完成“跟岗研修日志”“跟岗研修总结”“跟岗研修反思”等作业。

（二）培训方式高效可行

一般采用多种培训方式，如参与式培训、专家讲授与探索实践等，目的是为中学历史骨干教师提供持续的自身专业发展、教学实践与教学研究支持。

四川师范大学初中历史班采用了情景式体验、案例式研讨、互动式讲座、问题式聚焦、实地考察交流、分组研讨、座谈讨论、成果式交流、口述式分享、答辩式点拨、分组式指导、观摩式教学、示范式引领等培训方式。“影子研修”基地学校研修采用如下培训方式：（1）“影子”培训系列专题：课程研修、问题探究、教材分析、教学设计、课例研究、反思与提炼；（2）基地学校跟岗研修系列活动：课堂教学观察、实践导师教学特色跟踪研究、基地学校校本教研观察、参训教师个性化教学设计研评、影子实践汇报课交流与反思；（3）基地学校校本研修系列课题：基地学校与任职学校评课标准比较研究、基地学校校本教研特色研修分析、基地学校信息化资源分享、基地学校导师课程资源开发的参与、基地学校初中历史教师班主任经验学习等。

（三）后续服务工作周到

集中培训结束后，国培专家与培训团队特别注重对参训教师进行跟踪指导，包括研修成果的写作指导、研修成果修改、研修成果答辩直至最后研修成果的公开出版；对参训教师进行问卷调查，了解其培训后的成长与发展；对参训教师后续的教学研究活动进行远程指导。

对于顶岗实习生，在顶岗实习结束后，四川师范大学历史文化与旅游学院召开顶岗实习总结大会、顶岗实习生座谈交流会，并评选优秀顶岗实习生。带队教师还会对顶岗实习生做问卷调查，深入了解顶岗实习生在基地学校各方面的实习情况。根据调查统计结果及时调整顶岗实习实施策略，为四川师范大学进一步改进和完善教育实习工作提供有益的借鉴和启示。

三、四川师范大学初中历史班研修的收获与体会

（一）参训教师的收获与体会

每期的培训项目结束时，四川师范大学都会对参训教师进行问卷调查，以了解参训教师对培训的态度、收获与体会等。

问卷设置了关于参训教师的基本情况，参训教师所在学校的基本情况，参训教师对待国培的态度、收获与体验等封闭性问题和开放性问题共46个。对2011届、2012届、2013届参训教师各发放50份、60份、50份总共160份调查问卷，回收155份，回收率达96.8%。

所有收回的有效问卷，用spss统计包进行了统计分析。针对参训教师以前是否参加过培训和参训教师对待国培的态度及其收获与体会的调查结果见表1.1.2、表1.1.3。

表 1.1.2　参训教师接受培训情况调查①

问　题	选　项	样本统计结果		
		2011 年参训教师（50 份）	2012 年参训教师（60 份）	2013 年参训教师（50 份）
1. 本次培训前您是否参加过有关培训	A. 是	55.6%	61.5%	77.2%
	B. 否	44.4%	38.5%	22.7%
2. 您此前参加的培训属于	A. 国家级	19.8%	25.9%	33.3%
	B. 省级	15.6%	9.0%	8.9%
	C. 市级	36.5%	38.6%	35.6%
	D. 县级	45.0%	37.4%	26.7%
	E. 区级	15.6%	14.5%	15.6%
3. 您所在学校历史教师以前获得培训的机会	A. 经常	14.0%	16.7%	11.1%
	B. 很少	76.0%	71.7%	77.8%
	C. 没有	10.0%	11.7%	11.1%
4. 您所在学校历史课教学	A. 完全由历史专业教师完成	22.0%	18.3%	11.1%
	B. 全部由非历史专业教师完成	14.0%	13.3%	13.3%
	C. 主要由历史专业教师完成	54.0%	51.7%	46.7%
	D. 主要由非历史专业教师完成	22.0%	16.7%	28.9%

① 本表是对三年参训教师的问卷调查表的统计结果。

表 1.1.3 参训教师对待国培的态度及其收获与体会①

问　题	选　项	样本统计结果		
		2011 年参训教师（50 份）	2012 年参训教师（60 份）	2013 年参训教师（50 份）
1. 您收到参加本次国培的通知时的心情	A. 很高兴，可获得专业提升机会	69.6%	70.9%	71.1%
	B. 很高兴，可暂时脱离烦琐的工作	14.5%	12.5%	13.3%
	C. 很高兴，可顺便出去旅游放松一下	9.1%	7.4%	6.7%
	D. 无所谓，可能是走形式	6.8%	9.0%	8.9%
	E. 其他	0	2.0%	0
2. 您参加本次国培的目的是	A. 拓展专业知识	50.2%	49.6%	48.9%
	B. 提高教育教学水平	59.8%	58.6%	62.2%
	C. 提高教育教学科研能力	30.1%	28.0%	24.4%
	D. 评优晋升	12.6%	14.2%	11.1%
	E. 完成上级主管部门和所在学校的任务	15.3%	9.8%	12.1%
3. 您参加本次国培最想获得的培训内容是	A. 教学理论	28.4%	30.2%	26.7%
	B. 史学理论	24.2%	29.4%	26.7%
	C. 教学技能	87.3%	89.4%	91.6%
	D. 课题研究及论文写作	19.1%	21.3%	20.0%
4. 您对本次国培的组织接待	A. 非常满意	29.5%	31.6%	42.2%
	B. 满意	66.4%	65.0%	55.6%
	C. 不满意	4.1%	3.4%	2.2%

① 本表是对三年参训教师的问卷调查表的统计结果。问卷调查表中有部分题目可多项选择，也有样本中存在部分题目没有被选，故而造成有的调查项目总数超过 100%，有的项目则总数不足 100%。这都是根据实际问卷调查状况做的如实统计。

续表

问　题	选　项	样本统计结果		
		2011 年参训教师（50 份）	2012 年参训教师（60 份）	2013 年参训教师（50 份）
5. 您对本次国培的生活管理	A. 非常满意	15.1%	20.2%	24.4%
	B. 满意	70.4%	69.6%	66.7%
	C. 不满意	14.5%	10.2%	8.9%
6. 您最认可的国培的研修方式是	A. 专家讲授	73.5%	75.5%	80.0%
	B. 专题讨论	12.5%	10.6%	13.3%
	C. 示范教学	82.5%	86.2%	90.8%
	D. 案例分析	26.6%	28.2%	26.7%
	E. 观摩研讨	84.4%	86.6%	89.8%
	F. 经验交流	15.4%	12.5%	13.3%
	G. 课题研究	4.6%	3.5%	4.4%
7. 您认为本次国培的课程设置	A. 理论与实践相结合，有针对性，效果好	69.0%	78.5%	86.7%
	B. 理论与实践脱节，效果不明显	22.4%	16.0%	11.1%
	C. 理论性太强，不适用	8.6%	5.5%	2.2%
8. 您在参加本次国培前是否公开发表过学术论文或教改论文	A. 是	54.5%	56.4%	55.6%
	B. 否	45.5%	43.6%	44.4%
9. 您在参加本次国培前是否主持或参与过教学改革等课题研究	A. 是	43.4%	45.6%	42.2%
	B. 否	56.6%	54.4%	57.8%
10. 下列影响教师专业成长的因素中，哪一项更适合您	A. 攻读在职教育硕士	0	0	0
	B. 开展课题研究，撰写研究论文	16.8%	16.6%	15.6%
	C. 提高教学技能	58.6%	56.5%	60.0%
	D. 参加培训研讨	32.0%	30.0%	25.9%
	E. 广泛阅读	20.4%	22.4%	28.9%

续表

问题	选项	样本统计结果		
		2011 年参训教师（50 份）	2012 年参训教师（60 份）	2013 年参训教师（50 份）
11. 您认为参加此次国培与您的专业成长的关系是	A. 关键事件	2.0%	3.3%	2.2%
	B. 有很大影响	82.4%	80.5%	84.4%
	C. 影响不大	15.6%	16.2%	13.3%
	D. 没有影响	0	0	0
12. 您对本次培训最不满意的地方是	A. 组织接待	0	0	0
	B. 生活管理	35.4%	34.5%	33.3%
	C. 课程安排	35.0%	34.5%	33.3%
	D. 主讲教师	25.6%	25.2%	24.4%
13. 您对国培置换脱产研修项目总体评价是	A. 是一种新型教师培训模式，对中学教师和高校在读师范生都有非常积极的作用	49.3%	51.0%	53.3%
	B. 是一种新型教师培训模式，但对中学教师的作用更为明显	37.8%	38.5%	42.2%
	C. 是一种新型教师培训模式，但对高校在读师范生的作用更为明显	11.5%	10.5%	8.9%
	D. 这种培训模式与其他培训模式没有什么差别	0	0	0

根据对以上调查结果的分析①，以及参训学员的研修感悟，参训教师在国培中的收获和体会大致如下。

1. 珍惜来之不易的国培机会

表 1.1.2 的调查结果显示，三年的参训教师中平均有 35.2%在此次培训前从未参加过任何历史专业的相关培训；此前参加过培训的，属于国家级培训的平均只有 26.3%。而绝大多数的参训教师未曾参加过国家级培训；平均有

① 对调查结果进行百分比统计，有的结果是根据三年的调查情况，取平均值。

75.2%的参训教师所在学校历史教师以前获得培训的机会很少。

根据对参训教师对待此次国培的态度及其收获与体会的问卷调查结果显示，三年的参训教师中平均70.5%的参训教师接到本次国培通知时的心情是“很高兴，可获得专业提升机会”，只有极少数参训教师觉得“无所谓，可能是走形式”。这表明参训教师对于能够参加国培“表示特别高兴”，对能够获得国家级的培训机会特别珍惜。

参训教师普遍表示在此次国培中收获很大。如2011年来自蒲江县松华初级中学的黄爱国感言：“参加本次培训，特别是‘影子教师’跟岗学习，给我注入了新的教学理念和血液，使我振奋。我会把这次学到的先进理念和先进经验运用到我今后的教育教学中去，并从思想上提高自己的觉悟，争做一名让社会满意、让领导放心的合格的人民教师。”①

2012年来自遂宁市安居区磨溪镇中学的参训教师廖梅梅也说：“通过‘国培’置换培训，我明确了中学历史新课改目标与任务。认识到了历史教学改革中提高教师自身素质这一关键环节，对新时期中学历史教学的重要意义。一名拥有求真务实的唯物史观、深厚的专业知识功底、全面的教学技能，关注学科新前沿，具有广泛兴趣爱好的中学历史教师才会适应新时期历史教学的工作要求，并受到学生的欢迎和认可。”② 同年，来自四川中江实验中学的陈梅老师表示：“此次‘国培’教育培训，收获颇多，同时也感到中学历史教学的挑战与压力颇大，尤以备课环节、课堂纪律维持、教姿教态调整三方面的问题，需要加强学习，并积极向其他教师请教和探讨。为促进教学交流，提高工作能力，总结了自己的工作实践经验和不足。希望能够在‘国培’教育的平台上弥补不足，并为其他同事提供参考。”③

2. 提升了学科专业知识

正如表1.1.2所示，平均有22.5%参训教师所在学校的历史课主要由非历史专业教师完成，甚至平均有13.5%的参训教师所在学校历史课全部由非历史专业教师完成。这反映出历史课在农村中学不但由非历史专业教师担任，而且对于非历史专业教师的培训很少。显然，担任历史课的教师的专业化程度

① 陈辉编：《“国培计划（2011）”——四川省初中历史置换脱产研修项目参训教师研修日志》，四川师范大学，2011年，第16页。

② 陈辉编：《“国培计划（2012）”——四川省置换脱产研修项目四川师范大学初中历史班工作简报（第6期）》，四川师范大学，2012年，第14页。

③ 陈辉编：《“国培计划（2012）”——四川省置换脱产研修项目四川师范大学初中历史班工作简报（第6期）》，四川师范大学，2012年，第15页。

需要提升。这反映出历史课在农村中学中处于边缘化的地位，不太受重视。然而，历史课实际是专业性特别强的一门学科，而且随着高考、中考的改革以及新课程改革，对历史教师的要求也越来越高。尤其对于那些非历史专业的历史教师而言，通过培训提升学科专业知识成为非常迫切的需要。

表 1.1.3 的结果所示，参加本次国培的目的，平均 49.6％的参训教师是为了拓展专业知识，60.2％的参训教师是为提高教育教学水平，27.5％的参训教师是为提高教育教学科研能力，12.6％的参训教师是为评优晋升，只有 12.4％的参训教师是为了完成上级主管部门和所在学校的任务。

而从培训取得的结果看，参训教师极大地提升了学科专业知识。2013 年的参训教师——来自四川省阆中市金城乡中心学校的侯洋行在反思日志中写道："在 2013 年 8 月 3 日，我有幸聆听了四川师范大学历史文化与旅游学院副教授、硕士生导师潘树林讲授的'新版课标中的世界古代史前沿动态'一课。潘老师对于世界古代史的一些解读实在让我大开眼界。通过这次学习，我发现自己的专业知识提升了很多，未来提升的空间还很大，以后的教学中要更加努力了。"①

3. 更新了历史教学观念

新课改推行以后，很多教师表示不太适应，尤其是年龄较大的历史老师，他们已经被传统的教学模式定势了，教学观念存在陈旧的固化趋势，国培项目正好对参训教师的教学观念进行"置换"。2013 年的参训教师——来自江安县南屏学校的胡晓琼老师在反思日志中写道："在 2013 年 8 月 2 日，我有幸聆听了四川师范大学历史文化与旅游学院院长王川教授讲授的'中国历史学科的发展趋势'一课。王教授很多新颖的观点、经典的言语，以及层出不穷的案例闪现在我眼前，让我目瞪口呆，使我深刻难忘。我的教学观念瞬间受到冲击，感觉像被'洗脑'了一般获得了重生。这些新颖的教学观念对我以后的教学给了很大的启发。"②

四川省兴文县大河中学的郝勇老师也提道："在 2013 年 8 月 4 日，我有幸聆听了四川省双流中学特级教师、'胡克芹名师工作室'主持人胡克芹老师讲授的"教学名师引领新课改"一课。胡老师用大量的名家名言给我们展示了一

① 陈辉编：《"国培计划（2013）"——四川省置换脱产研修项目四川师范大学初中历史班工作简报（第 3 期）》，四川师范大学，2013 年，第 19 页。

② 陈辉编：《"国培计划（2013）"——四川省置换脱产研修项目四川师范大学初中历史班工作简报（第 3 期）》，四川师范大学，2013 年，第 18 页。

位名师应该具备的素养，还用了大量生动的案例给我们提供了学习的榜样，更是使用了大量精准的总结性语言教我们怎么成长为一位名师，实在让我受益匪浅啊！胡老师的讲座也使我的教学观念得到了更新。我以后一定要以各位名师为榜样，努力提升自身素质，提高自身水平，力争成长为一名名师。”①

4. 促进了专业技能的提高

在国培培训课程实施中，涉及对参训教师专业技能的实训，通过培训，大多数参训教师表示他们的专业技能得到了很大的提高。如屏山县夏溪乡中心学校的彭绍坤老师说道：“在 2013 年 8 月 4 日，我有幸聆听了西南大学历史文化与旅游学院吴建华教授讲授的‘基于新课标的世界近代史基本线索与学科前沿动态’一课。吴教授用大量生动的案例和各种名家的新观点给我们展示了现在最新的历史学科前沿动态，实在让我感到吃惊。说真的，虽然说新课标在 2011 年就有了，但是我在上课过程中还是基本以老课标为准，对于学生知识的传授还是基本以照本宣科的形式进行，这次吴教授的讲授给我一种别开生面、豁然开朗的感觉。我想，经过这节课的学习，以后我再给学生讲这一内容的时候会更加具有新意，也会用更多的方法来吸引住学生，而不是以枯燥的讲述为主了。希望以后还有更多的机会向大师们学习。”②

2013 年的参训教师——来自简阳市吴仲良第四初级中学的郑传生老师在研修反思日志中写道：“在 2013 年 8 月 5 日，我有幸聆听了四川师范大学历史文化与旅游学院副教授、硕士生导师张利娟讲授的‘历史教学网络公共资源的获取与利用’一课。张老师用了充足的网络资源，带给我们一个全新的刺激，使我感叹：原来历史课还可以这样上啊！回想我有些教学在现在提倡新课改的风气的影响下，其实有很多时候的视频运用都还不到位。这次培训让我的教学技能得到很大的提升，在以后的教学工作中我要随时提醒自己，努力遵循张老师说的原则，充分利用现代科技成果，给学生带来一场知识盛宴，让学生在轻松愉快的环境中学到知识。③

除此之外，参训教师在其他方面也有很多的收获，而且他们对四川师范大学组织的培训也表示非常满意。如表 1.1.3 所示，对于本次国培的组织接待，

---

① 陈辉编：《“国培计划（2013）”——四川省置换脱产研修项目四川师范大学初中历史班工作简报（第 4 期）》，四川师范大学，2013 年，第 12 页。

② 陈辉编：《“国培计划（2013）”——四川省置换脱产研修项目四川师范大学初中历史班工作简报（第 4 期）》，四川师范大学，2013 年，第 13 页。

③ 陈辉编：《“国培计划（2013）”——四川省初中历史置换脱产研修项目参训教师研修日志》，四川师范大学，2013 年，第 16 页。

平均 96.8%的参训教师表示满意；对于本次国培的生活管理，88.8%的参训教师表示满意；平均 78.1%的参训教师认为本次国培的课程设置理论与实践相结合，有针对性，效果好；关于参训教师最认可的国培研修方式，根据调查数据显示，认可示范教学的参训教师所占比例最多，2011 年占 82.5%，2012 年占 86.2%，2013 年占 90.8%。其次是专家讲授和观摩研讨，其中，参训教师青睐专家讲授的比例，2011 年占 73.5%，2012 年占 75.5%，2013 年占 80.0%；参训教师喜欢观摩研讨的研修方式，2011 年占 84.4%，2012 年占 86.6%，2013 年占 89.8%。

总之，参训教师在国培四川师范大学初中历史班研修项目中受益颇多。他们普遍比较珍惜这来之不易的培训机会，并在培训中认真研修，提升了专业知识，更新了教学观念，提高了专业技能。

（二）顶岗实习生的收获与体会

四川师范大学从 2011 年起，连续三年承担国培四川省置换脱产初中历史骨干教师研修项目，连续三年共派送 165 名大学生参加顶岗实习。国培顶岗实习的基地学校是四川省内各县乡镇中学，从地域上看，覆盖了四川省的东南西北；从经济发展状况来看，包括了一般地区和偏远地区。

国培顶岗实习的整体目标，是加快实现“促进教师教育一体化、高等师范院校教育教学改革、发展农村基础教育及推动区域性经济发展的多赢效应”①。历史学专业的顶岗实习在当时的四川省还处于起步阶段，尚处于探索之中，有许多经验教训需要总结。在国培顶岗实习整体目标指导下，为使以后顶岗实习做得更好、更具特色、更符合初中历史教师的要求，每年在顶岗实习结束后，四川师范大学历史文化与旅游学院都要对顶岗实习生做问卷调查。

通过对顶岗实习历史学专业的学生的体会和收获的问卷调查统计结果，多数顶岗实习生获益颇多，据统计，有 70%的顶岗实习生对顶岗实习工作是非常喜欢的，30 %的顶岗实习生感觉一般喜欢；认为本次顶岗实习是难得的实践锻炼机会的顶岗实习生高达 81.4%；有 78.3%的顶岗实习生对本次顶岗实习的生活是满意的，而且，认为参加此次顶岗实习对个人专业成长是有很大影响的。由此可知，参加国培顶岗实习，锻炼了实习生的社会实践能力，激发了他们对教育教学的热情，转变着他们过去认为教师仅是一份职业的态度，让实

① 吴琼：《“顶岗实习、置换培训”模式的多赢效应》，《现代教育管理》，2010 年第 12 期，第 88 页。

习生们得到了一把打开中学历史教学和教师专业成长的钥匙。当然，也有10%的顶岗实习生认为顶岗实习影响复习考研和就业找工作，因而不愿顶岗实习。

1. 掌握了基本的历史教学技能

对于多数顶岗实习生来说，顶岗实习是他们第一次真正走上讲台。国培顶岗实习让他们很好地掌握了基本的历史教学技能。如 2011 年赴郫县安靖学校的顶岗实习生左茜所言："国培四川省顶岗置换研修项目是国家'十二五'期间发展教育事业的一项重大举措，我们通过顶岗实习可以给自己一个明确的定位，尤其对我们历史师范类学生来说是一个很好的锻炼机会，也是检验自己所学知识、锻炼自己能力的绝好机会。在实践中接触与所学专业相关的实际工作，增强专业技能，通过实习有机会发现自己存在的缺点，从而可以把其中遇到的问题、困难和自身的不足在以后的学习中有针对性地克服，更加锻炼了我们把理论和实践相结合的能力，为以后走上工作岗位打下坚实的基础。"①

教学基本技能是每一名教师所必备的，广元民盟烛光中学顶岗实习生张铁诚在顶岗实习感言中提道："对我们大家，尤其是我们本科 2009 级的同学们而言，比较困扰的麻烦就在于教学工作上出现的问题吧！这些问题都是我们无法避免的，我们没有上课经验，更不要说历史学科的授课经验。而且我们并没有学习到足够的理论知识，所以一开始手忙脚乱的现象也是存在的。但是这三个月下来，大家的进步也都是明显的。通过对我们历史微格小组在最后几节课上的试讲就可以看出，我们明显地放开了许多。上课对每一个人来说，考验都是比较大的。但是经过三个月的磨炼，我们也都有了显著的进步。"②

顶岗实习虽然只有三个月，但是顶岗实习生在这三个月里体验了一名教师的生活，掌握了基本的教学技能，为将来真正走上教师岗位打下了坚实的基础。

2. 积累了班主任工作经验

根据对历史专业顶岗实习基地学校任务安排的问卷调查结果分析，他们在顶岗实习基地学校从事的工作，主要以教学工作为主的占样本总数的 53.7%，

---

① 左茜：《我生命中永恒的记忆和弥足珍贵的财富》，《"国培"顶岗实习生的收获与体会选载》，四川师范大学历史文化与旅游学院网站：http：//hist. sicnu. edu. cn/p/0/? StId=st _ app _ news _ i _ x634604467644843750，2011－12－25。

② 张铁诚：《实习一路走来，冷暖自知》，《"国培"顶岗实习生的收获与体会选载》，四川师范大学历史文化与旅游学院网站：http：//hist. sicnu. edu. cn/p/0/? StId = st _ app _ news _ i _ x634604467644843750，2011－12－25。

兼任了班主任工作的顶岗实习生占样本总数的77.8%。由此可见，多数顶岗实习生在中学担任了班主任工作，这让他们很好地积累了班主任工作经验。如2012年巴中市巴州区果敢小学顶岗实习生何倩所言："这次顶岗实习使我的能力有了明显提高，对自己也有了更清醒的认识。我觉得我的一生都很幸运，遇到的每个人都让我学到很多东西。不管是在教学工作还是在班主任工作方面，我都有了很大的提高。这些都是我的这些学生带给我的。我很感激他们，让我真正体验到了作为老师的快乐与荣耀。"① 2012年德阳市黄许镇中学顶岗实习生郭金凤也说："今年我参加了顶岗实习，与以往的集中实习相比，顶岗实习更加能锻炼学生的能力，无论在教学工作方面还是在班主任工作方面，同学们都得到了更多的锻炼。所以，在实习已经结束的现在，我还是要感谢国培给了我们去顶岗实习的机会。"在顶岗实习基地学校老师的指导下，郭金凤同学顺利完成了实习，并与同学们分享了她的班主任经验："首先，在班主任工作之初，一个高效的班委，意义非常；其次，作为一个班级，几十个学生的班主任，无论何时都要奖罚分明，谨言慎行；最后，一个新班主任老师，在管理班级时一定要严格。"②

总之，该项目对顶岗实习生的影响是非常深远的，顶岗实习过程让他们体会到了教师职业的光荣和教师职业的专业化和敬业精神。在顶岗实习过程中，顶岗实习生们将史学理论、教育学、心理学、学科教学论运用于教学实践，在真实的教学情境下发挥自己、展示自己、完善自己。正如2012年赴绵阳刘家中学的顶岗实习生梁佳斌所言："顶岗实习的价值已经超出了以往的实习形式，它丰富了在校大学生的社会经历，历练了在校大学生的意志，提高了我们的职业技能，也让我们更加了解这个职业，了解这个社会，了解真正的自己。"③

---

① 何倩：《我人生中的"第一桶金"》，《2012国培顶岗实习生的收获与体会选载》，四川师范大学历史文化与旅游学院网站：http://hist.sicnu.edu.cn/p/0/?StId=st_app_news_i_x634925026952013750，2012-12-30。

② 郭金凤：《班主任工作初体验》，《2012国培顶岗实习生的收获与体会选载》，四川师范大学历史文化与旅游学院网站：http://hist.sicnu.edu.cn/p/0/?StId=st_app_news_i_x634925026952013750，2012-12-30。

③ 梁佳斌：《顶岗实习伴我成长》，《2012国培顶岗实习生的收获与体会选载》，四川师范大学历史文化与旅游学院网站：http://hist.sicnu.edu.cn/p/0/?StId=st_app_news_i_x634925026952013750，2012-12-30。

四、四川师范大学初中历史班研修存在的问题及原因分析

国培置换脱产四川师范大学初中历史班研修连续实施三年来，进展顺利，已形成了一套实际而高效的培训模式，培训取得了卓有实效的成就，得到社会各界的好评。然而，在培训实施过程中难免存在一些问题。

（一）参训教师研修存在的问题及原因分析

笔者根据该项目参训教师连续三年的问卷调查结果，尤其是对参训教师基本情况的调查结果（如表 1.1.4 所示）及一些访谈调查报告和笔者在实践中所遇到的困惑，对国培过程中存在的问题进行了归纳。

表 1.1.4　参训教师基本情况调查①

问　题	选　项	样本统计结果		
		2011 年参训教师（50 份）	2012 年参训教师（60 份）	2013 年参训教师（50 份）
1. 您的年龄	A. 30 岁以下	26.0%	13.3%	20.0%
	B. 30～39 岁	42.0%	43.3%	42.0%
	C. 40～49 岁	32.0%	26.7%	34.0%
	D. 50 岁以上	0	16.7%	4.0%
2. 您的学历	A. 专科以下	0	0	0
	B. 专科	14.0%	25.0%	24.0%
	C. 本科	80.0%	71.7%	76.0%
	D. 研究生	6.0%	3.3%	0
3. 您所学的专业	A. 历史学	36.4%	37.6%	38.0%
	B. 其他	63.6%	62.4%	62.0%
4. 您的教龄	A. 5 年以下	14.0%	8.3%	14.0%
	B. 6～10 年	30.0%	13.3%	14.0%
	C. 11～15 年	46.0%	33.4%	22.0%
	D. 16 年以上	10.0%	45.0%	50.0%

① 本表是对三年参训教师的问卷调查表的统计结果。

续表

问题	选项	样本统计结果		
		2011 年参训教师（50 份）	2012 年参训教师（60 份）	2013 年参训教师（50 份）
5. 您在学校从事的工作	A. 教学工作	57.6%	59.8%	51.1%
	B. 管理工作	6.0%	3.3%	0
	C. 教学工作为主	32.4%	35.2%	42.2%
	D. 管理工作为主	4.0%	1.7%	2.2%
6. 您是否兼任班主任工作	A. 是	47.6%	50.%	46.7%
	B. 否	52.4%	49.6%	51.1%
7. 您在学校的教学工作	A. 只教初中历史	50.4%	54.5%	57.8%
	B. 只教高中历史	6.0%	5.3%	4.4%
	C. 既教初中历史又教高中历史	4.6%	3.6%	2.2%
	D. 既教历史又教其他学科	35.0%	34.6%	33.3%
	E. 不教历史只教其他学科	4.0%	2.0%	2.2%
8. 您在学校的教学工作中	A. 完全采用多媒体教学	40.0%	18.3%	29.5%
	B. 偶尔采用多媒体教学	44.0%	61.7%	63.7%
	C. 完全没有采用多媒体教学	16.0%	20.0%	6.8%

从参训教师基本情况调查（表 1.1.4）的结果来看，参训教师年龄是 30～39 岁的平均占样本总量的 42.4%；教龄 11～15 年的平均占样本总量的 33.8%；16 年以上的平均占样本总量的 35%。从参训教师的年龄和教龄来看，通过遴选的参训教师基本上正是学校中的骨干教师，他们基本都有较长年限的工作经验，在学校的历史教学中属于领军人物。然而，根据教师专业发展理论，处于这个年龄段的初中历史教师也正可能处于职业倦怠期，历史教学专业发展容易处于“高原阶段”，从而导致其专业发展出现停滞状态。

现将该国培项目实施过程中参训教师方面存在的问题及对问题产生的原因分析归纳如下。

1. 参训教师资格遴选有待改进

教育部、四川省教育厅关于国培参训教师的选拔是有具体而明确的规定的。然而，实际通过选拔的参训教师，并非全部符合教育部的要求。

根据表 1.1.4 的调查数据显示，三年参训教师年龄在 30 岁以下的平均占样本总量的 19.8%；教龄在 5 年以下的参训教师平均占样本总量的 12.1%，年龄在 30 岁以下的参训教师往往教龄也不足。根据教师专业发展理论，这类教师应该属于刚入职的新教师，教学经验和指导青年教师等各方面能力尚不丰富且未达到一定高度。这可能是由于学校的优秀教师担任着学校重点班级的教学管理或者担任初三毕业班的教学工作，学校领导，乃至家长、学生普遍不愿意优秀教师被置换出去而由没有教学经验的顶岗实习生上课。于是学校领导会选择由刚入职不久、没有太多教学压力的年轻教师参加培训。

另一部分参训教师则正好是另一个极端，如表 1.1.4 所示，三年的参训教师在学校从事管理工作的平均占样本总量的 3.1%；参训教师在学校的教学工作中不教历史而教其他学科的平均占样本总量的 2.7%。这部分教师可能就是学校的管理者，他们出来参加培训可能另有目的。

2. 部分参训教师学习积极性不高

根据表 1.1.3，参加本次国培的目的是完成上级主管部门和所在学校的任务的参训教师平均占样本总量的 12.4%，这说明有一部分参训教师参加培训是被动的。被动学习直接引发其学习积极性不高，对培训效果产生消极的影响，同时也加大了班级的管理压力。另有部分国培讲座由于授课内容过多，而专题讲座时间有限，导致讲座以传统的讲授法为主，甚至出现 3 小时满堂灌的现象，参训教师没有参与讨论或者发表意见的机会和时间，这也导致部分参训教师研修学习的积极性降低。

3. 培训硬件设备尚待完善

四川师范大学为国培参训教师设有国培专用教室、国培专用电子阅览室、国培专用宿舍和国培专用餐厅，以尽量方便参训教师的研修学习与生活。①

国培专用教室设在四川师范大学第六教学楼 117 室（3D 实验室）、205 教室，是四川师范大学历史文化与旅游学院的实验室，内有多媒体教学设备和饮

---

① 陈辉：《教育部“国培计划”历史骨干教师培训实践探索》，王川主编：《狮山史学教研——四川师范大学国家级特色本科专业历史学建设点教学与改革研究》，成都：四川大学出版社，2012 年，第 331 页。

水机等教学和生活设施。培训期间，国培服务团队会有专人在讲座前半小时打开国培专用教室及多媒体课件，为学员拷贝专家、学者的PPT课件，为参训教师发放学习资料、通知培训事项等。

国培专用电子阅览室设在四川师范大学教师培训学院六楼，每晚19：00—22：00为参训教师免费开放，方便其在培训期间下载国培课件、完成国培作业以及与国培专家的交流。但因网速问题，会给参训教师的网络研修带来困难。

国培专用餐厅设在四川师范大学桃李园餐厅二楼，参训教师使用校园“一卡通”，根据自己的爱好在规定时间就餐。国培专用餐厅后因故取消，参训教师分散就餐，但因就餐时间相对集中，和大学生同时就餐，故而给参训教师用餐带来不便。

国培专用宿舍是四川师范大学专门为参训教师事先安排在校内的，一般在四川师范大学狮子山校区的榕园、培训楼、新松苑，其硬件设施有待完善。加之每年历史教师培训期间，四川师范大学所承担的其他学科培训也都在同步进行，所以导致住宿紧张，参训教师分散住宿，给管理带来不便。

4. 跟岗期间对参训教师的管理不便

跟岗即“影子研修”阶段，四川师范大学国培专家为参训教师联系好指导教师，即“影子研修”基地学校的带教导师，然后将参训教师分组派送到“影子研修”基地学校。参训教师在带教导师的指导下，在真实的教学环境中学习先进的教学理念、教学方式、教学手段与管理方式等。这个过程，受现实条件所限，国培专家不可能一直跟随所有参训教师，势必造成对参训教师管理的不便。

5. 课题研究指导需要加强

国培置换脱产研修采用多种方式相结合的研修方式，然而根据问卷调查结果，在参训教师最想获得的培训内容中课题研究及论文写作平均只占样本总量的20.1%。然而，课题研究是国培中很重要的一项培训任务，国培目标要求参训教师发展目标为“教学—研究型”的专家型教师。所以，在培训过程中需要对参训教师的课题研究做更多的指导。新课改以后，历史教师教育研究更多地从教育角度强调专业性发展，个案研究成为典型，强调教师结合自身经验反映专业发展中的自主性和自觉意识。“至今比较主流的观点，是在历史学本身下功夫，强调教师要具备较高标准的学养和教养。”①

除上述问题外，问卷调查结果还反映了参训教师其他方面的一些情况。如表1.1.4所示，关于参训教师的学历和专业，2011年14.0%的参训教师只有专科学历，2012年25.0%的参训教师只有专科学历，2013年24.0%的参训教师只有专科学历，参训教师中具有研究生学历的人数很少；参训教师所学的专业，2011年是历史学科班出身的参训教师只有36.4%，2012年为37.6%，2013年为38.0%。这反映出参训教师的学历层次和专业化程度不够，由此也可以得出结论：必须加强对农村历史教师的培训。

此外，还有半数初中历史教师兼任班主任工作，平均只有54.2%的参训教师是只教初中历史的，而平均34.3%的参训教师既教历史又教其他学科，或者既教初中历史又教高中历史，甚至平均2.7%的参训教师不教历史只教其他学科；从教学中使用多媒体的调查情况看，平均56.5%的参训教师只是偶尔采用多媒体教学。这说明在农村中学历史教学中现代化技术手段的普及程度远远不够，而初中历史教师的专业化程度和工作的专门化程度都远远不达标。这进一步论证以上结论：必须加强对农村初中历史教师的专业化国家级培训。

（二）顶岗实习生实习中存在的问题及原因分析

国培顶岗实习仍处于探索阶段，在顶岗实习过程中还存在不少问题，需要细致分析研究。四川师范大学对历史学专业顶岗实习生所在的顶岗实习基地学校和他们在顶岗实习基地学校的任务安排做了调查问卷。

在顶岗实习中，每位顶岗实习生面临的任务、环境等条件是不同的。历史专业顶岗实习基地学校任务安排的问卷调查统计结果显示，在乡镇学校实习的人数平均占样本总量的55.6%，也有16.7%的顶岗实习生被分配到了城市郊区，13%的顶岗实习生被分配到县城学校；在进行教学工作时，只教初中历史的顶岗实习生平均占样本总量的61.1%，既教初中历史又教高中历史的顶岗实习生平均占样本总量的3.7%，既教历史又教其他学科的平均占样本总量的20%；他们在教学工作中，根据学校的条件，完全采用多媒体教学的平均占样本总量的11.1%，44.4%的顶岗实习生偶尔采用多媒体教学，但是还有26%的顶岗实习生完全没有采用多媒体教学；而且，还有一个现象是许多顶岗实习基地学校的历史课程是由非历史学专业教师完成的。由此可见，在顶岗实习

① 赵亚夫：《三十年来历史教师教育研究的回顾与展望》，《中学历史教学》，2012年第11期，第14页。

中，历史学专业的学生面临的困境不少，环境比较艰苦。

根据对调查结果的分析、与顶岗实习生的交流以及带队教师所反映的一些情况，我们总结出顶岗实习过程中主要存在以下几方面的问题。

1. 顶岗实习生教学经验不足，缺乏学生管理经验

大部分顶岗实习生是第一次真正走上讲台，独立承担教学和管理工作。教师职业是需要经验的，这点毋庸置疑。而对于顶岗实习生来讲，第一次面对那么多的学生，心理上一时无法适应这个角色的转换。即使历史专业的部分同学在大学学习期间就已经参加过微格训练，但是当真正面对学生时，心理上必然有压力。教学上，如何备课、制作 PPT 课件、上课、听课、评课、说课、批改作业都是要面对的大事，尤其是还有平均 20.0%的顶岗实习生“既教历史学科又教其他学科”，这部分顶岗实习生所要面对的挑战更大。在对学生的管理上，顶岗实习生缺乏管理经验，对于调皮和扰乱课堂教学秩序的学生不知如何管理，面对性格迥异的学生其在教育方法和分寸的选择上普遍较为迷茫。尤其是半数以上的历史专业顶岗实习生兼任班主任工作，这对于顶岗实习生而言，是机遇与挑战并存。他们不但要负责自己课堂的教学管理还要管理学生的方方面面。如何使平时不爱说话的学生勇于表现自己，如何提高学生的学习成绩，如何让学生对自己的课堂感兴趣，如何协调与科任老师之间的关系等各种问题都需要顶岗实习生独自去面对、处理。根据调查结果统计，平均 32.0%的顶岗实习生“在顶岗实习基地学校的工作压力”主要来自“学生纪律差，难以管理”。

2. 参训教师对顶岗实习生的指导落实不够

根据对历史专业顶岗实习生的随机访谈，我们发现大部分顶岗实习生到顶岗实习基地学校后得不到被置换出的在职教师的指导，有的顶岗实习生甚至根本未曾见到被置换出的在职教师。在调查中，当被问到“如何提高师范生实习效果，请给出你的建议”时，有顶岗实习生回答：“一个片区最好能有个指导老师对实习生进行指导，不能放到学校后就不闻不问。”这反映出在职教师与顶岗实习生的交接工作做得不够，而且顶岗实习生与上届顶岗实习生之间也缺乏交流。根据问卷调查统计结果，“除您之外，你所在顶岗实习基地学校历史课堂教学”有平均 42.0%“全部或主要由非历史专业教师完成”。由此可见，顶岗实习基地学校对历史顶岗实习生的指导也很难落实。

3. 顶岗实习教学工作量普遍偏大

根据对国培顶岗实习生问卷调查表的调查结果，顶岗实习生在学校的教学

工作量（纯课堂教学）平均每周从10节到30节不等，但是大部分都超过了16节左右。12.0%的顶岗实习生“所在顶岗实习基地学校平均每个班的学生人数在”“60～70人”，学生人数多，批改作业和课外辅导等隐性工作量就无疑会显著增加。有顶岗实习生甚至谈到其所在顶岗实习基地学校“整个八年级的历史课由我一个人教”，对于刚实习的实习教师而言，这个工作量显然是超过他们所能承载的负荷了，不利于顶岗实习生改进教学。

4. 顶岗实习生食宿存在问题，安全隐患较多

2011年的顶岗实习生中有50%“顶岗实习的学校所在地区属于”“乡镇”；2012的顶岗实习生中有57.8%“顶岗实习的学校所在地区属于”“乡镇”；2013年顶岗实习生中有59%“顶岗实习的学校所在地区属于”“乡镇”。乡镇地区的学校相对要偏僻些，对顶岗实习生的食宿安排存在许多问题，不是特别方便。加之交通也不是很方便，顶岗实习生较少，住宿在学校后，安全方面存在隐患。据调查，平均14%的顶岗实习生“对本次‘国培’顶岗实习的生活管理”“不满意”。

四川师范大学赴广元利州区荣山中学顶岗实习生、广元片区实习带队王开澄在2011年顶岗实习生的总结感言中也提到了这一点：顶岗实习生面对严峻的现实工作与社会时，心理并没有做好承受现实压力的准备。具体表现在几个方面：生活方面，第一，住宿条件不好，很多学校在偏远的乡镇，房间内没有桌子椅子，顶岗实习生学习不方便，有的地方甚至没有单独的卫生间、洗漱间，同学每天洗漱、上厕所、洗澡都要走很远的路，生活极其不方便。同时，顶岗实习生之间生活习惯的差异，有的学生无法接受，给学生的精神上带来了很大的冲击，也给我们的管理带来了很大的难度；第二，伙食方面，地域的饮食差异，消费水平差异，同样给顶岗实习生造成了较大的心理压力。工作方面，第一，有的地方课时强度太大，顶岗实习生难以承受；第二，工作时间过长，周六、周日有的学校也不能全天休息；第三，简单劳动，重复的工序，没意义。顶岗实习基地学校学生绝大部分来自农村，家庭条件、自身素质、文化水平相差大，学生对实习教师缺乏认识，上历史等课程时，上课纪律普遍较差。同时顶岗实习生由于是新手，经验不足，导致挫败感和无工作时间也较长，顶岗实习生普遍感觉比较劳累，甚至产生对工作的抵触情绪。①

---

① 王开澄：《一分耕耘一分收获》，《“国培”顶岗实习生的收获与体会选载》，四川师范大学历史文化与旅游学院网站：http：//hist. sicnu. edu. cn/p/0/? StId = st _ app _ news _ i _ x634604467644843750，2011-12-25。

5. 顶岗实习时间与顶岗实习生的考研、就业准备冲突

顶岗实习一般安排在第七学期或者第八学期，而此时，正是学生准备考研的时间，大四上学期也是各个单位招聘的旺季。顶岗实习生在顶岗期间，势必会为考研或者就业担忧，影响教学工作。2009 级历史学专业的顶岗实习生杨帆同学说道："我所在顶岗实习的学校在邛崃市，我是大四上学期参加的顶岗实习，本来大四上学期是招聘旺季，可是我顶岗实习的学校离四川师范大学比较远，而且学校不便经常请假，因此需要经常奔波于大学与顶岗实习基地学校之间，特别影响工作。"

2010 级历史学专业的顶岗实习生刘曾艳则是本来选择考研的，结果正好遇到顶岗实习机会，而顶岗实习又是她梦寐以求的，因此不得不边进行顶岗实习边进行考研复习。然而这对考研复习势必会造成影响。

顶岗实习时间与顶岗实习生的考研、就业准备之所以冲突，主要是国培的时间安排在秋冬季节，而招聘单位的人才选拔工作也主要安排在秋冬季，研究生考试则固定于每年的 1 月份（从 2015 年起，研究生招生考试时间调整为 12 月底）。如此便造成顶岗实习期实习生忙不堪言，难以协调这几方面的关系。

五、四川师范大学初中历史班研修的相关建议

（一）给个人的建议

1. 给顶岗实习生的建议

（1）提前做好顶岗实习的相关准备。顶岗实习生有了顶岗实习的愿望之后，就要提前做好准备，及时了解相关情况，按时登记报名。

第一，规划好自己的大学生涯及求职或考研安排，力求在顶岗实习之前将自己在学校的事情都处理好。

第二，努力学好专业课程和教育学、心理学以及学科教学论，积极参加微格实训，争取在顶岗前掌握较为系统的历史专业知识和历史课堂教学技能。

第三，提前学习中学历史教材。初中历史教材有八个版本，顶岗实习生在实习前要熟悉全套教材内容，以适应初中历史教学。

第四，分配到顶岗实习基地学校后，要与上届顶岗的学长或学姐交流，了解学校情况和交流顶岗实习心得体会；与被置换出的参训教师取得联系，具体了解所带班级的学风、学情及教学要求等情况；还要了解所在学校对顶岗实习生的食宿安排、学校环境，以便在赴顶岗实习基地学校前准备好一切所需

用品。

（2）着力投入到顶岗实习教学活动中。三个月的顶岗实习，是顶岗实习生人生中非常重要的一次经历，这个过程的历史教学工作是所有工作的重点。顶岗实习生要坚守岗位、认真备课、潜心教学，在历史教学的过程中发现问题、解决问题，不断提升自己的教学技能。

第一，向有经验的老教师学习，多听课，吸取经验，尽快适应教学生活。跟随历史教研组长和其他历史教师积极参加集体备课、研讨、磨课等环节，让在校教师指导自己的历史教学设计；准备一堂历史公开课，邀请在校教师听课、评课。

第二，将所学理论知识运用到实践教学中，在实践中积累经验，不断提升自己的历史教育教学水平。在历史教学过程中，要自觉地将新课改的理念融入教学实践，引导学生自主、合作、探究学习；根据顶岗实习基地学校的实际情况，尽可能地使用多媒体等教学手段；用好历史教材，并将大学所学史学研究最新成果适当地贯穿到初中历史教学中，让学生感悟历史，提高学习历史的兴趣。

第三，在历史教学中开展教学研究活动。理论只有与实践相结合才更具有效力，实践不但能检验理论，也能为理论创新提供素材。在三个月的顶岗实习中，会出现各种各样的问题，顶岗实习生可以选取自己感兴趣的某些领域进行研究。有的顶岗实习生直接带着课题去参加顶岗实习，在三个月的教学中为自己的理论研究积累丰富的第一手资料。甚至有顶岗实习生在三个月的顶岗实习结束后，为自己的毕业论文搜集了充分的论据。顶岗实习生高久红同学在2011年获得四川师范大学科创项目基金立项以后，为了搜集资料，于2012年9月参加顶岗实习。顶岗实习过程中，在完成教学任务的同时，她搜集了相关资料，撰写了《虚拟人物教学的四步走——以唐云波老师的“鸦片战争后的中国社会经济”为例》一文，并在学术刊物上公开发表。

第四，在顶岗中做好材料收集工作，为毕业论文以及将来的就业奠定基础。在顶岗实习过程中，可以拍摄、记录顶岗活动的点点滴滴；进一步夯实历史专业基础，熟练掌握历史教材、中考历史题型；学会并能够熟练运用PPT课件制作和使用技巧；做好每节历史课的教学设计，认真写教学反思……这些资料在将来的毕业论文中或者求职时都会是一道亮丽的风景线。

第五，处理好顶岗实习基地学校的人际关系。学校的人际关系包括自己与领导、同事、学生、家长以及一起出来顶岗实习的同伴的关系，如果合住宿舍，则还有舍友关系。其中与学生的关系是重点。顶岗实习生要用心去对待别人，处理好各方面的关系，为自己给顶岗实习基地学校留下一个良好的印象。

处理师生关系是学校人际关系的重中之重。顶岗实习生首先要明确自己的教师角色，树立师生平等的观念。在历史教学中发挥教师的主导地位；在平时的接触中，要将学生当作朋友，真诚以待。与学生交往要注意分寸。太过热情虽受学生欢迎，但容易导致学生对待自己的态度变化，造成教学时不易管理的现象；太过严肃苛刻，则会给学生留下难以接近的印象，难以相互真诚交流。所以在与学生交往过程中，顶岗实习生务必把握好这个度，要形成和谐 、平等、民主、良性互动的师生关系。

（3）总结与交流顶岗实习的经验。顶岗实习结束返校后，要写好实习总结报告，向带队老师汇报实习情况，与被置换出来的参训教师交流实习的收获与体会。积极参加学校组织的顶岗实习座谈会，向学弟学妹介绍顶岗实习的收获与体会。

总之，顶岗实习生要给自己的人生做一个合理的规划，明确顶岗实习的目的和意义所在。将顶岗实习作为发展自我的需要而非任务。在顶岗实习中主动承担教学任务，独立完成教学工作，在实践中检验自己所学的知识，从而把理论知识与教学实践有效地结合起来。

顶岗实习过程中，或许有些艰苦，但是顶岗实习生要树立“人人平等”的思想观念。同样是人，当地老师生活几十年，自己去顶岗三个月而已，别人吃得苦，自己为何吃不得？不要挑剔学校硬件设施的好坏，也不要苛责顶岗实习生活的艰辛。顶岗实习本身就是在锻炼大学生艰苦奋斗、吃苦耐劳的精神。用积极乐观的心态对待顶岗实习，顶岗实习将是人生中一段美好的回忆！

2. 给参训教师的建议

国培参训教师主要是中学的初中历史骨干教师。被选为骨干教师本身就是一种荣誉，他们是带着问题而来，为提高而学习，意在辐射、引领、带动更多的青年教师，服务农村基础教育历史新课改。

（1）确定研修目标，明确研修任务。参训教师在接到培训通知后，要确定研修目标，明确研修任务。想想国培研修中自己在哪些方面需要提升？长期困惑自己的教、学、研问题有哪些？自己目前所从事的历史教学研究问题有哪些？心中要有一个预期和愿景。前来研修时带好 U 盘、硬盘等学习工具，有条件的参训教师可以带笔记本电脑以方便完成研修作业、整理搜集教学资料。有的参训教师还随身带有相机，方便将研修中的情景拍摄下来。录音笔也是必要的，有些专家的讲座非常值得反复听。

（2）认真研修，服从管理。参训教师最重要的任务是在国培承担院校三个月的集中学习。理论研修阶段，参训教师要认真听课，做好笔记，按时完成研修作业，撰写国培心得体会，与国培专家互动交流经验，答疑解惑。国培专家一般都是历史学科及中学历史教学方面的权威，机会难得，参训教师不要随意请假、旷课。研修过程中，需要与班主任、同伴间相互学习，交流培训感悟等。“影子研修”阶段，参训教师时间相对自由，但是参训教师要服从管理，与自己的组员统一进出“影子研修”基地学校，如影随形地跟随指导老师，参加听课、说课、备课、磨课、评课等活动。外出考察地方课程资源时，参训教师要有时间意识，在规定时间内到达指定地点。四川师范大学初中历史班的参训教师考察的建川抗战博物馆、四川省博物馆、金沙遗址博物馆等，都是与历史息息相关的地方课程资源，可让参训教师更加深刻地理解乡土历史在教学中的运用。

（3）做好对顶岗实习生的指导工作。参训教师接到培训任务后，对前来顶岗实习的实习生要细致地介绍所带班级的学情，安排历史教学任务，向学生介绍顶岗实习生的情况，拉近学生与顶岗实习生的距离。研修期间，对顶岗实习生产生的各种问题予以解答和帮助、指导。四川师范大学在 2013 年的培训过程中，专门安排了一个参训教师指导实习生的环节，即 9 月 1 日至 9 月 20 日参训教师回到原所在单位——顶岗实习基地学校，指导顶岗实习生。包括如何分析历史教材，如何进行与历史教学相关的备课（备教材、备课标）、上课、评课、命题，如何进行课题研究等，参训教师与顶岗实习生在相互交流中均受益匪浅。

（4）完成研修成果的总结与撰写。研修结束后，参训教师应按照研修方案要求，尽快完成研修成果的总结与撰写。遇到困惑应与国培项目主持人以及班主任进行交流。“师傅引进门，学艺靠自身”，教师专业发展是个长期持续的过程，国培结束后，参训教师还要根据国培专家的专业发展规划建议，定期阅读国培专家指定的专业书籍，在实践、学习中不断提升自己的历史教育教学能力、历史教学研究能力和指导青年教师的能力。2012 年的培训中，参训教师按照国培专家的指导完成了研修成果的撰写。在国培专家的指导下，参训教师从自己身边找寻案例，寻找问题来源，写作成文。每位参训教师的文章都通过“问题来源”到“实践探索”再到“自我反思”，环环相扣，文末还特邀王本书老师、胡克芹老师、雍建平老师、郭子其老师、肖庆达老师、赖蓉辉老师等知名中学历史特级教师对参训教师的研修成果进行了“名师点评”，最终形成研修成果——《问题源于历史教学实践》。该书于 2013 年 4 月出版，并成为教育部、财政部国培生成性课程资源。

教师职业在于一份责任心和教师的素养。“修身、齐家、治国、平天下”，参训教师要有一份对国家的责任心，树立“为了每一位学生的发展”这样的理念，将培训视为教师专业成长的重要里程碑。

3. 给培训专家的建议

在三年的国培参与中，笔者有幸多次接待应邀前来讲学的外聘专家，与他们直接接触时，耳濡目染专家、学者的大家风范，受益颇多。

四川师范大学聘请的专家，其学术水平、理论水平都堪称一流，在相关领域都有深入的研究和独到的见解。笔者对专家的建议如下：

（1）利用国培平台，参与相关研究。培训专家应充分利用国培这个平台，参与相关研究。培训专家应将自己所要调研的课题等准备好，提前通知培训服务团队，做好相关准备。培训期间，培训专家和参训教师之间可以进行双向交流培训。专家可以向参训教师了解他们工作、教研的现状、困惑，并对参训教师提供有效的教学指导。如此一来，培训专家不但与参训教师分享了自己的研究成果，同时也搜集到了一些培训课题研究资料，为自己进一步的研究找到了充分的论据。

（2）专家讲座内容应及时更新，根据需要适当补充。四川省成都市教育科学研究院特级教师、历史教研员赖蓉辉老师为参训教师讲授“让‘自主’的阳光照亮课堂”，旨在说明历史教师引导学生自主学习的重要性。连续三届的参训教师课程里都有这个内容，这一讲座笔者三年听了三遍，但是每次都有新的收获、新的感悟。在其宗旨和理论观点不变的前提下，赖蓉辉老师每次都会加进一些新的课堂案例和新的问题、材料等。赖蓉辉老师的讲座每次都能收到很好的教学效果，可以说是非常成功的。

（3）改变培训方式，注重参与式培训。根据历史学科固有的本质，讲授法依然是历史课堂中主要的教学手段，在对历史教师的培训课堂中也不例外。但使用讲授法的同时，也要注重学员的反应和参与度。培训专家要注意与参训教师之间的互动，在培训课堂中也要做到以教师为主导，以“学生”为主体。教育部制定的、由高等教育出版社出版的《“国培计划”课程标准（试行）》在对国培置换脱产研修项目的“实施建议”中，提出教学方式要“以参训教师为中心，以典型案例为载体，创设全员参与的教学情境，发挥学员的主体作用，引领学员研讨真实的教育教学问题，在参与、合作和专家指导下主动建构，总结反思教育教学经验，发展实践智慧，提升实践能力”①。

四川师范大学初中历史班在2013年的集中研修阶段，几乎每次国培专家讲座都会有半个小时的时间用于国培专家与参训教师的互动交流。这是由国培项目首席专家事先设计好的。事实证明，这样的培训方式取得了非常好的效果，参训教师在与国培专家面对面交流的过程中，产生了许多新的思想火花和问题解决办法，甚至有参训教师在专家的指点下确定了研修成果方案，明确了今后教学研究努力的方向。

因此，国培专家在教学设计时要考虑到参训学员的需求，灵活采用多种培训方式，避免满堂灌。例如，可采用理论性与实践性有机结合，专题学习与交流研讨相结合，观摩考察与反思体验相结合，相互渗透融合，在理论培训中强调实践案例分析，在实践训练中突出理论与能力提升，在交流研讨中分享经验，在反思中改善教育教学行为。

总之，笔者希望国培培训专家除了讲座外，还能有新的收获与发现。培训专家应担当起促进国家基础教育的发展、新课程理念的普及，以及中学历史教学质量的提高的重任，将四川师范大学国培中的优秀个案作为自己的例证予以推广。

4. 给国培置换项目研究者的建议

从2010年教育部实施国培中西部农村教师置换脱产研修项目以来，许多专家、学者对这一项目进行研究，并取得丰硕的成果。纵观这些研究，既有理论层面的顶层设计，又有实践层面的操作策略。

（1）置换项目顶层设计研究要“接地气”。置换项目的顺利实施，离不开专家、学者对项目的顶层设计。专家学者对置换项目的整体布局和规划能够对项目的实施在宏观上起到引领作用。但置换项目的顶层设计必须以中西部初中历史教师的实际情况为依据，换言之，专家、学者对置换项目顶层的设计研究要“接地气”。如朱旭东从国家公共性、社会性、教师专业发展三个方面阐述了国培的价值，撰写《论“国培计划”的价值》一文，较全面地阐述了国培的实践意义，这对置换项目的继续推进给予了信心和鼓励；高闰青在《“国培计划”置换脱产研修项目培训体系的构建》中，具体论述了国培中西部农村教师置换脱产研修项目整体框架的构建，主张重视对参训教师培训结束后的后续服务工作，研究考虑到了参训教师的切实需要；王道福、蔡其勇的重庆市教育科

① 中华人民共和国教育部制定：《“国培计划”课程标准（试行）》，北京：高等教育出版社，2012年，第254页。

学“十二五”规划2011年度课题研究成果《“国培计划”教师培训“知识—能力—实践—体验”模式的建构》，重点论述教师培训KCPE模式，该研究从置换项目的内涵、要素、实施等方面着手，从整体上为置换项目的实施提供了指导和借鉴。

（2）置换项目实践研究要“可操作”。自项目实施以来，许多学者、专家以某一区域的实施为案例，对置换项目进行实践研究，并给出了许多建议。对置换项目的实践研究是非常必要的，而且对其研究要具有可操作性，尤其是建议，需要结合实际。如侯兆武《“国培计划”中辅导教师的角色定位与管理策略》，该研究对置换项目中辅导教师的管理给予了很大的可操作的启发；汪文华对置换项目中“影子教师”跟岗研修阶段的研究非常到位，其研究成果《带课、带研、带学、带资，促进“影子教师”培训有效实施——以2010年“国培计划”安徽省置换脱产研修项目为例》，介绍了安徽省置换脱产研修项目实施的经验，主张在培训方式的选择上要以参训教师的需求为前提，提出以尊重教师专业成长阶段规律为基础的“四带研修”策略，该研究对置换项目“影子研修”阶段的实施提供了很好的借鉴；车华玲的研究成果《骨干教师培训课程的设置研究与反思——以历史学科为例》，以历史骨干教师培训为案例进行了研究，对国培初中历史教师置换脱产研修项目的课程设置、培训内容等方面有可供参考的独特价值，尤其是其“学习共同体的创设”和“优质学习环境的打造”的观点值得借鉴；再如李科敏等《农村初中物理教师置换脱产研修培训方案的制定及实施》，以物理教师的培训为实践案例，研究通过前期调查，制定了“八模块”的教师培训方案。针对培训目标的实现问题，作者提出了精选师资、精心组织及“问题-案例”式培训的方法等。上述研究均对置换项目的实施有重要的借鉴作用，其研究成果具有可操作性。

笔者建议国培项目的直接参与者，将从细节方面总结培训中的一些成功经验加以推广，发现培训中存在的问题，去探究产生问题的原因。如用实证法，科学、严谨地论证实践问题，提出合理、可行的解决方案，从而真正把培训落到实处，让研究变得更有意义、更有价值。

（二）对国培置换相关学校的建议

1. 对顶岗实习基地学校的建议

顶岗实习基地学校是教师教育改革的重要参与者。顶岗实习基地学校与高校合作实施国培置换项目，可达到双赢的效果。因此，顶岗实习基地学校应与高校合作，做好顶岗实习的相关工作。

（1）创造条件提供顶岗实习保障。顶岗实习基地学校创造条件，为顶岗实习生的工作、生活提供保障。为顶岗实习生安排食宿，解决其基本的生活问题，保证顶岗实习生的人身安全。在此基础上，还应为顶岗实习生指派指导教师，入校后做好交接工作。如将顶岗实习生所带班级的课程表、作息时间表、教材教辅、备课本等相关资料交与顶岗实习生；向顶岗实习生讲明学校的相关规定、学校办学特色及顶岗实习要求等；安排顶岗实习生所在班级的班主任与顶岗实习生进行交流沟通，使顶岗实习生尽快明晰学生情况及班级特点，缩短顶岗实习生与学校、班级和学生的磨合期。

顶岗实习基地学校应积极支持顶岗实习生在顶岗实习期间的所有教学研活动。对于历史专业的顶岗实习生，顶岗实习基地学校最好能将当地的县志、历史文化遗产等加以介绍，以便顶岗实习生在教学中能够得心应手地加以运用，甚至参加编写历史乡土教材。

（2）合理推荐骨干教师参加培训。"'骨干教师'这一称号对教师来说既是一种荣誉，也是一种责任。"① 骨干教师在学校的数量越多，意味着学校的师资力量越雄厚，这对学校的发展是非常有利的。顶岗实习基地学校要根据国培要求，积极推荐有潜质的骨干历史教师参加培训。在培训实施过程中，有很多骨干教师是初三毕业班的老师，很多学生和家长都不愿意更换老师，尤其不愿意由新上任的顶岗实习生替代骨干历史教师。为此，顶岗实习基地学校应优先推荐初一、初二年级的骨干历史老师，初三年级的骨干历史老师可以推迟一年参加培训，如此便可以有效避免选送的参训教师不合资格或者由其他学科的教师代替历史教师参加培训的现象。

2. 对"影子研修"基地学校的建议

"影子研修"基地学校往往具有雄厚的师资力量、一流的硬件设备和较高的社会影响力，通常有着先进的教育理念，运用最新教学手段、评价方式，走在新课改的前沿，在中学新课改中起着引领带头作用。"影子研修"基地学校与国培项目承担院校间的合作能起到互惠互利的作用。国培期间，参训教师用一个月的时间在"影子研修"基地学校跟随带教导师研修学习，不但能使参训教师各方面的能力得到提高，也是弘扬"影子研修"基地学校先进教育理念、宣传"影子研修"基地学校的佳机。

（1）合理遴选全方位指导的带教导师。"影子研修"基地学校应合理遴选

① 罗娟：《重庆市农村中小学骨干教师置换脱产研修模式的研究》，西南大学 2012 年硕士学位论文，第 51 页。

带教导师，为参训教师提供全方位的指导。带教导师一般要选择专家型教师，即应是历史专业素质能力高于参训教师的历史骨干教师或特级历史教师。带教导师肩负着指导和管理参训教师的双重任务，研修期间其日常教学行为、教研科研行为等都影响着参训教师。带教导师与参训教师之间以互助合作的关系进行教研教学活动。“影子研修”过程中，带教导师要以尊重参训教师的主体地位为前提，根据参训教师的发展需求确定阶段研修目标任务、拟定“影子研修”方案。

（2）实施有效管理和动态监控。“影子研修”期间，“影子研修”基地学校成为参训教师的主要学习研修基地。由于研修期间参训教师仍住在国培项目承担院校，国培专家不可能每天跟随参训教师进行管理和评价。这一阶段，“影子研修”基地学校应对参训教师实施有效的管理和动态监控，统一管理，制定统一的学校进出制度、请假制度，与国培专家及时沟通参训教师“影子研修”情况。

（3）提供教学教研活动的机会。“影子研修”基地学校要为参训教师提供便利，积极开展互助合作的教学教研活动。“影子研修”基地学校要为参训教师提供听课、评课、说课、批改作业，甚至是上公开课的机会，督促参训教师完成研修心得和课题研究论文。

3. 给国培项目承担院校的建议

国培项目承担院校是连接学科权威专家、参训教师、顶岗实习生、“影子研修”基地学校、顶岗实习基地学校以及政府部门等个人与单位的桥梁和纽带，承担着为中学培养输送师资力量的任务和培养优秀大学毕业生、合格教师的任务，也有着对在职教师培训的义务。

（1）发挥资源优势，将国培效益最大化。国培承担院校拥有强大的人力资源和物质资源。如拥有雄厚的师资力量，掌握最前沿的学术动态；有一流的教学、教研、实验设备，能够承载大范围的学习、培训任务；有丰富的图书和网络资源，可供参阅。而且国培项目承担院校一般都有着较大的社会影响力，在历史学专业招生、人才培养、学术研究等各方面有着非凡的成就。根据《“国培计划”课程标准（试行）》的“课程资源开发与利用”建议，“培训机构应全面开放校园资源设施，包括图书馆、资料室、电子阅览室等”①。因此承担国培项目的院校要充分发挥其有形的和无形的资源，做好对顶岗实习生的职前培

① 中华人民共和国教育部制定：《“国培计划”课程标准（试行）》，北京：高等教育出版社，2012年，第254页。

养和对参训教师的在职培训工作，实现其办学目标，将国培效益最大化。

（2）做好培训团队专家的遴选与接待工作。培训期间，国培项目承担院校要做好培训专家的接待工作，组建好培训专家团队。四川师范大学初中历史培训项目以陈辉教授为项目首席专家、项目主持人，并以大学历史学教授、大学历史课程与教学论专家、新课改一线优秀历史教师、历史教研员、新课标历史教科书主编等方面的专家组成项目培训团队，共同致力于对参训教师的培训。国培专家团队中，除了四川师范大学的历史学专家，如研究民族史的博士生导师王川教授、研究世界史的硕士生导师王晓焰教授、潘树林副教授，研究中国近现代史的吴达德教授等以外，还有很多是来自外地的大学教授，如西南大学的吴建华教授、重庆师范大学的赵昆生教授、西北师范大学的姬秉新教授、华东师范大学的李月琴教授、上海师范大学的李稚勇教授、首都师范大学的叶小兵教授、重庆教育科学研究院历史教研员（特级教师）龚奇柱研究员等，以及四川省内外优秀的中学历史特级教师、历史教研员，如国家基础教育课程教材发展中心研究员何成刚博士，四川省高考命题组专家、四川省教育科学研究所历史教研员、高级教师陈静亦老师、黄勇老师，成都市教育科学研究所历史教研员、特级教师赖蓉辉老师，陕西西安中学特级教师（正高级教师）郭富斌老师，江苏省历史特级教师（教授级高级教师）王雄老师、束鹏芳老师等，以及成都七中、成都外国语学校、成都树德中学、成都华阳中学、四川师范大学附中、成都盐道街中学、成都棕北中学等著名中学多名历史特级教师和历史教研员。对于这些国培专家，国培项目承担院校——四川师范大学认真做好了对他们的接待工作，使其能专心教学。主要体现在以下几个方面：安排好培训课程表后，联系国培专家，确定讲座时间、地点，将往返线路、时间等事项告知专家，让其有心理准备。讲座前几天，再次提醒专家。培训期间安排好专家的食宿，并安排专人负责接待，为专家指引讲座地点，以便讲座能够按时进行。

（3）增强培训课程方案的实施效果。国培的重点工作是对参训教师的在职培训，国培期间，项目承担院校要增强对培训课程方案的实施效果。

第一，做好前期培训需求调研。参训教师遴选出来后，国培项目负责人要对参训教师做培训需求问卷调查。在国培课程标准指导下，根据调查报告和国培专家团队的研究专长研讨培训课程，确定培训内容和实施方案。前期培训需求调研可以很好地为“满足不同发展层次参训者的差异性需求”[①] 做准备。

---

① 王道福、蔡其勇：《“国培计划”教师培训“知识—能力—实践—体验”模式建构》，《课程·教材·教法》，2013 年第 7 期，第 118 页。

第二，设置结构合理的课程内容。“良好的培训效果取决于多方面的因素，但最关键的环节无疑在于培训课程的设置”[①]。建立“‘模块＋专题＋实践’的培训课程结构”[②]。“模块”引领主题和方向，包括院校课程研修、课题研究与返岗实践、“影子教师”实践跟岗、成果固化与总结考核四大模块。“专题”体现需求与特色，涉及师德养成、教师专业发展、“以学定教”的历史课堂转型、史观与初中历史教学、《义务教育历史课程标准》(2011 年版）的理念及取向、初中历史知识与新课标课程内容分析、新版课标中的历史知识前沿动态、初中历史教学设计、多媒体历史教学手段的应用等历史专业理念与师德（5％)、历史专业知识（45％）与历史专业能力（50％）三个维度。[③] “历史学科的突出特点是博大精深。……历史教学内容要求教师要对中外政治制度与政治变革、经济运作模式和经济思想发展变化，重大历史事件和历史人物，科学、艺术、文学的作用与意义做出公正客观的评价，又决定了历史教师要具有较高的专业理论水平。还有，历史经常会因为考古或文献等的新发现与人们对历史的不断反思，而改写或部分改写其内容。这些新的史学研究成果虽然不可能马上写进历史教材，但直接影响着教师和学生的思维方式和课堂教学。”[④] 因此，培训课程的设置必须与初中历史教师的实际需求相结合，还要体现历史学科的厚重感。

第三，应用多种方式相结合的研修方式。国培置换脱产四川师范大学初中历史班研修阶段，主要采用“同课异构＋课例示范＋学员议课＋专家点评”“主题式培训＋互动交流”“专题报告＋案例课展示＋自主研修”“地方课程资源考察＋乡土课程资源开发”“借班献课＋反思探究”“结业答辩＋方案研订”等多种方式组合使用。[⑤] “教学是教师主动引领和学生自主建构的辩证统一，教师的主动引领基于并最终落脚于学生的自主建构。因此，教师的主导作用必

---

① 张光华、常宏：《中学历史骨干教师省级培训的实践与反思》，《中学历史教学》，2012 年第 3 期，第 19 页。

② 刘思远：《新课程改革背景下初中历史教师培训的实践探索——以四川师范大学实施“国培计划”项目为例》，四川师范大学 2012 年硕士学位论文，第 33 页。

③ 中华人民共和国教育部制定：《“国培计划”课程标准（试行)》，北京：高等教育出版社，2012 年，第 253 页。

④ 车华玲：《骨干教师培训课程的设置研究与反思——以历史学科为例》，《课程·教材·教法》，2013 年第 3 期，第 118 页。

⑤ 陈辉：《教育部“国培计划”历史骨干教师培训实践探索》，王川主编：《狮山史学教研——四川师范大学国家级特色本科专业历史学建设点教学与改革研究》，成都：四川大学出版社，2012 年，第 331 页。

须以尊重学生的主体性、保障学生的主动学习为前提。”[①] 基于此，国培研修方式的选取也尽量要做到以参训教师这一特殊的学生群体为主体。“影子研修”阶段，以参训教师为中心，以典型案例为载体，采用“自主研修+跟岗研修”等多种方式，使参训教师在参与、合作和专家指导下主动建构、总结反思教育教学经验，发展实践智慧，提升实践能力。

总之，在整个研修期间，灵活采用案例式、探究式、情境式、参与式、讨论式、任务驱动和现场观摩等多种方式进行培训，提高参训教师的研修学习兴趣，扩大其参与度，最大限度地增强培训感染力、吸引力，优化培训课程实施的效果。

（4）突出参训教师在研修管理中的主体地位。国培对参训教师的管理，一般由教育主管部门、项目承担院校和参训教师所在学校共同负责。国培期间，主要由项目承担院校负责管理。四川师范大学历史国培以培训首席专家为核心，为参训教师配备教学班主任、行政班主任各一名，另由四川师范大学在读历史课程与教学论和学科教学·历史专业的研究生同学组成国培服务团队，分别担任教学班主任助理、行政班主任助理、简报编辑等职位，负责对参训教师的学习、生活服务。培训首席专家及项目负责人与国培服务团队每天定期或不定期召开会议，根据《国培四川省置换脱产研修项目四川师范大学初中历史班学员与教学管理办法》《国培四川省置换脱产研修项目四川师范大学初中历史培训班安全管理规定》《国培四川省置换脱产研修项目公共卫生及突发安全事件应急预案》[②] 等材料的相关规定，商议安排国培期间各种事项，解决参训教师培训期间的各种疑难问题，这也是置换国培项目连续三年均获得成功的关键所在。

国培服务团队每天都跟班上课、拷贝课件、接待专家、收发参训教师的研修心得体会、进行新闻采编、摄影录影等，还建立了国培专用邮箱、参训教师QQ群、微信群、通讯录等，每天上传讲座课件、通知培训事宜、解答培训疑问，对参训教师进行远程指导、服务。

根据“参训教师也是重要的培训资源”这一理念，四川师范大学初中历史班以班级授课的形式对参训教师进行统一培训，并成立了班委会，由参训教师民主推选班长、学习委员、生活委员、文艺委员和小组组长，负责培训期间的

① 邝孔秀、宋乃庆：《新课程背景下的小学数学双基教学：现状与反思——基于“国培计划”小学数学骨干教师研修班的调查》，《课程·教材·教法》，2013年第2期，第70页。

② 陈辉编：《“国培计划与旅游（2013）”四川省置换脱产研修项目四川师范大学初中历史班生活指南》，成都：四川师范大学历史文化与旅游学院、四川师范大学教师培训学院，2013。

班务管理。班委会的组建，有利于提高班级管理效率，发挥参训教师的培训主体地位，促进合作学习。

（5）注重多途径宣传参训教师的研修体会与开发生成性资源。精心编印国培工作简报，扩大国培的影响力。国培的意义在于让更多的历史教师受益，做好国培宣传工作无疑是扩大国培影响力的最佳途径。四川师范大学初中历史项目实施三年，共编印国培工作简报 18 期，发表网站宣传新闻稿 19 篇，制作学习板报 12 期，多角度、全方位、多途径地宣传参训教师的收获与体会，扩大国培影响。如将参训教师在国培中的收获与体会进行分类遴选，并分期刊登在工作简报中，单独成为工作简报中一个非常重要的专栏；项目的重大事情，如开班典礼、结业典礼、跟岗研修、地方课程资源考察等都要撰写新闻报道，并在四川师范大学历史文化与旅游学院网站挂出。

（6）着力后续研修跟踪服务工作。培训结束后，要对参训教师进行跟踪服务管理，保证其能够充分发挥培训的辐射、引领、示范带头作用。后续跟踪指导可以与参训教师所在学校共同协商进行，包括远程辅导、论文写作指导、到校针对指导和集中培训指导等。四川师范大学对每届学员培训结束后，要指导每位参训教师撰写研修成果，协助参训教师开展示范课、赛课、评课、课题研究等活动，并为参训教师提供网上教研论坛、教学、学习资源库、教研成果交流区、国培专家的博客、中国知网账号等网络教育资源，以方便参训教师在所在学校也能够享有尽可能丰富全面的资料和信息。

（7）完善培训效果的评价与激励机制。“评价是保障农村中小学骨干教师置换脱产研修质量的手段，它具有反馈、调节和激励的功能，科学的评价考核方式对参训教师是一种引导与激励。”① 国培评价，应对参训教师采取定量与定性相结合、专家评价与同伴学员评价相结合、及时评价与后续跟踪评价相结合、自评与他评相结合等多元评价方式，充分调动参训教师的学习积极性和活动参与的主动性。将初中历史骨干教师培训与教师资格再认证、考核、奖励、升职等挂钩，采用“理论考核+实践考核”“过程考核+终结性考核”相结合的方式，对参训教师培训课程目标的达成度加以综合考核。理论考核以课程作业、研修心得、结业论文等为主；实践考核以使用案例分析、交流研讨、初中历史教学设计、说课、评课、公开课展示等形式为主。将对参训教师研修期间提交的各种任务性的作业的质量考查作为终结性考核的参考；过程性考核则注

① 罗娟：《重庆市农村中小学骨干教师置换脱产研修模式的研究》，西南大学 2012 年硕士学位论文，第 53 页。

重对学员出勤率、课堂讨论参与率、作业提交情况、活动参与情况、班级服务情况等方面进行考查。培训结业时，根据考核评价情况颁发结业证书、学时证明、优秀学员证书、优秀班干部证书、优秀论文奖、说课大赛优秀奖、教学设计大赛优秀奖、教学反思优秀奖、指导青年教师等方面的各种奖励。2013 年置换历史国培“影子研修”期间，根据参训教师和“影子研修”基地学校的实际，以参训教师为主体，分别举行了说课大赛、教学设计大赛、教学反思大赛、指导青年教师大赛等各种活动，参训教师全部都参加活动且表现优异。结业时 20 名参训教师获得“优秀学员”称号，9 名参训教师获得“优秀干部”称号，其他学员也均获得各种奖励。

参训教师结业后，主管部门也要对其进行后期质量评估，对参训教师培训后的专业发展情况和发挥作用情况作跟踪回访，对其教学行为的改进与变化程度进行评价与激励。

（8）创新顶岗实习指导方式。承担国培项目的院校应创新顶岗实习指导模式，一方面根据顶岗实习安排合理调整师范生培养课程；另一方面，加强顶岗实习生指导教师的选派，做好顶岗实习生的经验交流与问题诊断，关注顶岗实习生的心理健康。

第一，合理调整师范生专业培养课程。国培项目一般在每年下半年举行，在每年上半年，承担国培项目的院校应选好顶岗实习生，并根据顶岗实习安排，合理调整师范生培养课程，设计与顶岗实习相匹配的整体教学计划和课程内容，将其纳入专业培养方案。可以明确规定本科生在大三或者大四上学期参加顶岗实习，师范专业主要课程安排在大一大二期间学习，大三或大四上学期作为师范本科生实习期，如此一来，顶岗实习生实习前的指导课程（如历史微格指导课）就该安排在大二的下学期。大三下学期再安排一些相关的理论课程，让参加过顶岗实习的学生都带着问题学习，更好地掌握理论知识，解决现实问题。大四上学期是师范本科生考研（包括保研）和找工作的旺季，同时还需要写作毕业论文，所以笔者建议顶岗实习不宜安排在大四上学期。

顶岗实习生的人数需要与被置换出来的参训教师的人数相匹配。这就需要带队教师做好顶岗实习动员和选拔工作。

第二，强化顶岗实习带队教师职责。置换历史国培顶岗实习的学校大都在乡县镇一级学校，学生必须在学校住宿。顶岗实习生又是“准教师”，面对被置换出来的参训教师之前的所有教育教学任务，面对那么多的学生，他们会觉得压力大、难以适应。因此，承担国培项目的院校应强化顶岗实习过程的监控管理，顶岗带队老师应定期或不定期去顶岗实习基地学校考察指导，确保顶岗实习生的食宿和安全。带队教师与顶岗实习生、顶岗实习基地学校领导进行座谈交流，录制顶岗实习生的公开课、常规课，并点评。顶岗实习基地学校也需要指派指导老师给顶岗实习生以帮助，使他们迅速地适应教师角色。

第三，建立顶岗实习信息资源网络。顶岗实习过程中，建立顶岗实习信息资源网络，保证顶岗实习生享有大容量的优质实习信息资源，做到实习信息共享。

第四，做好顶岗实习评价总结工作。顶岗实习结束后，承担国培的院校应及时进行总结评价，根据顶岗实习生的表现和顶岗实习基地学校的评价等各方面指标，对顶岗实习生进行阶段性评价，评选优秀顶岗实习生。顶岗实习生返校后，应举行顶岗实习座谈会，提炼顶岗实习成果。

第五，关注顶岗实习生心理健康。顶岗实习生大都是第一次走上讲台，第一次独立承担教学任务、管理任务。对于刚刚从大学校园这个象牙塔出来的顶岗实习生而言，他们面对如此复杂的人际关系和如此繁重的教学任务，心理上一时难以接受。承担国培项目的院校应对顶岗实习生进行及时、有效的实习心理沟通与疏导，鼓励与引导顶岗实习生克服困难，有效实现角色转换。

(9) 适当遴选研究生参与培训服务与顶岗实习。一方面，参与培训服务是一个双赢过程。国培置换项目实施期间，研究生可以做一些服务工作。在这个过程中，研究生可以与参训教师共同听讲座。由于培训团队的专家是来自全国各大高校的专家或者中学一线的优质教学名师，所以，从某种程度上讲，听讲座的研究生所接受的专业教育已经超出了院校课程限制。

另一方面，参与顶岗实习是将所学理论付诸实践的过程。在读研究生根据自己的意愿报名参加顶岗实习，这一要求使研究生可以有机会去学校实践，获得教育教学及管理经验。而实习也是研究生教育中必不可少的一个环节，国培置换研修项目可以将研究生的理论学习与实践活动有机结合起来，这是一种新型的研究生培养模式，也是国培所产生的额外效益。

由于承担国培项目的院校的部分研究生对国培置换脱产研修项目的相关政策还不是很了解，往往是在遴选顶岗实习的人员时才得到通知，这就导致研究生在选择中的迷茫。故而，在研究生入学时，承担国培项目的院校相关人员应将与研究生学习期间密切相关的一些国培项目政策予以介绍，使研究生对自己三年的学习有较好的规划。

4. 对教育行政部门的建议

(1) 及时通知，严格审核。教育行政部门要及时下达国培置换参训教师遴选通知，并严格核实参训教师资格。四川置换历史国培遴选出的部分参训教师事先不知自己要参加国培置换脱产研修项目，不知所带的科目是否有顶岗学生去接替，所以无法脱产研修。教育相关部门应保持信息畅通，将置换脱产通知及时下达各基地学校和参训教师。

（2）积极支持，做好中期监控与质量评估。教育行政部门应做好中期监控与质量评估。四川省国培项目执行办公室应对国培置换的培训进度、任务完成情况、目标实现度等各方面做综合考评，确保培训如期进行，维护参训教师的利益。同时，教育行政部门应积极支持国培置换脱产研修项目承担院校，并督促其他相关部门、参训成员等，以保证其顺利开展各项任务。只有在各方面条件兼具，多方共同努力的前提下，国培置换研修项目方可顺利进行，并发挥其特有的作用，获得多赢效益。

综上所述，国培是 21 世纪以来我国教师教育改革的一项重大举措，关乎基础教育课程改革优秀师资的培养。四川师范大学实施了三年的国培置换脱产研修项目，探索出了适合本省省情的国培置换脱产研修项目实施模式，无论是参训教师的研修培训，还是顶岗实习生的实习指导，都有成功的经验可循。

【学员拓展阅读】

[1]中华人民共和国教育部制定．“国培计划”课程标准（试行）[S]．北京：高等教育出版社，2012.

[2]教育部师范教育司全国教师教育课程资源专家委员会．国培典型案例集[M]．北京：高等教育出版社，2011.

[3]陈辉，潘树林主编．问题源于历史教学实践[M]．成都：四川师范大学电子出版社，2013.

[4]朱旭东．论“国培计划”的价值[J]．教师教育研究，2010(11).

[5]张华，王亚军，等．“国培计划”的理念诉求与培训追求[J]．教师教育研究，2013(4).

[6]高闰青．“国培计划”置换脱产研修项目培训体系的构建[J]．西北师大学报（社会科学版），2011(3).

[7]王道福，蔡其勇．“国培计划”教师培训“知识—能力—实践—体验”模式建构[J]．课程·教材·教法，2013(7).

[8]罗娟．重庆市农村中小学骨干教师置换脱产研修模式的研究[D]．西南大学，2012.

[9]朱福荣，刘玫，邓志勇．“五带六步”式影子研修模式[J]．中小学教师培训，2011(4).

[10]王川. 狮山史学教研——四川师范大学国家级特色本科专业历史学建设点教学与改革研究[M]. 成都:四川大学出版社,2012.

[11]车华玲. 骨干教师培训课程的设置研究与反思——以历史学科为例[J]. 课程·教材·教法,2013(3).

[12]张光华,常宏. 中学历史骨干教师省级培训的实践与反思[J]. 中学历史教学,2012(3).

[13]索淑艳,张丽艳. 我国顶岗支教研究综述[J]. 唐山师范学院学报,2010(9).

[14]魏亚琴. 顶岗实习,置换培训——教师教育实践教学新模式探索[J]. 宁波大学学报,2009(2).

[15]吴琼. "顶岗实习、置换培训"模式的多赢效应[J]. 现代教育管理,2010(12).

[16]苟凤英. 对师范院校学生顶岗实习培养模式的探究[J]. 乐山师范学院学报,2009(11).

[17]郭建耀,闫祯. 师范生顶岗支教实习的现实意义与存在的问题[J]. 当代教师教育,2009(4).

[18]曹萍香. 从顶岗实习看高师院校教师教育课程设置——四川省巴州区高师生顶岗实习实证研究[D]. 四川师范大学,2010.

[19]刁晓伟. "国培计划"师范生顶岗实习实效性研究——以河南省师范生顶岗实习为例[D]. 河南大学,2012.

[20]汪文华. 带课、带研、带学、带资,促进"影子教师"培训有效实施——以2010年"国培计划"安徽省置换脱产研修项目为例[J]. 中小学教师培训,2011(3).

作为培训者的高校历史教师的基本素养及其专业发展

（姬秉新，西北师范大学教授、博士生导师）

2001 年以来，随着国家基础教育新课程的推进，中小学教师培训工作显得日益重要，被各级教育行政部门视为有效实施新课程的重要保证。许多高等院校教师都不同程度地参与了教师培训工作。为保证培训质量，国家在制定中小学教师国家培训标准的同时，还先期培训从事中小学教师培训工作的高校教师，历史学科的中学教师的培训工作以及从事培训工作的培训者的培训工作也同步展开。

作为高校历史教师，如何转变成一名优秀的中学历史学科培训者？结合近些年的培训工作，谈谈我的个人体会和思考，以供借鉴。

一、强化作为培训者的高校历史教师自身的培训素养

作为培训者的高校历史教师，需要强化自身的培训素养。这些素养主要体现在以下几个方面。

（一）一定程度的自我感知能力

从培训工作的需要出发，一个优秀或合格的培训者，需要有一定程度的自我认知能力，即自我认识和自我接受的能力。当然，对于一名高校教师来说，做到这一点没有多大困难，关键是自身要有准确的定位和观念转变才行。我在这里指的是作为培训者的高校教师对中学历史教育的自我认识程度和对历史新课程的自我接受能力。

作为高校历史教师，参与中学历史学科的培训工作，对我们来说还是新鲜事。虽然我们当了多年教师，但我们教的是大学生，而现在的培训面对的却是在职的中学老师。他们都有一定的教学工作经验，对于所教课程有自己的认识和理解，对历史课程内容的变化也有自己的认知。而我们高校教师对中学教育无论是教育现状、教师状态，还是课程体系，都不是很了解，更谈不上熟悉。

这就需要高校教师在领受培训任务后要抓紧时间认真学习、研究中学历史教育相关的各类材料，特别是国家基础教育改革纲要和历史课程标准，准确领会历史新课程。要掌握我国中小学教育整体现状及存在的各种问题，掌握中小学教师队伍整体现状，尤其是中学历史教师队伍的现状与问题。同时要对中学历史课程进行研究，熟悉中华人民共和国成立后的中学历史课程体系及大的变革历程，特别要熟悉21世纪出台的历史新课程体系，清楚教学大纲与课程标准的异同，掌握课程标准推出的课程理念、设计思路、课程目标和课程内容，使我们成为基础教育新课程的明白人。这样，我们培训中学历史教师时才有底气，才能胜任培训工作。

从实际培训效果看，培训者的自我认识能力和接受能力越强，驾驭培训和运用专业知识的自由度就越大，培训质量就越高。因此，作为培训者的高校教师依然要注重专业培训知识和培训技能的储备和提高，要有激励自己努力学习、不断进取的吃苦精神，这样才能使自己的培训得到中学历史教师的认同。

（二）准确把握中学历史教师学习需求的能力

目前，在中学，由于追求升学率，语文、数学、外语学科最受重视，配备的师资力量较之历史、地理、生物课程要强很多。这种现象在义务教育阶段就更加明显，不少学校把学历不高或教学能力不强的教师安排来教历史课程，有部分历史教师没有接受过系统的专业的历史教育。因此，我们的培训学员显得参差不齐。作为学科培训者的高校教师，就要熟悉职业成年人（中学历史教师）学习的特点，清晰地了解不同层次、不同类型、不同性质中学历史教师（培训学员）的具体需求并做出合理安排。对培训学员的学习需求了解得越清晰，培训内容才会越有针对性，学员才越有参与培训活动的积极性，培训效果也才会越好。

在每次培训前一定要通过问卷调查、访问了解等形式，对全体培训学员的培训需求做充分了解和准确认识，对培训学员事先摸底调查，搞清楚培训学员的学历层次，所学专业是否对口，担任历史课程教学的时间（包括任教年限），了解清楚培训学员除了教历史课，是否还同时任教其他学科课程等情况；同时要深入了解他们的培训需求和培训期望值等。在这个基础上制定有针对性的分层次的培训计划，合理安排培训内容和培训形式，这样，培训效果就会显现，培训质量才会有一定保障。同时，在培训过程中注意掌握培训学员的学习困惑与障碍，并寻找破解的对策，对培训学员提出有针对性的后续学习要求，使培训作用持续发挥。

（三）激发培训学员学习潜能的能力

一个优秀的专业培训者，能够通过自身富有激情的培训活动、流畅幽默的语言、适度的肢体动作、饱含激励的眼神，来感染和激发培训学员内在的学习动力。在培训中，培训者的作用是激励培训学员发现并发展自己的学习潜能，鼓励培训学员增强学习和任教的信心，树立学习和工作责任感，调动学习和教学主动性，生成面对学习和教学工作困难时勇往直前的极大动力。高校教师要在这方面多下功夫，逐渐成为激励中学教师前行的行家。同时，培训者要注重培训形式的多样性，使中学历史教师在动与静的结合中体验并享受培训的新思想、新见解、新方法、新知识、新经验，使中学历史教师对培训不会感觉枯燥、乏味、厌倦，而是对培训充满期待。

（四）沟通与交往的能力

一个优秀的专业培训者，应当是好接近、友好、值得信任的人。作为培训者的高校教师，应当充分理解并尊重既是学生又是老师的培训学员的独特心态和独立人格。所以，作为高校教师的专业培训者一定要时刻注意，与培训学员沟通与交流的前提是平等、尊重和信任。

培训者必须熟练掌握交往和沟通的技巧。优秀的培训者在与培训学员对话交流时一定要通情达理、善解人意、注意聆听，愿意与学员进行坦诚的交流；能提出激发培训热情的问题，充分表达自己的想法，能经常做出清晰的、直接的反馈；能有办法、有智慧化解培训中出现的各种矛盾和问题。在培训的全过程中一定要用平和的语气平等与培训学员对话、交流，使他们在培训过程中始终处于被尊重的氛围中，这一点在培训中至关重要。

（五）内容与形式完美结合的能力

一个优秀的专业培训者，必须能给培训学员以学习认知、研究分析、培训方案、培训实施等工作能力上真正解决问题的帮助，使其有实实在在的收获。因此，培训者应该提出有探讨性的、引导性的问题来鼓励培训学员思考。

优秀的培训者还能够根据培训内容，恰当地运用体验式、头脑风暴式、案例式（展示与研讨）等多种活动形式，创造性地利用已有信息，将传递的理论有效运用于实际环境；给培训学员提供新的思考和新的视角，用独特的和新奇的方法解决问题，使培训内容与培训形式完美结合，让培训学员真正获益。高校教师要靠自己相对深厚的历史学科知识积累学科涵养，用自己擅长的语言表达方式和灵动的观察与组织调动能力，把培训学员吸引到培训活动中，使培训质量得到保障。

（六）培养培训学员学习兴趣的能力

一个优秀的培训者，能够善于通过培训环境的巧妙创设、宽松氛围的精心营造、时间安排的合理把握、培训活动的生动有趣、学员差异的温馨关照等，不断提升培训学员参与培训的浓厚兴趣，从而持续调动培训学员认真学习的积极性和主动性，使他们真正融入培训之中。

二、作为培训者的高校历史教师要走专业发展之路

高校教师参与中学历史教师培训工作，必须圆满完成每一项培训任务，这就要求高校教师要不断投入精力去提升自己的培训素养。当然，随着培训工作的进行，自身的素养自然会随之提升，但速度缓慢，效果不尽如人意，还不能完全满足培训工作需要。因此，这就需要高校教师注意自身素养的学习提高，这既要有实际培训工作经验教训的积累与总结（反思培训过程的不足与缺陷，思考如何改进完善），也需要进一步熟悉中学历史教育（包括课程设置变化、历史教师成长需求、中学生历史学习现状等）的各种问题与弊端，提出自己的合理建议，帮助完善中学历史教育。作为专业培训者的高校历史教师，走专业发展之路的举措有以下几点。

（一）注意日常培训工作中经验教训与知识、技能的积累

这是对培训工作者的最基本要求，是一名合格培训者必备的工作能力。高校教师要经常检查并思考自己的培训活动是否有改进，是否有完善。高质量的培训需要培训者有很好的个人素养，既要善于发现自己的不足也要善于反思培训细节问题，力求把工作做完美，这属于主动学习范畴，是由合格培训者成长为优秀培训者的必经之路。

（二）专业培训技能的学习补充与及时交流

高校历史教师的日常教学方式方法比较单一，因为大学生要求教师有深厚且广博的专业知识，欣赏教师流畅且准确传递知识的专业技巧。这种教学经验对于做好培训工作很有用，但还不够。因为作为培训学员的中学历史教师也是长期从事教学工作的，也熟悉这一套专业技能。所以，高校历史教师在培训时

还需要传递更多的新思想、新理念、新知识，这就需要高校历史教师不断地学习新的培训技能和培训形式，开拓新的培训渠道，要向有经验的培训专家请教，也要向一线中学历史教师请教，相互交流，取长补短，丰富自己的培训能力，提升自己的培训质量。

（三）培训同伴的帮助与互助

作为培训者的高校历史教师的专业成长，除了自己的努力，也离不开培训同伴的帮助与互助。一次培训工作是需要好几位培训者共同协作，一起完成的。从领受培训任务到编制培训方案、设计各种活动、安排具体内容、讲授研讨体验，从开场到结束，培训的全过程都得靠大家共同认真规划。只有大家齐心协力才能保证培训质量。在这个共同努力的过程中大家也就共同成长起来了。同时，观摩其他培训者包括同伴的培训也是学习提高的重要渠道。通过观摩可以取长补短，也开阔了眼界，获取了同伴的智慧。当然，通过一次次严肃刻板的培训评价，也可以清晰地知道自己在培训中存在的问题，也能明白产生这些问题的主客观因素，得到改进完善的具体策略，为今后高质量地做好培训工作奠定扎实的基础。

（四）培训前必不可少的集体备课与研讨活动

已有的培训经验表明，优秀的培训者大都能聚集集体的力量与智慧来完成培训，都能用集体的力量来推动自己专业成长。这就是军事家们常说的“不打无准备之仗，不打无把握之仗”。所以，培训前的集体备课、集体研讨活动已经成为所有培训班都在使用且行之有效的重要措施。它一方面确保了培训质量，另一方面又促进了高校历史教师培训素养的提升，可谓一举两得。

（五）参加各个层次、各种类型的专业培训

高校历史教师还应该积极主动地参加各个层次、各种类型的专业培训活动和继续教育活动，如教育部举办的高级专业培训、教育厅局举办的各类培训者培训。在听取高水平教育专家、课程专家、学科专家的理论阐释、学术报告的同时，也可以开阔视野、增长见识、提高素养。

（六）积极申报或参与教育部的培训项目

高校历史教师还要积极申报或参与教育部的培训项目，通过举办或参与高端的、要求严格的专业培训，可以迅速有效地提高自己的培训素养。高校历史教师通过参与制定各类培训方案与课程计划，可以熟悉不同类型的培训、不同规模的培训、不同层次的培训，熟悉不同的培训对象、培训要求、培训目标、培训环节、培训途径、培训手段、培训活动、培训措施与管理方法等，在全面参与培训活动的过程中增长才干，提高专业培训素养。

作为培训者的中学历史教研员的角色定位

（张汉林，首都师范大学教授、博士生导师）

一、找准历史教研员的角色定位

（一）研究、服务、指导是教研员的基本职责

对于专业技术人员来讲，专业是一个人的安身立命之所。那么，作为教研员，我们的专业究竟是什么？是理论工作者，还是实践工作者？是教学研究者，还是教师培训者？这个问题非常重要，因为它关涉我们对自己工作的定位。笔者认为，专业是由我们的工作对象决定的。由于我们的工作面向的是教师，因此，我们的专业是学科教师培训。这并不是否定学科教育的重要性。相反，教研员只有对学科教育有深刻的理解，才能把学科教师培训做好。但如果教研员仅仅只有学科教育的背景，而不懂得其工作对象的特点，可能就难以胜任教研工作。

《基础教育课程改革纲要（试行）》指出："在教育行政部门的领导下，各中小学教研机构要把基础教育课程改革作为中心工作，充分发挥教学研究、指导和服务等作用。"[①] 研究、服务、指导，这就是教研员的基本工作职责。研究、服务、指导三者中，研究是基础，服务是核心，指导是关键。教研员的研究不是理论性研究，而是应用性研究。缺乏研究，服务就没有质量，指导就不会到位。以研究作为背景，则服务和指导就成为一汪活水。我们要研究教师、教育、学生，我们要服务教师、教委、学生、社会，我们要指导教学、科研、比赛、备考。教研员的工作错综繁杂，简要说来，教研员是教育理论的学习者与推行者，是教师成长的引领者与推动者，教学经验的发现者与推广者。

---

① 钟启泉，崔允漷，张华主编：《为了中华民族的复兴，为了每位学生的发展：〈基础教育课程改革纲要（试行）〉解读》，上海：华东师范大学出版社，2001年，第13页。

（二）做一个有研究专长的教研员

有人说：教研员既缺乏大学老师的理论素养，又离课堂教学实践相对较远，因此是“上不着天，下不落地”，处境尴尬。此话诚然不错，但我们可以换一个角度来看。英国人大卫·李嘉图提出了比较优势理论。该理论认为，在国际贸易中，每个国家都有自己的相对优势，因此，每个国家都应根据“两利相权取其重，两弊相权取其轻”的原则，集中生产并出口其具有“比较优势”的产品，进口其具有“比较劣势”的产品。该理论不仅适用于国际贸易，同样适用于我们的工作。作为教研员，我们的比较优势在哪里？与大学老师相比，我们熟悉课堂教学实践；与中学老师相比，我们掌握的理论知识较为丰富。我们何不利用自己的比较优势，架起一座沟通理论与实践的桥梁？

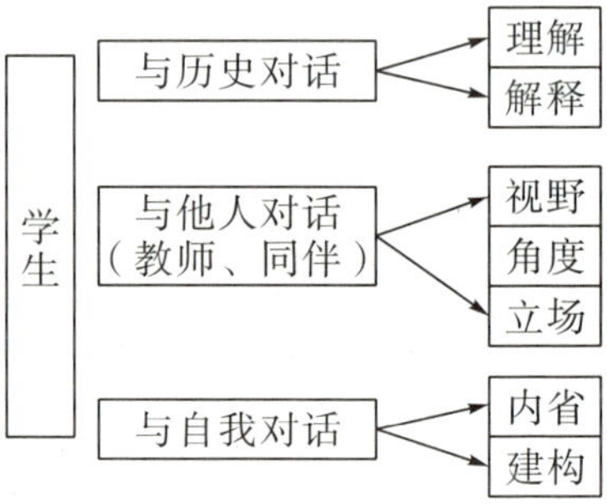

图 1.3.1　历史教育对话的三个层次

以对历史教育的思考为例，笔者认为历史教育就是对话。这个对话分三个层次（如图 1.3.1）：第一层次是学生与历史对话，在对话的过程中，学生要对文本（史料）的内涵做出理解，要对史实的因果关系做出解释。第二层次是学生与他人对话，不同的人由于其视野、角度和立场不同，对历史的解释各不相同，因此我们有必要开展合作学习，了解他人观点背后的角度与立场，求同存异，学会宽容。第三层次是学生与自我对话，这是最高层次的对话，看不见、摸不着，但每个学生都在自觉不自觉地进行着。学生学习历史也好，与师长和同伴进行对话也好，最终都是为了认识自己、做好自己。历史教育从个体角度来讲，是人格教育。既然我们每一个人都不可能成为他人，那么我们就一心一意做好自己，做更好的自己。从社会角度来讲，历史教育是公民教育，旨在为社会培育合格公民。

1. 学生与历史对话

E. H. 卡尔认为：“历史是历史学家与历史事实之间连续不断的、互为作用的过程，就是现在与过去之间永无休止的对话。”[①] 套用这个句式，则“历史教学是学生与历史、与历史事实之间连续不断的、互为作用的过程，就是现在

---

① （英）E. H. 卡尔：《历史是什么？》，陈恒译，北京：商务印书馆，2007 年，第 115 页。

与过去之间永无休止的对话”。这种对话，可从三个方面去理解：

第一，历史是现在与过去的对话，而非现在对过去的审判。既是对话，则对话伙伴之间的关系是平等的，拥有同样的发言权。审判则是审判者掌握道德霸权和话语霸权，是对被审判者进行历史的审判，或者将其“钉在历史的耻辱柱”，或者将其“高悬历史的光荣榜”，奖罚分明。一般的审判虽然缺乏价值，但其不再造成太大的危害。更为可怕、甚至遗毒无穷的是奉行“有罪推定”的审判。比如断定农民阶级具有革命性（因此一切农民运动都是积极的）和落后性（因此一切农民运动都会失败），资产阶级具有软弱性和妥协性（因此资产阶级革命与改革都不能成功），奴隶主阶级和地主阶级更是带有原罪，即使是岳飞，也有镇压农民起义、愚忠皇帝的一面。带着这种先验性的认识去评判历史，显然有失公允。

第二，历史是现在与过去永无休止的对话，而非一次性的交流。现在与过去的对话，不是一次定终身，而是持续不断的。随着新史料的发现、史料范围的扩大和研究方法的进步，现在与过去的对话还会进一步深入。甲骨文的发现、社会生活进入史学视野、社会科学研究方法的推陈出新，这些都大大推动了对话的深入进行。我们的学生生活在当下。作为一个生活在“当下”的社会人，学生不可避免带着本时代的趣味、情感、观念和思维方式去关怀过去，如此则与过去对话的对象和内容就有所不同。正如 E. H. 卡尔所言：“历史学家与历史事实之间相互作用的进程……不是一场抽象的、孤立的个人之间的对话，而是今日社会与昨日社会之间的对话。”[①] 根据时代的需要，现在与过去展开永恒的对话，这就是历史至今仍富有魅力的原因，也是历史逝而不死的奥秘。

第三，现在与过去的对话如何成为可能？人都生活在特定的时空，现在与过去的对话有两大障碍——时间差异和空间差异。由于时空的差异，古人和今人的价值理念与行为规范有很大差别，这就给对话造成困难。在历史教学中，有一个由来已久的说法，即“不苛求古人”，不把今人的观念强加到古人身上。此话当然无误。比如说，学生不能和秦始皇谈现代的民主和人本的理念。但是，存在即合理，古人所作所为均有其历史的“合理性”。难道学生要与秦始皇大话韩非子的学说？显然，前者秦始皇无法接受，后者学生难以忍受。那么，学生以秦朝时期普遍存在的价值理念为标准与秦始皇对话，何如？也就是说，秦始皇可以不民主但不要过于专制，可以不民本但不要过于暴政；学生不

① （英）E. H. 卡尔：《历史是什么？》，陈恒译，北京：商务印书馆，2007 年，第 146 页。

苛求秦始皇，但秦始皇也不能违背当时的“社会公德”。

陈寅恪先生在《冯友兰〈中国哲学史〉审查报告》中有一段名言：“凡著中国古代哲学史者，其对于古人之学说，应具了解之同情方可下笔。盖古人著书立说，皆有所为而发；故其所处之环境，所受之背景，非完全明了，则其学说不易评论。而古代哲学家古今数千年，其时代之真相，极难推知。吾人今日可依据之材料，仅为当时所遗存最小之一部；欲藉此残余断片，以窥测其全部结构，必须备艺术家欣赏古代绘画雕刻之眼光及精神，然后古人立说之用意与对象，始可以真了解。所谓真了解者，必神游冥想，与立说之古人，处于同一境界，而对于其持论所以不得不如是之苦心孤诣，表一种之同情，始能批评其学说之是非得失，而无隔阂肤廓之论。”①

这段话被奉为经典，可也常被人误解。大家往往认为：研究历史就是要对古人具“了解之同情”，也就是不苛求古人。其实，细读陈文，我们会发现，“了解之同情”是基础；其目的在于“批评其学说之是非得失”。“了解之同情”是指与古人“处于同一境界”，即了解古人所思所想、所欲所求，还原历史本来面目；而“批评其学说之是非得失”，则建立在现代人的情感基础上，并以实现今人与古人的沟通为主旨。正如林继中先生所说：“盖研究古人，往往需用双视角，一则以今日之价值体系为参照而视之；一则依当日之价值体系为参照而视之。前者即‘所有历史都是现代史’之谓也；后者即对古人‘了解之同情’，二者不可偏废。”② 只有在双视角的审视下，今人与古人的对话才能避免鸡同鸭讲的尴尬，才能实现沟通。

2. 学生与他人对话

在对历史进行意义诠释时，不同的人由于其视野、角度和立场不同，对历史的意义诠释各不相同。每个人在与历史对话的过程中，都有自己特定的视域。“视域就是看视的区域，它包括了从某个立足点出发所能看到的一切。”③迦达默尔认为：“在重新唤起本文意义的过程中解释者自己的思想总是已经参与了进去。就此而言，解释者自己的视域具有决定性作用，但这种视域却又不像人们所坚持或贯彻的那种自己的观点……在这种谈话中得到表述的事情并非仅仅是我的意见或我的作者的意见，而是一件共同的事情。”④ 史料本身不会

① 陈寅恪：《金明馆丛稿二编》，上海：上海古籍出版社，1982 年，第 247 页。
② 林继中：《对古人了解之同情》，《光明日报》，2004-04-28，B2 版。
③ （德）迦达默尔：《真理与方法》（I），洪汉鼎译，北京：商务印书馆，2013 年，《译者序言》。
④ （德）迦达默尔：《真理与方法》（I），洪汉鼎译，北京：商务印书馆，2013 年，第 546 页。

说话，是当今时代的人替它说话。历史事实是客观存在，但它要经由人的理解与解释，才获得其价值、意义。就像鲁迅所说：“《红楼梦》是中国许多人所知道，至少，是知道这名目的书。谁是作者和续者姑且勿论，单是命意，就因读者的眼光而有种种：经学家看见《易》，道学家看见淫，才子看见缠绵，革命家看见排满，流言家看见宫闱秘事。”① 学生在解释历史的时候，必然会受到阶级、时代、文化背景、价值观念和个人素质等方面的限制，选择的立场、角度和方法不尽相同，从而导致对历史事件的解释千差万别。与他人对话，实际上就是每个人从自己视域出发，最终达到视域融合。

海德格尔认为：“把某某东西作为某某东西加以解释，这在本质上是通过先行具有、先行视见和先行掌握来起作用的。解释从来不是对先行给定的东西所作的无前提的把握。……任何解释工作之初都必然有这种先入之见，它作为随着解释就已经‘设定了的’东西是先行给定的，这就是说，是在先行具有、先行视见和先行掌握中先行给定的。”② 美国总统肯尼迪在就职演讲中说：“如果自由社会不能帮助众多的穷人，就不能保全少数富人。”对于这段材料，有人认为重点在“保全少数富人”，即肯尼迪的根本目的是维护资产阶级的利益。这种解读，其先行具有的观念是美国是资本主义国家，美国总统当然就是资产阶级的代表，所以美国总统要维护资产阶级的利益。肯尼迪对富人的这番言辞，为什么不能理解成肯尼迪为维护穷人的利益而对富人采取的一种策略呢？或者理解成肯尼迪为维护整个美国的利益而对富人和穷人进行调和呢？并不是只有史学家在研究历史之前“先行具有、先行视见和先行掌握”，在历史教学中，学生同样如此。每个学生都是从自己特定的视野、角度和立场来思考问题。因此，在历史教学中，务必要彻底转变学习方式，开展合作学习，让学生彼此对话，让学生与教师对话，以了解他人观点背后的视野、角度与立场，不求统一意见。

当今社会日益分化，社会利益多元趋势不可逆转。不同社会群体的多元利益如何协调，成为年轻学生不得不面对的问题。“民主并不只是一种政治形态，主要乃是一种共同生活的模式，一种协同沟通的经验。”③ 在这种背景下去思考历史教学中的学生与他人的对话，不仅具有认知上的意义，更有重大的社会意义。学生在与他人的对话过程中，懂得人们是互相依赖的，人们的观念和行

① 鲁迅：《鲁迅全集》卷8《集外集拾遗补编》，北京：人民文学出版社，2005年，第179页。

② （德）海德格尔：《存在与时间》，陈嘉映、王庆节译，北京：生活·读书·新知三联书店，2006年，第176页。

③ （美）约翰·杜威：《民主与教育》，薛绚译，南京：译林出版社，2012年，第78页。

为是多样的。

3. 学生与自我对话

学生与历史的对话，学生与他人的对话，其最终目的，就是要实现学生与自我的对话，认识自我，并做更好的自我。

历史是人类生存发展和精神发展的过程。在纷繁复杂的历史事件、历史现象、历史文物、历史文献的背后，隐藏着人的喜怒哀乐和内在精神。而人类之所以要研究历史，无非是要认识人类自身。布洛赫认为："从本质上看，历史学的对象是人。还是让我们把它称作'人类'吧。复数比单数更便于抽象，相对而言，复数的语法形态更适用于一门研究变化的科学。地形特征、工具和机器、似乎是最正式的文献、似乎是与其缔造者完全脱离的制度，而在所有这些东西背后的是人类。历史学家所要掌握的正是人类，做不到这一点，充其量是博学的把戏而已。优秀的史学家犹如神话中的巨人，他善于捕捉人类的踪迹，人，才是他追寻的目标。"① 卡西尔说："艺术和历史学是我们探索人类本性的最有力的工具。没有这两个知识来源的话，我们对于人会知道些什么呢？……历史学与诗歌乃是我们认识自我的一种研究方法，是建筑我们人类世界的一个必不可少的工具。"②

古语曰："以史为鉴，可以知兴替。"常常有人将其理解为从历史中汲取经验教训。但论者往往会忽略一个显而易见的事实，即历史是镜子，但透过镜子看到的人却是自我。历史是自知的知识。在历史教育中，历史教师应该善于捕捉人类的踪迹，聚焦学生对历史人物的思想与行动的理解，从而让学生在历史学习中认识自我，进而获得思考力与行动力。正如雅斯贝尔斯所言："从历史中我们可以看到自己，就好像站在时间中的一点，惊奇地注视着过去和未来，对过去我们看得愈清晰，未来发展的可能性就愈多。"③ 根据德罗伊森的看法，"人类的自我，借着历史知识为媒介，展开自己对自己的认识：历史知识是自知的知识——知识的主人，认识他自己是某个历史演变的结果；也洞识他在与时俱移的（个人与世界的）活动中，所形成的个性"④。

与他人的对话，同样是认识自我的重要路径。哲人云：他者即自我。有他

① （法）布洛赫：《历史学家的技艺》，张和声、程郁译，上海：上海社会科学出版社，1992 年，第 23 页。

② （德）卡西尔：《人论》，甘阳译，海：上海译文出版社，2004 年，第 284—285 页。

③ （德）雅斯贝尔斯：《什么是教育》，邹进译，北京：生活·读书·新知三联书店，1991 年，第 58 页。

④ （德）德罗伊森：《历史知识理论》，胡昌智译，北京：北京大学出版社，2006 年，第 16 页。

人的视野、角度与立场作为参考，才会懂得返回自我的内心，知晓自我视野、角度与立场之所在，明了“我之为我”的根本；彻悟自我视野、角度与立场之偏狭，抓住“完善自我”的契机。

总之，学生与历史的对话，与他人的对话，都是为了认识自我，做好自我。既然我们每一个人都不可能成为他人，那么我们就一心一意做好自我，做更好的自我。做更好的自我的过程，就是学生与自我对话的过程。这是最高层次的对话，看不见、摸不着，但自觉不自觉都在进行。

二、研究教师成长的特征及途径

以下我们从教师专业知识结构理论、教师发展阶段理论来谈谈教师群体的特点及其对我们工作的启示。

（一）教师专业知识结构理论

拥有和掌握知识是教师专业发展的前提和基础，教师的发展在很大程度上取决于教师拥有什么知识、如何使用这些知识以及教师是如何获得这些知识的。据舒尔曼、顾泠沅等研究，职初教师、经验教师和专家教师的知识结构都是由原理知识、案例知识和策略知识组成。他们在原理知识上的差距并不大，主要的差距在于策略知识，而连接原理知识和策略知识的是案例知识。教师职业生涯有走向成熟与追求卓越的两次跨越，第一次跨越的关键在于掌握丰富的案例知识，第二次跨越的关键在于从经验中提炼出策略知识。①

Veal 和 Makinster 建构了一个金字塔式模型（如图 1.3.2），该模型的塔尖是学科教学知识（Pedagogical Content Knowledge，简称 PCK）。L. Grossman 认为学科教学知识成为金字塔顶，是教师资格认证和培养向度的核心成分。他曾对 PCK 做过解析，并把学科教学知识分为学科教学的统领性观念和特定知识内容的学与教两个方面。②

什么是历史学科教学的统领性观念？我个人的理解是，历史有两层基本含义。第一层，历史是过去发生的一切事情，它一去不复返，但的确存在过，且留下了痕迹，这个层面的历史具有唯一性。第二层，历史是后人对过去发生事

① 上海市教育科学研究院顾泠沅教授学术讲座课件《教师行动学习若干问题讨论》，2008 年 8 月。

② 上海市教育科学研究院顾泠沅教授学术讲座课件《教师行动学习若干问题讨论》，2008 年 8 月。

情的复原与解释，复原的依据是史料，还原的事实叫史实，观察的角度为史观，解释的工具为史法，解释具有多元特点。

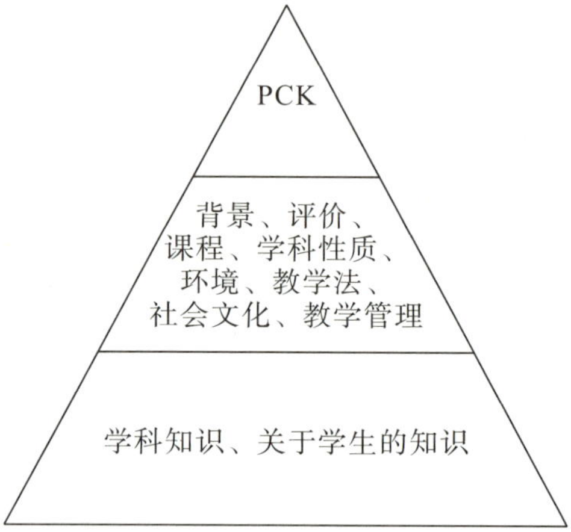

图 1.3.2　金字塔式模型

基于这种分析，历史学科有两个重要的思维方法：

第一，历史是人有目的的社会行动，“目的”表明了人的判断与抉择，“社会”表明人的行动必然是在一定的历史条件下进行。因此后人要“神入”历史，“同情”理解历史人物在何种历史条件下如何进行判断抉择；“神入”之后还要“出离”，站在后世的角度冷静旁观。

第二，过去发生的事情真相只有一个，但后人的复原与解释却大不相同。因此，要用批判性思维去看待历史。批判性思维是“为决定相信什么或做什么而进行的合理的、反省的思维”，在历史学科首先体现为要区分历史叙述中的事实与观点；其次，明白这些观点所表现出的不同动机、信仰、利益、期望及担忧，解释不同的动机、信仰、利益及观点是如何影响对历史的阐释；再次，说话著文要讲证据，一分证据说一分话，九分证据不说十分话。

具体说来，学科教学的统领性观念又包括以下两点：

（1）学科内容的知识——一门学科的内容、方法和性质的知识。那么，我们历史课程的内容、方法和性质是什么呢？赵亚夫教授曾说过：“所谓历史学科教育的特点，如果没有人，不能从人的行为（有目的的社会行动）方面着眼教学的话，很难做到教学的有效性。事实应该服务于学生对人的行为目的和行动能力的理解，这样我们才会讲究学习的过程和深究学习的方法，理解学生能够理解的历史，并能够有效解释他们能够理解的历史，这就是好的历史教学了。”在以前的教学中，我们更多强调的是社会行为，而忽略了人的目的，但这二者是密不可分的。我们通过以下这个案例来理解什么是有目的的社会行动。

《尚书大传》记载：“周公摄政，一年救乱，二年克殷，三年践奄，四年建侯卫，五年营成周，六年制礼乐，七年致政成王。”从这段材料中，我们能否得知周公的心路历程？

公元前 1046 年，周公辅佐周武王，在牧野一战，局促西隅的“小邦周”

竟然灭掉了占据中原的“大邑商”。但是，殷商的潜在势力依然存在。《尚书·多士》记载周公“告商王士”，说：“非我小国敢弋殷命。”意思是说，“不是我们小小的周国敢于取代殷命”。如何处理殷商的遗民和顽民，是周初统治者面临的严峻问题。当时，周朝统治集团在如何处理殷商遗民和顽民的问题上意见分歧：姜尚（师尚父）主张斩草除根，以绝后患，将敌人全部杀掉。召公认为应当区别对待，有罪者杀，无罪者赦。周公提出分化瓦解、恩威并举的办法，即利用殷人治理殷人，一方面采取武力监视，另一方面施加恩惠笼络，从而改造敌人。周武王最后决定，采纳周公的办法，封纣子武庚为商后，留居朝歌，利用他统治商朝遗民，又分商王畿为邶、鄘、卫三区，授给自己的三个弟弟管叔、蔡叔、霍叔。让他们监视武庚，叫“三监”。不久，周武王病死，儿子成王还在襁褓中，周公旦摄政治国。王室大臣召公奭等疑忌周公。管叔、蔡叔散布流言，造谣说：周公要谋害成王，篡夺王位。武庚见周王室内部发生矛盾，便趁机煽动管叔、蔡叔，串通东方的蒲姑、徐、奄等国发动叛乱，想复辟。周公处于内外夹攻的境地，非常困难。他首先诚恳地向姜尚、召公等大臣做解释，稳定内部，然后亲自率兵东征，历时三年，平息叛乱。周公杀死武庚和管叔，流放蔡叔和霍叔，攻灭蒲姑、奄等十七国。此即“一年救乱，二年克殷，三年践奄”。从三监之乱中，周公认识到统治阶级内部存在权力之争，而殷商遗民仍是周朝统治的心腹之患。怎么办？周公继承了武王分封的办法，但进一步加以完善，对同姓子弟大加分封，这样既缓解同姓贵族内部权力之争，又能激发同姓贵族遏制殷商遗民的积极性，史称“封建亲戚，以蕃屏周”。这就是“四年建侯卫”。分封已成，那为什么还要“五年营成周”呢？镐京偏居一隅，如果东方再次发生叛乱，那就会有鞭长莫及之憾。而洛阳在天下之中，在此营建成周，部署重兵（史料记载“西六师”“东八师”，即洛阳有八师，镐京才六师），这样就能起到威慑作用。有了制度和军事作为保障，周公还未彻底安心。如果能让天下臣民心服口服，那不就彻底消除隐患了吗？周公处心积虑的结果，就是“六年制礼乐”。经过以上种种安排，周初政局终于得以稳定，于是周公“七年致政成王”，面北向站在臣子之位，仍谨慎恭敬如履薄冰。

我们可以看到，周公这七年做的事情都有其目的性，如果我们的历史教学能从人的目的着眼，历史教学将会富有趣味性，当然也就更具有效性。

（2）教学目的的知识——在不同年级最有学习价值的知识。作为历史教师，我们应该能够判断一个知识的学习价值之所在。就都江堰这一教学内容来说，在这一课中，课程标准规定为：通过都江堰工程感受中国古代人民的智慧和创造力。在课程性质中找到一句和该内容有关系的叙述：以人类优秀的历史文化陶冶学生的心灵，帮助学生客观地认识历史，正确理解人与社会、人与自然的关系，提高人文素养。那么都江堰这一人与自然关系的典型案例究竟体现了什么样的智慧呢？盛洪在《都江堰：一个凝固的制度》中把都江堰和现在的坝做了一个比较："坝和堰，这一横一纵，一堵一导，代表了截然不同的治水哲学。抽象一点说，一个是所谓'征服自然'，一个是所谓'天人合一'。具体来讲，它们代表了两种不同的对待自然的原则和对待他人的原则。坝意味着对水的强硬抗衡，对水流方向的强力阻遏，是人与自然的迎面撞击。而堰则意味着对水的因势利导，在达到人的引水目的的同时，并不违背水的自然本性。……都江堰2200多年的存在表明，既可以灌溉、发电和防洪，也可以避免坝的弊端。它恰恰是在人的需要和自然之间找到了完美的均衡。"[①] 学生在这节课中，不仅了解了都江堰，还领会到了人与自然、人与社会和谐相处对人类的帮助，这就是他们应该在历史课上得到的有价值的知识。

特定知识内容的学与教包括：①学生理解的知识——学生对特定内容容易理解或误解的知识；②内容组织的知识——特定内容来龙（生长点）去脉（包括应用）及横向联系的知识；③教学策略的知识——特定内容的教学策略和表征的知识（包括有效的样例、活动、类比、解释等）；④效果反馈的知识——学生学习特定内容的效果测评及其调整学习方式的知识。[②] 下面试举两例。

第一，学生容易误解的知识。在学到美国南北战争这一课时，可能有的学生会问：林肯为什么不在《解放黑人奴隶宣言》中宣布解放所有的黑奴？这是不是林肯的局限？很多中国的学生可能会轻信于"资产阶级的软弱性"这样的说辞。然而，林肯作为合众国总统，没有宪法赋予的权力来解放黑奴。在《解放黑人奴隶宣言》中，林肯强调自己解放黑奴行为的性质是"武装叛变时期"作为"合众国海陆军总司令"采取的军事措施。也就是说，根据美国的政治制度，林肯无权解放没有叛乱的南方四州的黑奴。

第二，教学策略的知识——特定内容的教学策略和表征的知识（包括有效的样例、活动、类比、解释等）。关于特定内容的教学策略，我们以"张謇兴办实业"这课为例。课标中规定这课的课程内容为：以张謇兴办实业为例，初步认识近代中国民族工业的曲折发展。我们知道，张謇兴办实业是在甲午中日战争之后，之前近代民族工业的兴起、三十年代的辉煌、四十年代的没落都没

---

① 摘自中评网盛洪博客网址：http://www.china-review.com/sbao.asp?id=4426&aid=19995。

② 上海市教育科学研究院顾泠沅教授学术讲座课件《教师行动学习若干问题讨论》，2008年8月。

有见证，那么张謇兴办实业能不能说明近代中国民族工业的曲折发展？我们以北京八中王艳香老师的一个课为例，看一下这位老师运用了怎样的教学策略来达成课标的要求并实施有效教学的。这节课的基本框架如下：

张謇与“实业救国”
一、筚路蓝缕开山林
二、状元办厂图救国
　　从高中状元到兴办实业
　　从大生纱厂到大生集团
　　从大生集团到社会公益
　　从兴旺发达到衰落破产
三、民族工业薪火传

王艳香老师为张謇实业救国加了一头（筚路蓝缕开山林）、一尾（民族工业薪火传），重点还是中间部分（状元办厂图救国）。为什么要这样设计呢？除了保证完整性之外，我们试想一下，如果只讲张謇这一个案例，是不是会给学生这样一个错觉：民族资本在近代中国太弱小，结局太悲惨了？而历史的真实是这样的：1872 年，华侨陈启沅回国创办了我国第一家民族资本经营的机器缫丝厂——继昌隆缫丝厂。办厂初期，“出丝精美，行销于欧美两洲，价值之高，倍于从前，遂获厚利”。但是不久遭到旧的手工业者和官府的反对，最后被迫迁往澳门。陈启沅的经历和张謇很像，但是我们不能说陈启沅失败了，民族工业就失败了。陈启沅失败了后还有张謇，那么张謇失败了以后有没有更多的张謇呢？1895 年南通大生纱厂成立，1925 年卢作孚民生公司成立，1931 年天津东亚毛纺厂成立。这些“后起之秀”不仅规模更大，而且在企业精神上薪火相传，1925 年卢作孚民生公司坚持“服务社会，便利人群，开发产业，富强国家”。1931 年天津东亚毛纺厂提出：“我们要实行以生产辅助社会之进步。我们要使游资游才得到互助合作。我们要实行劳资互惠。我们要为一般平民谋求福利。”王老师加这个结尾不仅是为了学科知识的完整性，更是升华了对张謇兴办民族工业的认识，从而把落脚点放在实业救国精神的传承上，而不是单单张謇这一民族工业的悲惨命运上。

（二）教师发展阶段理论

教师专业知识结构理论侧重于静态地观察不同教师群体的差异，教师发展阶段理论则侧重动态地研究教师成长的规律。以下阶段的划分，是笔者根据美国学者的多种观点综合而成的。[①]

求生存阶段：该阶段教师关注班级管理、教学内容的精熟、上级的评价、学生与同事的肯定，表现出明显的焦虑与紧张，富有理想与活力。需要研修部门给予理解与鼓励；给予教学现场的支援与教学技能的协助。

巩固与能力建立阶段：该阶段教师已学到一些基础的教学技能与方法，开始思考如何来帮助学生，想建立一套属于自己的教学体系。研修部门可提供有关特殊学生或处理学生问题的各种信息；该阶段给教师成长的平台；帮助教师接触专家、开阔视野。

专家生涯阶段：该阶段教师具有较高水平的教学能力与技巧，拥有多方面的信息来源。研修部门可帮助教师参加各种促进教师发展的活动，参加各种研讨会，加入教师团体组织。

退缩生涯阶段：(1) 初期的退缩：教师表现不是最好，也不是最坏。这一类教师在学校中可说是最多、也最容易被忽视。他们很少致力于教学革新，所持的信念较为固执，但自知变通。如果研修部门给予适时、适当的支持与鼓励，这些教师又会恢复到专家生涯阶段。

退缩生涯阶段：(2) 持续的退缩：教师表现出倦怠感，经常批评学校、家长、学生，抗拒变革，或是独来独往，或是行为极端，或是喋喋不休，人际关系不甚和谐，需要研修部门给予情感上的沟通与交流。

更新生涯阶段：教师在开始出现厌烦的征兆时，他们就采取了较为积极的应对措施，如参加研讨会，进修课程，或加入教师组织等。渡过难关后，他们重新焕发活力、积极吸收新知识。

退出生涯阶段：一些教师开始安度晚年，而一些教师则可能继续追求生涯的第二春天。

了解教师发展的阶段性，有助于我们根据不同发展阶段教师的需要，开展分层次研修活动，提高研修活动的针对性。

---

① 美国学者对教师发展阶段多有论述。不同学者的具体观点请参阅杨秀玉：《教师发展阶段论综述》，《外国教育研究》1999 年第 6 期，第 36—41 页。

三、探索历史研修的模式与方法

（一）教研工作的现状

在教师专业成长的道路上，教研员究竟起了什么作用呢？有学者对194名北京市骨干教师进行了调查研究，其结果见以下两表：

表1.3.1　教师专业成长过程中的关键人物①

关键人物	发展目标上的指导	钻研教材上的指导	教学方法上的指导	了解学生方面的指导	提供心理支持和关心	提供发展机会
学生	12.7%	7.7%	10.2%	56.1%	13.5%	2.4%
教研员	24.1%	70.4%	55.9%	14.0%	14.0%	40.5%
校长	36.7%	5.3%	7.9%	7.6%	32.2%	77.4%
学校的师傅	19.9%	29.0%	31.6%	28.0%	12.9%	8.3%
学者专家	48.2%	37.9%	49.2%	28.7%	17.0%	19.6%
家人	6.0%	1.8%	1.7%	5.7%	69.6%	6.0%

从表1.3.1中我们可以发现，教研员在对教师钻研教材上的指导和教学方法上的指导成效是显著的，而在了解学生方面和提供心理支持和关心方面对教师的影响明显不足。当然，这些优势和不足是和教研员日常工作重点分不开的。但是，我们想特别强调教研员在对教师提供心理支持和关心方面的不足是可以弥补的。威廉·詹姆士说："人性中最深刻的原则是渴望受到别人赞赏。"我们教研员也应该在平时的教研工作中不要吝于表扬，多给教师以肯定和赞赏，给予他们"正能量"。

表1.3.2　教师专业成长中的关键事件②

关键事件	人数	百分比（%）	排序
思考方式的改变	101	52.1	1
听精彩的观摩课	67	34.5	2

① 钟祖荣、张莉娜：《教师专业发展阶段的调查研究及其对职后教师教育的启示》，《教师教育研究》，2012年第6期，第25页。

② 钟祖荣、张莉娜：《教师专业发展阶段的调查研究及其对职后教师教育的启示》，《教师教育研究》，2012年第6期，第24页。（引用时，笔者在排序方式和文字表述上略有修改）

续表

关键事件	人数	百分比（%）	排序
领导的肯定	67	34.5	2
自己做的一节公开课	60	30.9	4
职业的选择	48	24.7	5
著名专家的报告	45	23.2	6
特别好的书籍	43	22.2	7
获得重要奖励	31	16.0	8
教学上的难题	28	14.4	9
挫折和失败的课	17	8.8	10
难教的学生	12	6.2	11
其他	6	3.1	12

由表 1.3.2 可知，教师的成长，第一位的是自己思考方式的转变；其次，听观摩课和做公开课也是功不可没。这份调查对我们教研工作有何启示呢？我们的教研工作，重在从深处去触动教师的内心，转变其教育观念与思维方式，让他们感到是“我要变”，而不是别人“要我变”。其次是要扎扎实实地通过各种课例，让教师明白如何从具体的行为中去改变。

（二）把握新时期研修工作的特点——长短结合，研修一体

第一，教研培训一体化。作为教研者，我们的主要工作有教材分析、听课评课、命制试题、质量监控、经验推广、辅导比赛等。作为培训者，我们的工作主要流程是需求调研、制定方案、选择师资、开发工具、组织实施、评估效果等。教研是教师有什么问题，我们就去想办法解决；培训是教师缺什么，我们就去为他补。教研着重于问题解决，培训着眼于素养提升。一长一短，长短要结合。因为对于教师而言，问题解决有赖于素养提升，而根据上述理论，素养是在问题解决中得以提升的。二者不可偏废，要做到真正的研修一体，即重新思考教研与科研、进修与自修的功能定位，通过外在的进修达到促进内在的自觉，实现教师专业的可持续发展。

第二，研修活动课程化。所谓课程，有三个要点：课程的性质、课程的目标、课程的体系。研修活动课程化，可减少研修活动的随意性，让研修活动定位更准确，让研修活动更具目的性，让研修活动成系列，具有结构的优势。北

京市西城区教育研修学院最近几年都在探索建设研修课程体系，该体系包括年级研修课程、学科研修课程、项目研修课程、分层研修课程和跨学科研修课程，兼顾了教师在不同发展阶段的需要（见表 1.3.3）。

表 1.3.3　北京市西城区教育研修学院教师研修课程体系

专业必修	年级研修课程
专业选修	学科研修课程
	项目研修课程
	分层研修课程
公共选修	跨学科研修课程

在学院研修课程体系之下，各学科有一定的自由裁量权，努力建设富有学科特色的研修课程体系。中学历史研修课程体系以五年为时间单位，统筹规划。学科课程分大家讲坛（专家报告）、史迹寻踪（参观考察）、华山论剑（学科竞赛）、八面来风（外来经验）等模块，每个模块有若干内容，如大家讲坛之一、大家讲坛之二等；年级课程分课例研修、教材分析、考试评价、技能训练等模块。在研修活动的具体内容上，中学历史教研室参考《中学教师专业标准（试行）》进行规划。《中学教师专业标准（试行）》将中学教师的基本素养分为专业理念与师德、专业知识、专业能力三个纬度，共 14 个领域。我们可以围绕这些内容来系统规划中学历史研修课程，让教师得以全面发展。

第三，研修内容课例化。根据教师专业知识结构理论，研修内容要围绕课例进行。北京市西城区教育研修学院经过几年的探索，已经形成了较为成熟的课例研修模式。课例研修，是指以课例为载体的教师在职研修模式。课例研修的主体是教师、教研员，也包括大学教授等各类专家。课例研修把研究和进修的阵地搬到课堂中来，以课例为载体，以行动研究为手段，以行为跟进为特征，进行教育教学研究，同时作为教师进修的内容与提高的途径。课例研修重点关注两个问题：课堂中究竟发生了什么？课堂教学质量如何提高？为达成这两个目标，课例研修推行三课两反思的模式。课例研修的特点如下：由专门的研究人员、教研员、教师组成研究共同体，优势互补；推崇平等、民主的研究文化，让教师能真正走入研究；尊重原生态的教师教学，突出研究的情境性和描述性；借用行动研究的方法，在教师最为熟悉的课堂教学中开展研究；关注学生学习效果和对教师成长最为重要的学科教学知识；将日常教学与研究、培训融于一体，解决教师工作、学习、研究难以兼顾的矛盾。

第四，研修活动体验化。按照英国哲学家波兰尼的默会知识理论，教师的教学艺术如同冰山一样，能够在海面上被观察到的只是冰山一角，大部分则隐藏在海面之下，隐藏的部分就是默会知识。默会知识镶嵌于实践活动之中，难以言传，只能在行动中展现。默会知识理论提醒我们，要让教师尽可能多地、尽可能深地参与研修活动，在参与中去体验和意会，在潜移默化中得到成长。

第五，研修成果延伸化。每一次研修活动，我们研修员都付出了大量的精力。一次活动刚刚结束，新的活动就已开始，我们又匆匆走上新的征程。在这个时候，如果我们静下心来，挤出一点时间，将研修成果进行延伸拓展，就能充分发挥研修活动的效益。研修成果的延伸有两种重要方法，一是制作视频案例，让老师们不受时空的限制，在后续的讨论中不断进行思想碰撞，生成教学智慧。二是发表，让老师们在上完研究课后、在比赛结束后、在命制试题后、在做完讲座后，将自己的所作所为、所思所想写成文章，然后挑选成熟的文章推荐到相关刊物。按照默会知识理论，写作实质上就是从默会知识到明确知识的过程。在这个过程中，教师可梳理思想，提炼经验，再次得以提升。

基于胜任特征的历史教师培训开发与设计

（黄牧航，华南师范大学教授）

自麦克利兰（McClelland，1973）在20世纪70年代首次提出胜任特征概念以来，胜任特征及其理论发展已经成为国际管理学中一个非常重要的研究领域，其蕴含的思想在管理实践中的应用也日益普遍，正逐渐发展成一项重要的人力资源管理工具。随着教育改革的不断深化，学校作为一个重要的组织，也需要建立一支具有高质量且富有竞争力的教师队伍。胜任特征的提出和运用给学校的发展提供了一个良好的契机，也给教师培训研究领域提供了一个全新的研究模型。

一、教师胜任特征的提出及运用价值

从目前国内外对教师胜任特征的研究来看，不同研究者对该特征的界定还存在一些争议。国内研究者在21世纪进行了相关研究，例如，徐建平（2004）认为教师胜任特征是指在教育教学中能把优秀教师与普通教师区分开来的个体潜在特征，主要包括能力、自我认识、动机及相关人格特征等个人特性；①邢强与孟卫青（2003）提出：教师胜任力是指教师个体所具备的、与实施成功教学有关的一种专业知识、专业技能和专业价值观。它隶属于教师的个体特征，是教师从事成功教学的必要条件和教师教育机构的主要培养目标；②曾晓东（2004）认为教师胜任力是指教师知道的（知识）、能做的（技能）、信仰（价值观）的具体内容，它直接影响教师的教学成绩，但它并不指这些因素的作用效果。③

---

① 徐建平：《教师胜任力模型与测评研究》，北京师范大学2004年博士学位论文，第41页。

② 邢强、孟卫青：《未来教师胜任力测评：原理和技术》，《开放教育研究》，2003年第4期，第39—42页。

③ 曾晓东：《对中小学教师绩效评价过程的梳理》，《教师教育研究》，2004年第1期，第47—51页。

教师胜任特征的提出，对教师管理、教师职业生涯规划、教师专业发展、教师绩效考核等各个方面都有显著的指导意义。

从教师专业发展的角度来看，教师胜任特征可以对职前师范生培养、在职教师的专业发展做出指导；能够帮助学校进行教师招聘与选拔，提高其准确性和有效性。同时该特征还可为教师培训与开发提供重要依据，提升其针对性和实效性。通过构建教师胜任特征模型，可以明确某些特征是教师必须具备的，某些特征是优秀教师特有的。通过甄别这些特征，可以在教师培养过程中给予不同的重视。针对那些可培养和可发展的特征进行重点培养，对那些稳定的胜任特征通过实践来增强。以此提升教师的职业胜任特征，进而对教师个人潜能的开发和自我成长产生激励作用，提高整个教师队伍的质量。

在教师人力资源的管理上，教师胜任特征模型的提出对教师培训和开发的目标制定提供了新理论依据，为内容设置提供了新模板，为方式的选择提供了新视角，为效果评估提供了新标准。[①] 这对教师培训的研究与开发提供了新的视角。

二、历史教师胜任特征的提出及作用

学界对具有普遍性的教师胜任特征的研究已有了相当丰富的成果，但具有学科特性的教师胜任特征的研究还处于刚刚起步的阶段。所以本文将历史学科作为切入点，来探讨历史教师胜任特征。本文主要采用文献归纳法和传记分析法，以国内优秀历史教师的传记为主要研究材料，提炼典型事件，结合关键事件技术和内容分析技术进行相应的整理和分析，尝试对历史教师胜任特征模型进行归纳。

笔者认为，历史教师的胜任特征是历史教师除了拥有教师所共有的胜任特征之外，在历史教学上拥有优于普通历史教师的综合素质。

结合历史教师胜任特征，笔者根据教师知识结构对历史教师胜任特征进行了建模，如表 1.4.1：

---

① 马红宇、唐汉瑛、刘腾飞：《中小学教师胜任特征研究及应用》，北京：教育科学出版社，2013 年，第 194—195 页。

表 1.4.1　历史教师胜任特征

知识结构	胜任特征	细化
本体性知识	“专博结合、层次适中”的历史专业知识	中国通史、世界通史、史学理论、史学典籍、学科前沿的研究成果和新观点。
条件性知识	1. 与学生交往能力、了解初高中生心理特征	1. 具有亲和力，及时了解学生关心的事物。
	2. 优秀的表达能力	2. 准确清楚、生动形象、通俗易懂、条理分明、逻辑性强。讲出历史味道，要能反映历史学科特色。
实践性知识	1. 教学技能： 引起学生学习历史的兴趣 善于创设历史情境 历史思维能力、史料处理能力 指导学生进行历史课外实践	1. 兴趣广泛，善于挖掘生活和历史的联系，贴近学生。 对史料进行搜集、整理、分析、概括的能力。 不局限于历史教材，更多地让学生回到生活中自寻历史。
	2 教学科研能力： 校本教研能力 课题开发能力	2. 善于反思总结自身的教学实践经验，追踪历史教育科研的发展，把握历史教学改革的发展趋势，善于发现和创新，善于总结历史教育教学的规律，能提出问题，能独立或与其他教师合作开展教育科研活动，并将研究成果推广与运用到历史教育教学中去，提高历史教育质量。
	3. 个人素养： 批判思维 人文素养 审美观	3. 较强的观察力、记忆力、想象力和思维力，具有较强的史料解读能力，和对历史理性思考的批判精神。 审美：历史教育的过程，就是引导学生发现美、鉴赏美的过程，同时也是培养学生表现美、创造美的能力的过程。因此，历史教师必须要有一定的审美能力，培养自己的审美情趣，才能在学生审美过程中给予良好的指导，让学生感觉到“历史之美”。

续表

知识结构	胜任特征	细化
实践性知识	4. 历史使命感	4. 历史使命感：历史教师是人文教师，承载着人文教育的重任，肩负着弘扬祖国的优秀传统文化，增强民族自信心和自豪感的神圣使命，应具备相应的较为丰富的传统文化修养。同时应具有与时俱进的时代精神。
	5. 历史专业情意：专业理想、专业情操	5. 把做好一个历史教师当成个人职业理想。
综合性知识	广博的科学文化知识	通晓古今中外，博识天文地理

以上的梳理由于还未经过量的检验，故存在一定的主观性，笔者为了尽量减少主观性，扩大了对文献的搜集范围，其目的是提出历史学科教师所特有的胜任特征。历史教师胜任特征的作用在于以下几点。

（一）细化教师胜任特征，扩大其内涵和外延

历史教师之所以能胜任历史学科的教学，而不是其他学科，是因为其具有该学科教师所具备的独特的学科教师特征。优秀的历史教师之所以能够从众多历史教师中脱颖而出，是因为其具备了历史教师的胜任特征。所以学科教师的胜任特征的提出能够清楚地区分每个学科优秀教师的特点，细化教师胜任特征的概念，使理论具有指导实际操作的功能。同时再次证明了学科教师的胜任特征必须基于教师的胜任特征之上，如果越过教师胜任特征谈学科教师胜任特征，就如无源之水、无本之木，失去了根基。

（二）为历史教师职业生涯规划指引新路径

历史教师胜任特征理念可指引历史教师的职前教育和职后培训。在师范院校里，未来的教师多数获得的是教师的本体性知识和条件性知识，但由于缺乏实践操作，从而使理论知识难以内化。在胜任特征的指引下，师范生要不断学习最前沿的学术知识，学校要给师范生提供更多的实践机会。而在职后培训中，历史教师胜任特征能够为历史教师指明发展方向。新入职的历史教师通过比照历史教师胜任特征，能清晰发现自身的不足，通过加强自身的继续教育，可为自己修正职业生涯规划。

（三）为历史教师实现自我价值提供新平台

因学科设置原因导致历史教师地位被弱化，部分历史教师对本学科认同感较低，认为很难在本学科岗位上实现自我价值。当历史教师具备历史教师胜任特征后，往往能在往后的教学中不断进步。例如，历史教师若能获得激发学生对历史产生兴趣这一项胜任特征，使得学生对历史产生浓厚的兴趣，就会使历史教师获得同行和学生的尊重和承认，可增强自我实现的满足感。

（四）为建立历史教师绩效与测评系统提供新依据

目前，在人力资源管理上，胜任特征的测量与评价体系已经相当成熟。从当前的研究来看，基于胜任特征的绩效评价更体现了公平性：一方面既有利于鼓励教师不断提升自己的胜任力，提高自身的竞争力；另一方面又有利于提高教师队伍的质量，实现学校组织目标，促使组织获取持续性竞争优势，从而达到个人与学校双赢的目的。就历史学科而言，学校要基于历史教师胜任特征来制定历史教师的绩效评价标准，辅以观察法、关键事件法，结合历史教师的工作日志来了解历史教师的各项胜任力状况，为历史教师个人发展提出可行性意见，促使历史教师提升胜任能力，协助历史教师提高自我。

三、基于胜任特征的历史教师培训流程

归纳总结历史教师胜任特征，是为了能将历史教师胜任特征模型应用于教师培训与开发工作中。本文尝试通过在需求分析、课程设计、活动实施和效果评价等各个环节渗透该模型和理念，加强历史教师培训的针对性和应用价值。

现有的基于胜任力模型的培训体系和流程如图 1.4.1、图 1.4.2[①]：

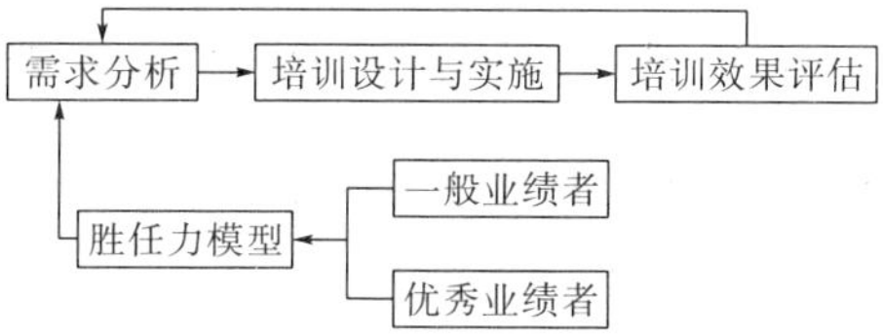

图 1.4.1　基于胜任力模型的培训体系

① 彭剑锋、荆小娟：《员工素质模型设计》，北京：中国人民大学出版社，2003 年。

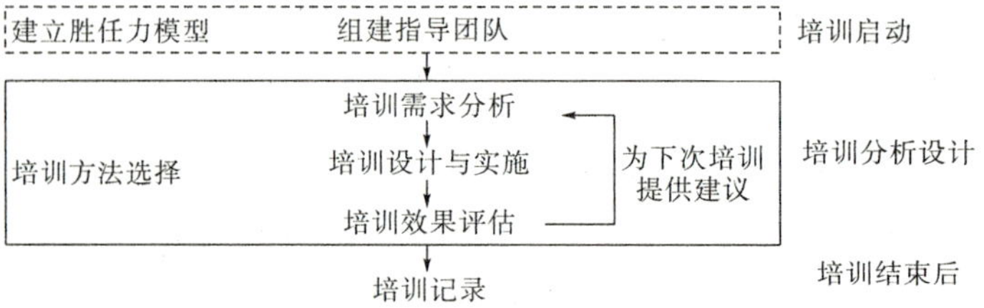

图 1.4.2　基于胜任力模型的培训流程

根据以上胜任力模型的培训体系和流程，笔者尝试设计基于胜任特征的历史教师培训流程，如图 1.4.3：

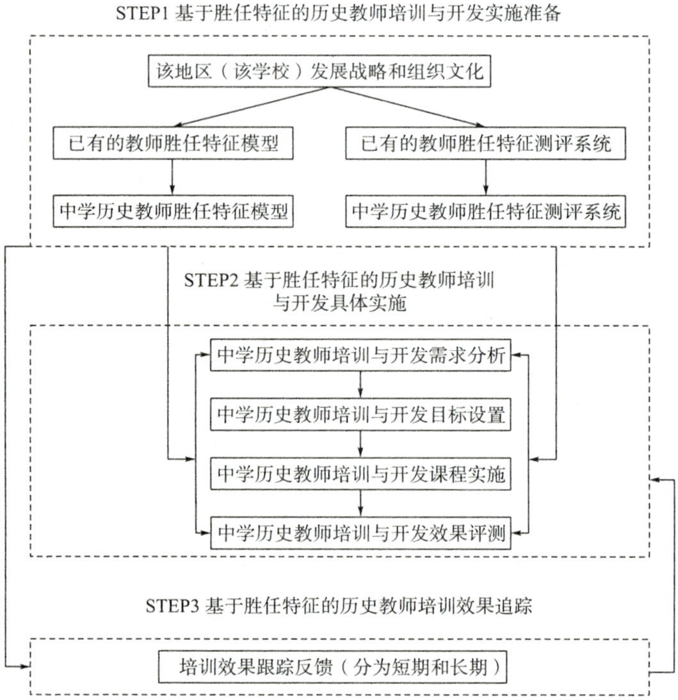

图 1.4.3　基于胜任特征的历史教师培训流程

设计基于胜任特征的历史教师培训流程时应该注意以下内容。

1. 基于历史教师胜任特征的课程目标设计

在分析和确定课程目标时，首先是分析需求，对培训学员的实际情况进行调查，找出其与该岗位教师胜任特征之间的差距，采用“倒推设计”原则进行需求分析，最终明确教师胜任特征的内容和评测机构，开发可靠可信可行的教师胜任测评系统。

确立目标的时候要遵循有效性、具体性和可行性的原则。根据参训的历史教师所处的地区、学校、教龄等个性特征进行细致分析，他们在胜任特征的模块里缺乏哪些，如何测试出来？这就需要培训机构在培训前进行大量的情报收集。

2. 基于历史教师胜任特征的课程内容选择

究竟选取哪些课程内容才能更好地实现课程目标呢？根据历史教师胜任特征的四个模块知识和之前收集的情报，分析该地区或该学校历史教师所缺乏的是哪部分胜任特征。例如，若欠缺的是本体性知识和综合性知识，则培训机构需更多地邀请学术专家为教师介绍前沿学术，并且为他们提供更多的学习学科知识的方法。随着社会的发展，综合性知识包罗万象，需要历史教师在科学信息技术的使用上能紧跟时代发展的潮流。所以培训课程还需要向历史教师传递最新的历史教学可以采用的信息技术。若缺乏条件性和实践性方面的知识，则需要为多训者提供更多的情景模拟、互动交流、考察观摩的环节，为他们提供解答困惑与亲身实践的学习情境。

3. 基于历史教师胜任特征的课堂形式设计

基于历史教师胜任特征的教师培训课程主张内容与形式的完美统一。在设计时，首先应分析历史教师每一个胜任特征的生成路径。从个人专业发展路径来看，本体性知识和综合性知识需要教师日常用心地大量积累，与时俱进地更新历史知识和史界新观点，完善自己的知识体系。而实践性知识和条件性知识则更多地需要通过教育反思、观察模仿来习得。

从集体培训设计来看，应创造性地开发专题讲座、案例分析、小组合作探究、讨论分享、现场观摩、工作坊、微课诊断等多种形式。从目前的历史教师学习共同体的建设效果来看，可以在学校历史科组组建学习共同体，充分发挥科组里每个优秀历史教师突出的胜任特征，取长补短。而在培训的过程中，培训机构应该向教师推荐优秀的工作组，邀请工作组的成员分享经验，让参训者在视觉与听觉的冲击中、在接受理论知识与分享个人经验中产生心灵碰撞。

4. 基于历史教师胜任特征的有效检测

首先，为了便于知识的迁移，加快培训效果的转化，在设置培训地点和活动环节时，可以设置与教师实际教学活动、环境和工作状态相似的情境，使得参训教师可以将学习到的技能顺利用于实际教学中。其次，可以将培训作为涨薪和晋升的参评依据，将涨薪和晋升与教师的教学知识与技能的提升相挂钩，把经济收益作为对教师参训的鼓励，促进教师主动将培训效果内化，形成属于自己的知识结构。最后，培训机构应对参训教师进行跟踪调查，做好反馈工作，将教师收获的成果和成绩反馈给已经参加或者即将参加培训的教师，使教师培训能维持一个持续、长期的活跃机制和沟通机制。

由于历史教师的胜任特征较为内隐，且无法短期内观测出效果，难以用量化的测量方式进行检验。所以还需要对课堂效果进行长期观察，可从学生的角度反馈教师变化，或者通过教育日志的个人反思来真实地反映教师的成长。

四、基于胜任特征的历史教师培训方案设计

以下笔者以某校历史教师的培训作为例子进行方案设计。

（一）培训主题

基于历史教师胜任特征的实践性知识获得。

（二）培训对象

××校历史教师。

（三）需求分析

该校历史教师大部分是刚入职的年轻教师，教学经验较为欠缺，学校尚未建立“师徒制度”进行“传帮带”，历史教师经常需要在课堂上进行课堂秩序的管理，学生经常与历史教师直接顶撞。历史教师难以控制课堂，教学时常无法顺利进行下去。学生觉得历史课程可有可无，历史课程缺乏吸引力。可见该校历史教师主要缺乏条件性知识和实践性知识，尤其缺乏实践性知识。

（四）培训目标

（1）加强历史教师角色的认知与定位，基于胜任特征的分析，明确历史教师的职业生涯规划，提高历史教师自信心和认同感。

（2）提升历史教师教学技能胜任力。研讨教学情境与应对措施，通过对比国内外优秀与一般历史教师课堂处理情境，分析优秀历史教师课堂处理的胜任力。

（3）提升历史教师教学科研胜任力。由具有科研胜任力的优秀历史教师介绍在教学科研中如何生成高质量的科研课题，如何进行研究和促进日常教学，激发普通教师的科研兴趣，提高普通教师的科研能力。

（4）提升历史教师个人素养。介绍成名历史教师的胜任特征和个人故事，通过活动培养教师历史思维能力，提高个人素养。

（5）提升历史教师自我反思能力。鼓励历史教师观察日常教学生活，及时记录反思，撰写教育叙事和教学日志。

（五）内容设计

设计的培训内容如图 1.4.4：

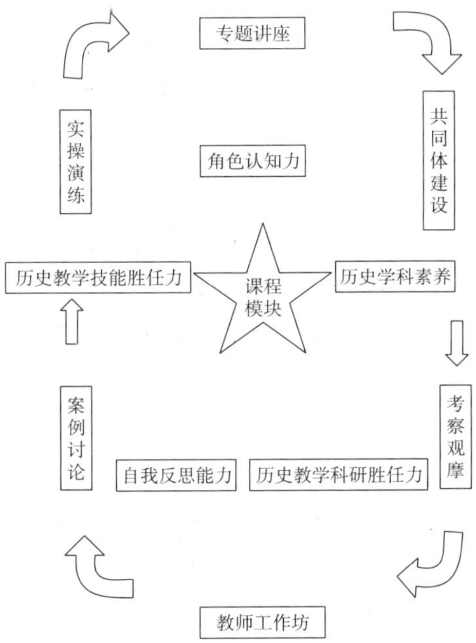

图 1.4.4 基于胜任特征的历史教师培训内容

（六）培训方式

采取任务驱动的模式，通过专题讲座、考察观摩、互动论坛、案例分析、工作坊、小组研讨、对话访谈等多种教学形式，根据培训活动的目标、任务和内容，把集中和分组结合起来，突出情境式体验和参与式讨论的培训特色。

1. 案例情境学习

基于历史教学实践中存在的问题（包括学员提交材料中的问题与困惑），从实践性知识理论高度对实例进行剖析，重点培训如何处理历史课堂的生成问题。并且在培训结束前由培训专家和学科班主任组织学员即时研讨和归纳实践性知识是如何生成和使用的。

2. 名师示范，点评学习

通过“请进来”“走出去”的方式开展“说课评课”，一方面邀请一些优秀教师开展“同课异构”活动，让学员感受具有某方面胜任特征的历史教师身上的个人魅力，找到可以学习的胜任特征。另一方面也让学员亲自上课，由专家点评并提出可以改进的地方，找到其可以塑造的胜任特征追求点。

3. 专题讲座

由专家就“什么是历史教师的实践性知识”等专题进行讲座，介绍历史教师实践性知识中的具体模块，如教学科研如何进行、教育日志如何撰写、如何进行史料分析等。以实现开阔教师理论专业视野、构建理论框架和提高相关领域的专业素养的目的。

4. 学员论坛

由专家主持学员论坛，以“历史教师实践性知识获得”为主题，一次以高校专家和学员交流的方式探讨如何获得实践性知识；另一次是让来自一线具有历史教师胜任特征的优秀历史老师介绍教改经验和自我提升的历程，从而达到深入交流的目的。

5. 学习共同体构建

以华南师范大学设立的首席专家工作坊为平台，将指导老师和学员组织起来，形成学习共同体，对学员的教学技能和科研进行指导。首席专家负责对整个工作坊的成员和学员进行统筹指导。由已有的优秀历史工作室作为示范点，探讨基层教师如何构建历史科组等学习共同体，以带领更多的历史教师加入共同学习的行列。

（七）考核评价

项目管理团队共同负责培训活动的全程质量检测任务，主要是测评本次培训的学习效果，并且进行长期的跟踪反馈，即时将培训的短期和长期学习数据进行记录，作为下次培训的参考指标和数据样本。

（1）应用《学员研修日志》等管理工具考核学员出勤情况和日常表现，观察和记录学员的学习反应和学习效果。

（2）应用《教学评估表》《培训效果调查问卷》等评价工具，调查学员对教师培训和项目设置的满意度和相关意见。

（3）培训结束时，以学员个人完成的学习总结和小组完成的研修汇报考核学员的学习成果完成情况。

（4）培训后回访部分学员，调查学员对培训内容和成果的应用以及应用后的收效等。

（八）跟踪指导

培训结束后，要继续与学员保持沟通联系，一起推动学员的后续研修活动：

（1）继续通过班级博客、微信群、QQ 群等交流渠道进行后续的研修活动答疑、交流和协助。

（2）首席专家对部分学员的教学改进行动方案及实践性知识的具体行动进行跟踪性评估与指导。

（3）通过对教师及时回访，对学员在实际教学过程中遇到的问题和学习效果进行调查，并将改进经验通过更多平台进行宣传推广。

通过以上对历史教师胜任特征的梳理，我们对普通历史教师如何成为优秀历史教师提出了新的思考，旨在为尚处于迷茫中的历史教师找到职业规划的新方向，也为历史教师专业发展和组织管理扩展新领域。基于历史教师胜任特征的历史教师培训开发的初步尝试将使历史教师培训的课程设计更具针对性，为历史教师培训的专业化提供全新的发展路向。

历史教师培训课程方案设计与案例分析

（陈辉，四川师范大学教授、博士生导师）

自2001年基础教育新课程改革实施以来，我国教师培训的对象主要集中在对教师的培训、教师培训者的培训和管理者的培训。其中，对管理者的培训主要涉及对教育行政部门的领导、学校校长等的培训。对培训者的培训其对象主要从师范院校、教师培训中心、教研室、教育科研部门、一线教师中遴选，旨在建设一支高素质的专业化的培训者队伍。对教师的培训，包括教师全员培训、骨干教师培训、新教师入职培训等。

骨干教师是在合格教师的基础上产生的，特指职业素质相对较好，具有较强的科研能力，且在教育教学中取得了较突出成绩的教师。骨干教师可分为以下几类：

（1）在教学中发挥了带头作用，如教学能手、学科带头人、学科教学专家等，是特级教师后备人选。

（2）在教育工作中成绩突出，如优秀班主任、优秀团队辅导员、德育专家等。

（3）在教研中发挥带头人作用，如优秀教研员等。

对骨干教师的培训内容，主要包括师德、教育理念、专业知识与能力、个性心理品质等内容。对骨干教师的培训，要求参与培训的学员提升三项能力：

（1）教学能力：即指导新教学，走进课堂，观课评课，示范教学。

（2）教研能力：即研究新课改，立足教学，潜心研究，带领教师着力教学创新和探索。

（3）培训能力：即服务教师，示范辐射，促进教师持续发展。

下面笔者以教育部、财政部实施的“国培计划”加以论述，并进行具体的案例分析。

一、我国传统历史教师培训的主要弊端

我国传统历史教师培训存在的弊端，主要有以下几点：

培训理念滞后：培训价值定位于学科知识传授，而不是促进教师的全面发展和专业成长。

培训内容陈旧：仅依据自身资源设计培训课程，培训等同于教材培训，且缺少情境性、操作性、生成性内容，不能满足学员需求。

培训方式单一：采用“粗放式”培训，过分强调知识与能力的补充，不重视自主学习、反思实践、行动研究、案例评析、互动合作。

培训重心偏移：定位于理论学习，脱离教育教学实践。

培训评价主体单一：仅有教育行政部门评价，少有学员评价，评价方法、形式、标准单一。

培训职责不清：用行政命令要求教师培训，即“要我培训”，而非教师本人主动要求培训，即“我要培训”。

在新课改背景下，教师究竟需要什么样的培训？培训究竟要达到什么样的目的？怎样设计与实施骨干教师培训课程实施方案？这些都是教师培训中需要尽快解决的问题。

二、“国培计划”项目的实施与教师培训对象的调整

2009 年，教育部开始实施国家级教师培训计划，简称“国培计划”。当年启动的中西部地区中小学骨干教师培训项目，涉及全国 20 个省市自治区。为做好这次国培，教育部颁发了两个文件：《教育部办公厅关于组织实施 2009 年中西部地区中小学骨干教师培训项目的通知》（教师厅函［2009］6 号）、《关于下达 2009 年“国培计划——中西部地区中小学骨干教师培训项目”任务的通知》（教师司［2009］35 号）。本次国培采取邀标答辩申报方式。四川省的国培主要包括初中语文、初中历史、初中物理、初中英语、初中数学、小学语文骨干教师培训，培训教师共计 550 名。其中，初中语文、初中历史的有关培训由四川师范大学承担，共培训初中历史骨干教师 100 名。

2010 年，教育部、财政部正式启动“国培计划”项目，分为“直管国培”（示范项目）和“省管国培”（中西部项目、远程培训项目、幼师国培项目〈2013 年新增项目〉）。

（一）2010—2012 年“国培计划”项目实施

2010—2012 年，教育部、财政部实施“国培计划”，拟采取集中研修、课题研究和跟踪指导相结合的方式，对全国 18000 名中小学优秀骨干教师进行为期 15 天的研修培训，提高教师教育教学能力和专业化水平，为各地培训一批“种子”教师，使他们在实施素质教育、推进基础教育改革和教师培训中发挥骨干带头作用。2010—2012 年“国培计划”项目包括中小学教师示范性培训项目和中西部农村骨干教师培训项目。其中，“国培计划”示范项目包括以下几种类型：

（1）紧缺薄弱学科骨干教师培训项目。2010—2012 年包括三个子项目，即农村中小学体育艺术骨干教师培训项目、幼儿园骨干教师培训项目、援助青海玉树地震灾区中小学教师培训项目。

（2）中小学骨干班主任教师培训项目。2010—2012 年，教育部计划对 3000 名中小学骨干班主任教师进行为期 10 天的专项集中培训。

（3）培训团队研修项目。2010—2012 年，教育部计划通过该项目对 3000 名骨干培训者（主要为参加“国培计划”项目的专家人员和管理者）进行为期 10 天的研修培训。

（4）普通高中课程改革实验省教师远程培训项目。2010—2012 年，教育部计划通过此项目对 30 万名高中课改学科骨干教师进行 50 学时的专题培训。

“国培计划”中西部农村骨干教师培训项目包括以下类型：（1）农村中小学教师置换脱产研修项目；（2）中小学教师远程培训项目；（3）班主任教师培训项目；（4）紧缺薄弱学科教师培训项目；（5）培训团队研修项目；（6）四川地震灾区中小学骨干教师短期集中培训项目。

（二）2013 年“国培计划”项目实施

2013 年“国培计划”主要包括：示范项目、中西部项目、幼师国培项目。其中，示范项目包括以下 8 种类型：（1）一线优秀教师培训技能提升研修；（2）特殊教育骨干教师培训；（3）幼儿园骨干教师培训；（4）紧缺薄弱学科骨干教师培训；（5）培训团队研修；（6）网络研修与校本研修整合培训；（7）骨干班主任教师研修；（8）优质培训课程资源建设。中西部项目包括以下 3 种类型：（1）置换脱产研修；（2）短期集中培训；（3）教师远程培训。幼师国培项目包括以下 3 种类型：（1）置换脱产研修；（2）短期集中培训；（3）转岗教师培训。

（三）2014 年“国培计划”项目实施

2014 年“国培计划”主要包括：示范项目、中西部项目、幼师国培项目。其中，国培示范项目共 4 类 12 个项目。第 1 类，推进综合改革项目，包括：(1) 骨干教师能力提升高端研修；(2) 优秀青年教师成长助力研修。第 2 类，加强紧缺领域教师培训，包括：(1) 优秀传统文化教育骨干教师培训；(2) 特殊教育骨干教师培训；(3) 体育美育骨干教师培训；(4) 幼儿园骨干教师培训；(5) 骨干班主任教师研修。第 3 类，创新完善网络研修项，包括：(1) 网络研修与校本研修整合培训；(2) 教师工作坊高端研修。第 4 类，提升培训能力研修项目，包括：(1) 一线优秀教师培训技能提升研修（教师、教研员）；(2) 培训团队研修（高校、各级培训机构）；(3) 信息技术骨干培训者专项培训。

国培中西部项目和幼师国培项目包括以下项目：(1) 置换脱产研修；(2) 短期集中培训；(3) 教师远程培训。

（四）2015 年“国培计划”项目实施

2015 年“国培计划”主要包括：示范项目、中西部项目、幼师国培项目。其中，国培示范项目共 9 类 15 个项目。第 1 类，一线优秀教师培训技能提升研修项目，包括：(1) 优秀骨干教师：对入选或拟入选省级及以上教师培训专家库的优秀骨干教师实施培训；(2) 优秀教研员：对入选或拟入选省级及以上教师培训专家库的优秀教研员实施培训。第 2 类，专职培训团队研修项目，包括：(1) 骨干培训者：对入选或拟入选省级及以上教师培训专家库的高等学校和各级教师培训机构的骨干培训者实施培训；(2) 培训管理者：对教育行政管理部门、项目区市县、国培任务承担院校（机构）、各级教师培训机构的培训管理者实施培训；(3) 师德骨干培训者：对已入选或拟入选省级及以上培训专家库的从事师德培训的骨干培训者实施培训。第 3 类，能力提升工程培训团队研修，包括：(1)“能力提升工程”管理者：对省市级和创新实验区教育行政部门负责人、省级工程办负责人和培训机构负责人实施培训；(2)“能力提升工程”骨干培训者：对省、市级骨干培训者实施培训。第 4 类，法治教育骨干教师培训项目，主要对从事法治教育的骨干教师或教研员实施培训。第 5 类，体育美育骨干教师培训项目，包括：(1) 体育学科骨干教师和教研员培训；(2) 音乐学科骨干教师和教研员培训；(3) 美术学科骨干教师和教研员培训。第 6 类，特殊教育骨干教师培训项目，主要针对盲教育、聋教育，对培智教育和其他特殊教育者实施培训。第7类，学前教育骨干教师培训项目，包括：（1）幼儿园骨干教师培训；（2）学前教育优秀教研员培训。第8类，骨干班主任教师培训项目。第9类，优秀传统文化教育骨干教师培训。

中西部项目和幼师国培项目包括以下5种类型培训：（1）乡村教师培训团队置换脱产研修；（2）送教下乡培训；（3）乡村教师网络研修；（4）乡村教师访名校培训；（5）乡村校园长培训。

从2015年起，我国教师培训调整了培训对象，主要体现在以下几点：突出“雪中送炭”，培训重心下移，聚焦乡村教师，实现由“输血”向“造血”转变。2015年6月1日，国务院办公厅印发《乡村教师支持计划（2015—2020年）》的通知，对教师培训，尤其对改革实施“国培计划”提出了明确要求，即调整“国培计划”实施范围，集中支持中西部乡村教师以及校长培训。

教师培训对象的调整，促使我国教师培训实施改革。

第一，教师培训对象的调整，要求优化培训项目设置。2015年“国培计划”示范项目重点开展5类项目的申报与立项，即培训团队专项研修、名师高端研修、紧缺领域教师培训、骨干校园长培训、教师网络研修创新项目。国培示范项目旨在为各地乡村教师培训“培养种子”“打造模子”“探索路子”。2015年实施“国培计划”中西部项目和幼师国培项目，教育部要求重点开展以下5类项目的立项申报：教师培训团队置换脱产研修、送教下乡培训、乡村教师访名校培训、乡村校园长培训、乡村教师网络研修。实施“置换脱产研修”，重点培训一线优秀教师和教研员，打造“干得好、用得上”的乡村教师培训团队，实现乡村名师培训乡村教师。实施“送教下乡培训”，将好课送到乡村学校，专家进行现场指导，实现乡村教师“足不出校”接受高质量培训。实施“乡村教师网络研修”，采用信息技术手段，将优质资源不断提供给乡村教师，实现教师培训常态化。实施“乡村教师访名校培训”，帮助“老少边穷岛”乡村教师走进东部及省会中心城市名校，开阔视野、更新理念、提升能力。实施“乡村校园长培训”，帮助乡村校园长提高治校能力和支持乡村教师专业发展能力。2015年国培中西部项目和幼师国培项目旨在加强培训者队伍建设，打造“干得好、用得上”的乡村教师培训团队，提升各地培训能力。

第二，教师培训对象的调整，要求一体化设计培训项目，对乡村教师开展2至3年的周期性培训，可跨年度分段实施。一体化设计项目旨在既“请出来”，又“送下去”，既进行短期培训，又进行长期研修，既培训骨干，又用好骨干。

第三，培训对象的调整，要求创新培训模式，改进培训方法。重点是推行混合式培训模式（即集中面授、网络研修和现场实践相结合），注重实践性培训课程，持续提升教师专业能力。

第四，培训对象的调整，要求建立高等学校、县级教师发展中心、片区研修中心、校本研修四位一体的教师专业发展支持服务体系。

第五，培训对象的调整，要求下移管理重心，即遴选项目区县，重点支持，分步推进；实施协同申报，协同实施，确保项目落地。

第六，培训对象的调整，要求推进综合改革，即建立培训选学机制（如菜单式培训）；推行培训学分管理制度；开展非学历与学历教育课程衔接、学分互认试点，推行培养培训一体化。从 2016 年 9 月起，浙江省对中小学教师专业发展培训实施学分制管理。这一改革按照分层、分类施训的思路，开放教师获得培训学分的路径，提高教师培训的针对性、有效性。出台的《浙江省中小学教师专业发展培训学分制管理办法》规定，中小学教师专业发展培训每 5 年为一个周期，周期内累计取得的培训学分不得少于 360 学分，每年取得的培训学分不得少于 24 学分。对新录用的教师，试用期内需参加不少于 180 学分的新任教师培训，其中实践培训不少于 80 学分；新任校园长需参加不少于 300 学分的任职资格培训，其中集中培训不少于 90 学分。今后，浙江教师专业发展培训学分可通过自主选课、指令性培训、校本研修、其他形式转换等 4 种途径获得。教师可以通过“浙江省中小学教师培训管理平台”自主选择培训；教师学历提升、参加教科研活动、承担教师培养培训和支教工作等，均可以转换为教师培训的学分。

（五）2016 年“国培计划”项目实施

2016 年“国培计划”主要包括：培训团队专项研修和紧缺领域骨干教师培训、跨年度递进式培训、网络研修与校本研修整合培训 、教师工作坊高端研修。其中，培训团队专项研修和紧缺领域骨干教师培训包括以下 8 类：（1）一线优秀教师培训技能提升研修项目；（2）专职培训团队研修项目；（3）能力提升工程培训团队研修项目；（4）学前教育骨干教师培训项目；（5）特殊教育骨干教师培训项目；（6）法治教育骨干教师培训项目；（7）骨干班主任教师培训项目；（8）优秀传统文化教育骨干教师培训。跨年度递进式培训包括以下 2 类：（1）骨干教师能力提升高端研修；（2）优秀青年教师成长助力研修。

（六）2017 年“国培计划”项目实施

2017 年“国培计划”包括示范项目和中西部项目、幼师国培项目。其中，

2017年国培示范项目以省级教师培训团队为主要培训对象，重点为各地规划实施中小学教师校长培训，培养专兼职培训者和骨干教师校长，开发一批优质培训课程教学资源，创新完善线上线下混合式培训模式，为实施中西部项目和幼师国培项目提供强有力的支持，为各地科学有效开展教师校长培训工作做出示范。国培示范项目包括5类：（1）培训团队专项研修；（2）名师高端研修；（3）紧缺领域骨干教师培训；（4）网络研修与校本研修整合培训；（5）教师工作坊高端研修。

国培示范培训团队专项研修项目：该项目旨在提升培训团队的培训能力，打造高水平专兼职培训团队。该项目设4个子项目：专职培训团队研修、中小学一线优秀教师和教研员研修、信息技术应用能力培训者研修、师德培训者研修。其中，专职培训团队研修项目是对高校、教师培训机构的骨干培训者进行为期15天（原为10天）、90学时的培训，对教育行政部门培训管理者进行为期5天、30学时的集中培训。专职培训团队研修项目重点提升的能力如下：培训需求诊断能力、方案设计能力、课程开发能力、教学实施能力、教师工作坊主持能力、绩效评估能力。首都师范大学、四川师范大学于2017年成功申报该项目，承担其中的专职培训团队研修项目，即高校、教师培训机构骨干培训者培训，培训对象培训对象以高校教师为主。中小学一线优秀教师和教研员研修项目是对中小学一线优秀教师和教研员进行为期10天、60学时的集中培训。中小学一线优秀教师和教研员研修重点提升的能力如下：培训课程开发能力、活动设计能力、教学实施能力、教师工作坊主持能力。四川师范大学于2017年成功申报此项目，分优秀历史教师班、历史教研员班分别进行培训，每个班100人，共计200人。

国培示范名师高端研修项目：该项目设3个子项目，骨干教师能力提升高端研修（为期2年的分阶段、递进式培训，培养教育教学改革的引领者和培训专家）、优秀青年教师成长助力研修（为期3年的分阶段、递进式培训，培养省级骨干教师和骨干培训者）、新入职教师素质能力提升研修（为期1年的分阶段、递进式培训，帮助新入职教师形成良好师德与教师认同，掌握教育教学基本知识和技能，引导各地建立完善新教师入职教育模式）。

国培示范紧缺领域骨干教师培训项目：对紧缺领域骨干教师进行专项培训，引领各地紧缺领域教师专业发展工作。该项目设6个子项目：学前教育骨干教师培训、特殊教育骨干教师培训、法治教育骨干教师培训、体育美育骨干教师培训、骨干班主任教师培训、优秀传统文化教育骨干教师培训。

国培示范网络研修与校本研修整合培训项目：旨在推进示范性教师网络研

修社区建设，建立网络支持下的校本研修良性运行机制，推动教师培训常态化。

国培示范教师工作坊高端研修：旨在推动教师工作坊主持人从优秀迈向卓越，提升骨干教师教育教学能力和培训能力，打造信息技术环境下的教师学习共同体，促进骨干教师的常态化研修。

2017 年中西部项目和幼师国培项目以乡村教师校长培训为重点，合理安排、减负增效，持续提升乡村教师和校园长的素质能力。该项目包括 5 类项目：乡村教师培训团队研修、送教下乡培训、乡村教师网络研修、乡村教师访名校培训、乡村校园长培训。其中，培训团队研修旨在“育种子”，打造乡村教师培训团队；送教下乡培训和网络研修旨在“促常态”，建立骨干引领全员培训机制；访名校培训和乡村校园长培训旨在“抓重点”，突出“雪中送炭”和“关键少数”。

（七）2018 年“国培计划”项目实施

2018 年“国培计划”示范项目主要包括以下 8 项内容：（1）教师培训团队高级研修项目；（2）紧缺领域骨干教师培训项目；（3）教师网络研修创新项目；（4）名师领航研修项目；（5）校长培训团队高级研修项目；（6）卓越校长高级项目；（7）农村校长专项培训项目；（8）特殊教育校长专项培训项目。

其中，国培示范项目中的教师培训团队高级研修项目，设专职培训团队研修、中小学一线优秀教师和教研员研修、信息技术应用能力培训者研修、师德培训者研修 4 个项目。采取集中培训和网络研修相结合的混合式培训方式，对 8000 名“国培计划”“能力提升工程”及各地承担乡村教师培训任务的省级教师培训专家团队成员进行培训能力提升专项培训，打造高水平专兼职培训团队。四川师范大学于 2018 年成功申报专职培训团队研修项目，即高校、教师培训机构骨干培训者培训，以高校教师为主，共计 100 人。国培示范项目中的紧缺领域骨干教师培训项目，设学前教育骨干教师培训、特殊教育骨干教师培训、法治教育骨干教师培训、体育美育骨干教师培训、骨干班主任教师培训、优秀传统文化教育骨干教师培训、国家安全教育骨干教师培训等 7 个项目。采取集中培训、网络研修等培训方式，对 7500 名紧缺领域骨干教师进行专项培训，示范引领各地紧缺领域教师专业发展工作。

三、实施“国培计划”的主要创新措施

我国实施“国培计划”的主要目的如下：（1）示范引领；（2）重点支持、雪中送炭；（3）促进改革。促进基础教育改革，同时也促进教师培训模式的改革。国家对“国培计划”实施十分重视，教育部、财政部制定周密的方案，做出总体部署，采取了强有力的措施，旨在使国培在中小学教师全面培训当中起到示范引领的作用。

“国培计划”的创新措施如下：（1）全部项目实行招标制度；（2）制定创新的教师培训方案，强调互动参与，案例教学；（3）遴选强有力的培训团队；（4）学员化管理，按照培训项目的目的、要求，遴选学员，学员培训后将要承担更大面积的教师培训任务；（5）加强教师培训的质量监管。

2014 年“国培计划”创新措施为网络研修社区与校本研修整合（返岗实践）。网络研修社区贯穿培训全过程，从学员和培训机构之前的需求调查开始，直到最后培训结束。

例如，2014 年四川师范大学初中历史国培在集中培训结束后，不关闭网络研修社区，由指导教师利用教师工作坊对学员进行训后跟踪指导。全班学员以网络研修社区为主，继续进行研修，定期或不定期在社区进行在线研讨交流，分享经验成果，计 80 学时。四川师范大学主干学科初中历史网络社区研修内容主要包括“网上课程学习”（20 学时）、“线上研修活动”（30 学时）、“线下实践活动”（30 学时）三个模块。专家跟踪指导结合各研修阶段进行。

（1）网上课程学习：集中培训与返岗实践期间，学员利用网络研修社区平台进行选修课程学习。选修课程资料来源主要有近年来培训项目实施中开发积累的理论成果、课题成果、学科教学研究与改革等方面的资源；培训专家指定或建议的拓展性学习资源；首席专家在网络上收集获取的相关课程资源。这些选修课程学习资源包括中学教师专业标准与中学历史教师的专业发展、历史课堂教学中学生主动性和积极性的调动、历史教学与网络公共资源的获取与利用、新课标下初中历史课堂史料的选择与运用、初中历史课程改革的现状、问题与对策等课件资源。研修学员完成网上选修课程学习后，计 20 学时。

（2）线上研修活动：在课程学习、班级沙龙、班级作业等栏目发表跟帖留言不少于 20 条，在班级沙龙管理发起主题工作坊研修讨论话题不少于 2 个，在班级管理平台中的“班级作业管理”栏点击相应作业题目，撰写并提交规定的作业。学员完成线上研修活动后，计 30 学时。

（3）线下实践活动：组织开展线下实践研修活动，主要提交实践研修、改进教学行为的成果。研修学员至少提交1个课例分析报告和1次校本课例研修活动案例；也可以提交课题研究报告、教改成果总结、辐射作用案例，以及其他形式的实践研修成果。学员完成线下实践研修活动成果提交后，计30学时。

四、历史教师培训课程方案设计的总体要求

（一）深刻领会教师培训政策文件的相关精神

设计历史教师培训课程方案，要深刻领会教师培训政策文件的相关精神。教师培训政策文件主要有如下几种：

（1）教育部办公厅、财政部办公厅关于做好中小学幼儿园教师国家级培训计划（简称“国培计划”）实施工作的通知。

（2）2013年《教育部关于深化中小学教师培训模式改革，全面提升培训质量的指导意见》。

（3）2012年教育部颁行的《“国培计划”课程标准（试行）》（历史学科部分）。

（4）2014年教育部颁行的《网络研修与校本研修整合培训实施指南》。

（5）2014年教育部颁行的《国培计划——教师工作坊研修实施指南》。

（6）2015年国务院办公厅《关于印发乡村教师支持计划（2015—2020年）的通知》。

（7）2016年教育部办公厅《关于印发乡村教师培训指南的通知》。

（8）2016年教育部《关于大力推行中小学教师培训学分管理的指导意见》。

（9）2017年3月，教育部教师工作司司长王定华在2017年“国培计划”管理者高级研修班上的讲话。

（10）2017年9月，中共中央办公厅、国务院办公厅印发《关于深化教育体制机制改革的意见》。

（二）突出学科核心素养下统编历史教材教学培训内容设计

新课改向纵深推进之际，历史课程教学提出学科核心素养，即唯物史观、时空观念、史料实证、历史解释、家国情怀。未来几年，历史教师培训重点为统编历史教材教学培训，其培训的主要内容为教材的编写背景、教材的结构与

内容、教材的教学使用建议等。统编历史教材教学的培训要体现学科核心素养要求，注重培养支撑终身发展、适应时代要求的关键能力。

（三）把握表格式培训课程方案设计的重点内容

1. 培训总体目标

针对骨干教师专业发展需求，通过主题式培训，研究问题，分析案例，总结提升经验，提高师德修养，更新知识，提升能力，形成学习共同体，培养区域学科教学与教师培训带头人。

2. 培训课程内容设计原则

培训课程内容设计应遵循如下原则：（1）思想性与专业性相结合的原则。既加强师德和专业理念教育，激发教师发展动力，又遵循学科教学规律和教师学习规律，提高教师专业能力。（2）理论性与实践性相结合的原则。既注重理论知识学习，又注重帮助教师在实践中改进技能和方法。（3）适应性与引领性相结合的原则。既适应教师现实需求，又突出课程内容对教师专业成长的引领。

3. 培训课程内容设计依据

根据《“国培计划”课程标准（试行）》《义务教育历史学科教师培训标准》《义务教育历史课程标准（2011 年版）》《普通高中历史课程标准（实验）》《普通高中历史课程标准（2017 年版）》，可将培训课程内容分为“专业理念与师德＋专业知识＋专业能力”三个维度。每个维度下设若干模块，每个模块下设若干专题，每个专题提供学时建议和内容要点。内容要点是对专题内容的简要说明，可结合学员实际需求进行调整。

4. 培训课程设置要求

实施主题式培训，可自行设计培训主题。培训课程设置应将师德、教师专业标准解读、教育部关于深化中小学教师培训模式改革全面提升培训质量的指导意见等内容列入培训课程模块。注重设置实践类培训课程设计。例如，2012 年规定，短期集中培训项目实践类课程原则上应达到 30％ 以上，置换脱产研修项目实践类课程原则上应达到 40％ 以上。2013 年规定，实践性课程应不少于教师培训课程的 50％。

5. 培训专家团队的组建

实行首席专家制。首席专家负责设计培训方案、组织集体备课、进行过程指导等工作。例如，国培示范性集中培训项目首席专家应具有正高级职称，必须为项目承担单位教师；国培中西部项目和幼师国培项目首席专家应具有高级职称，原则上为项目承担单位教师。应组建高水平的培训专家团队，要注意高校专家与一线教师、教研员合理搭配，省外专家不少于35%，一线优秀教师、教研员不少于50%。

6. 培训课程实施方案建议

培训课程实施方案应强调将理论学习与观摩实践相结合，专题学习与交流研讨相结合，经验总结与反思体验相结合。培训课程实施方案中的理论学习要强调案例分析，实践训练要注重能力提升，交流研讨要注重学习共同体打造，反思体验要针对教育教学行为进行改进。培训课程方案实施过程中，要注重发挥学员的主体作用，创设学员参与的教学情境，在专家引领下，通过实践体验，提升学员的教育教学实际能力。在培训课程方案实施过程中，要注重培训方式创新。可采取案例式、探究式、参与式、情境式、讨论式、任务驱动式等多种方式开展培训，增强培训的吸引力和感染力。要充分利用远程教育手段，加强对学员的训后跟踪指导。

7. 培训课程方案实施中的课程资源开发

注重为参训学员提供丰富的课程资源。授课专家须为参训学员提供教学课件、讲课提纲等资源；要根据课程目标为参训学员推荐针对性强的拓展资源，包括文本、视频或网络资源。建立班级网络虚拟空间，搭建学员经验分享平台，为学员后续学习提供有效支持。

8. 培训方案实施中的考核与评价

采取多种方式评价，如定性与定量相结合、学员评价与专家评价相结合、即时评价与后续评价相结合、自评与他评相结合。注重预期目标达成度评价。在培训方案实施中，应采取过程性考核与终结性考核相结合的方式，对学员的培训预期目标达成度进行评价。注重改进度测评。培训方案实施中，注重对学员培训前后改进程度的测评。

附录：历史教师表格式培训课程方案设计案例

一般来说，表格式培训课程方案设计涉及以下重点内容：

表 1.5.1 历史教师培训课程方案重点内容

培训主题	培训主题名称，不超过 30 字。
目标定位	请根据“国培计划”对该类项目的目标要求，阐述本项目能够达到的具体目标和定位，不超过 200 字。
需求分析	请根据本项目的目标定位、培训经验及学员需求调查情况，分析培训对象的需求，不超过 300 字。
内容设计	请用图示化方式表达培训内容设计及模块设置之间的逻辑关系。

续表

<table>
<tr><td rowspan="11">培训课程①</td><td>维度</td><td>模块</td><td>专题</td><td>学时</td><td>内容要点</td><td>来源②</td><td>是否为实践性课程</td><td>授课教师</td><td>单位</td><td>职称</td><td>是否为一线教师/教研员</td></tr>
<tr><td></td><td></td><td></td><td></td><td></td><td></td><td></td><td></td><td></td><td></td><td></td></tr>
<tr><td></td><td></td><td></td><td></td><td></td><td></td><td></td><td></td><td></td><td></td><td></td></tr>
<tr><td></td><td></td><td></td><td></td><td></td><td></td><td></td><td></td><td></td><td></td><td></td></tr>
<tr><td></td><td></td><td></td><td></td><td></td><td></td><td></td><td></td><td></td><td></td><td></td></tr>
<tr><td></td><td></td><td></td><td></td><td></td><td></td><td></td><td></td><td></td><td></td><td></td></tr>
<tr><td></td><td></td><td></td><td></td><td></td><td></td><td></td><td></td><td></td><td></td><td></td></tr>
<tr><td></td><td></td><td></td><td></td><td></td><td></td><td></td><td></td><td></td><td></td><td></td></tr>
<tr><td></td><td></td><td></td><td></td><td></td><td></td><td></td><td></td><td></td><td></td><td></td></tr>
<tr><td></td><td></td><td></td><td></td><td></td><td></td><td></td><td></td><td></td><td></td><td></td></tr>
<tr><td></td><td></td><td></td><td></td><td></td><td></td><td></td><td></td><td></td><td></td><td></td></tr>
<tr><td colspan="2">培训方式</td><td colspan="10">请简要介绍本项目中将采用的培训方式，如专家讲座、参与式培训、任务驱动、案例学习、名师示范课、听课评课、问题研讨、实地考察、跟岗培训和情景体验、真实课堂现场诊断等，并简要介绍不同的培训方式如何应用于不同的培训内容，不超过 1000 字。</td></tr>
<tr><td colspan="2">考核评价</td><td colspan="10">请着重阐释本项目对学员的考核评估要求，如果设计了绩效考核任务，也需在此陈述，不超过 500 字。</td></tr>
<tr><td colspan="2">网络研修社区</td><td colspan="10">请说明网络研修平台建设情况（可为自建平台、购买服务或开放平台），包括平台软硬件和功能等，并分别说明研修社区在培训过程与训后跟踪指导中的应用路径与工作安排，不超过 1000 字。</td></tr>
</table>

① 实践性课程所占比例________%，授课教师中一线教师、教研员所占比例________%。

② “来源”是指课程是否来自《“国培计划”课程标准》建议的课程内容。如选自《“国培计划”课程标准》，填“是”；如是自主设置课程，填“否”。

续表

跟踪指导	请简要介绍本项目将对学员采用的训后跟踪指导的手段、方式和方法，不超过 300 字。
资源情况	请简要说明拟开发和使用的资源，须说明拟提交“国培计划”资源库评审的资源，不超过 500 字。
实践基地	请简要介绍供学员进行教学观摩实践的实践基地，不超过 300 字。
后勤保障	请说明组织管理、教学条件、食宿条件等安排设想，不超过 500 字。
培训特色与创新	请简要阐述培训主题设计、课程内容、培训方式、考核评估、后勤保障等方面的亮点、特色、创新之处，不超过 500 字。
成果转化	请简要说明项目成果转化的思路、预期取得的成果等，不超过 500 字。

下面我们就以上表格中的内容加以分析：

●培训主题（培训主题名称，不超过 30 字。）

基于 2016 年新版教材下的初中优秀历史教师培训者培训能力提升研修。

培训主题设计突出课程实践价值取向，重点提升培训课程开发能力、活动设计能力、教学实施能力、教师工作坊主持能力。

●目标定位（请根据“国培计划”对该类项目的目标要求，阐述本项目能够达到的具体目标和定位，不超过 200 字。）

根据教育部关于改革实施“国培计划”的总体要求，结合 2017 年教育部教师工作司领导在“国培计划”管理者高级研修班上的讲话精神，以及《乡村教师支持计划（2015—2020 年）》《乡村教师培训指南》《“国培计划”课程标准（试行）》《中学教师专业标准（试行）》等文件精神，通过混合式培训，研究问题，分析案例，帮助已入选省级及以上教师培训专家库的初中一线优秀历史教师进一步明确作为培训者的职责担当和角色定位，着力重点提升其培训教学能力和组织实施能力，尤其是培训其课程开发能力、活动设计能力、教学实施能力和教师工作坊主持能力；通过混合式培训理论研修，更新培训观念，树立培训专业化理念，把握教师培训的规律与特点，有效进行教师培训的教学和教师培训实施的组织；掌握培训学科教学前沿信息，针对教师培训教学中的问题，有效进行培训需求分析，设计本学科培训课程内容和实施方案；根据培训对象需求，实施实践性培训，创新各种有效的培训教学模式与方法，努力打造一支高水平的优秀初中历史教师培训者团队。

●需求分析（请根据本项目的目标定位、培训经验及学员需求调查情况，分析培训对象的需求，不超过 300 字。）

项目专家在搜集整理前期各类培训调研资料的基础上，对部分一线优秀历史教师综合运用微信访谈法、问卷调查法、基于岗位的需求分析法等进行深度调研，结合项目目标定位，细致分析培训对象的需求。

1. 对象分析

作为一线优秀历史教师，在初中历史教育教学中过于关注教学，其优势在于了解学科前沿，熟悉教学内容，教学方法多样，其教学实施能力较强，而对新课改纵深推进下如何利用 2016 年版初中历史教材体系，以培训者角色组织教师进行培训，有效提升自己的培训能力关注不够，研究甚少。迫切希望得到培训专家的指导，以 2016 年秋季起使用的初中历史新教材开发培训课程内容，掌握培训的方式方法，有效提升自己的教师培训能力与组织实施能力。

2. 培训期待

（1）对培训起点、焦点和难点的关注：基于教学现场、走进真实课堂，以典型教学案例为载体，创设课堂真实教学情境，有效提升优秀初中历史教师的培训能力。通过培训，促使初中历史教师将工作重点转向对 2016 年版初中历史教材体系背景下乡村教师培训的关注，利用自身优势为本地培养适应新课改向纵深推进要求的“种子”教师，引领和推动本地教师，尤其是乡村教师培训工作的深入开展。

（2）对培训直接效果的期待：了解国内外教师培训的前沿动态和国家有关培训政策，熟练掌握2016年版初中历史教材体系，提升自己的学科素养和教师培训能力与组织实施能力，如培训需求诊断能力、方案设计能力、培训课程开发能力、培训活动设计能力和绩效评估能力等，尤其是教师工作坊主持能力、送教下乡培训能力和校本研修指导能力等。

（3）对培训附加价值的希望：借力学科培训的人脉资源，打造教师研修共同体，搭建教师协同发展的平台，促进自己的培训能力与教学能力、教研能力同步提升。

●内容设计（请用图示化方式表达培训内容设计及模块设置之间的逻辑关系。）（略）

●培训课程。

以下培训课程设计，实践性课程所占比例__70__%，授课教师中一线教师、教研员所占比例__74__%，省外专家所占比例__35__%。

	维度	模块	专题	学时	内容要点	来源	是否为实践性课程	授课教师	单位	职称	是否为一线教师/教研员
培训课程	培训政策与理念	师德修养	教师立德树人与初中历史教学的深度融合	3	立德树人的定义、内容，立德树人与初中历史教学的关系，立德树人与初中历史教学深度融合的方式方法及其案例分享	否	是	叶德元	成都七中育才学校	高级教师、全国模范教师	一线教师
	培训政策与理念	培训政策	培训政策、理念及标准解读	3	教育部教师工作司领导在2017年“国培计划”管理者高级研修班上的讲话精神。《乡村教师支持计划（2015—2020年）》的主要内容及其实施。教育部关于深化中小学教师培训模式改革的指导意见，“国培计划”课程标准与中学教师专业标准、“国培计划”项目管理办法，意见、标准与办法在历史教师培训中的具体落实	是	否	李志全（“国培计划”专家）	四川师范大学教师培训学院	教授	否
	培训政策与理念	培训理念	初中历史教师培训者的角色定位	3	初中历史教师的职责，作为教学者的初中历史教师的角色定位，作为培训者的初中历史教师的角色定位及其责任担当	否	否	张力生	成都七中初中学校	高级教师、教研组长	一线教师
	学科教学前沿	学科教学	学科核心素养与初中新教材历史教学	3	学科核心素养的内涵及其确立依据，学科核心素养的类型及其内容分析，学科核心素养在2016年版初中历史教材教学中的具体要求及其案例点评	否	否	叶小兵（“国培计划”专家）	首都师范大学历史学院	教授	否
	学科教学前沿	学科教学	初中历史新教材编写的总体思路	3	2016年版初中历史教材编写的总体要求，新版初中历史教材的结构、特色及其培训教学使用建议	否	否	李伟科	人民教育出版社	编审	否
	学科教学前沿	学科教学	七年级中国历史新教材内容解析	3	2016年版中国历史七年级教材的主要内容及其特点，新版八年级历史教材培训教学建议，案例评析	否	是	龚奇柱	重庆市教育科学研究院	特级教师、研究员	历史教研员
	学科教学前沿	学科教学	八年级中国历史新教材内容解析	3	2016年版中国历史八年级教材的主要内容及其特点，新版八年级历史教材培训教学建议，案例评析	否	是	黄勇	四川省教育科学研究院	高级教师	历史教研员

续表

	维度	模块	专题	学时	内容要点	来源	是否为实践性课程	授课教师	单位	职称	是否为一线教师/教研员
培训课程	学科教学前沿	学科教学	九年级世界历史新教材内容解析	3	2016年版世界历史九年级教材的主要内容及其特点，新版九年级历史教材培训教学建议，案例评析	是	是	林秋菊	重庆巴川中学	高级教师	一线教师
	学科教学前沿	学科教学	“互联网＋”时代下的初中历史学习变革及教学适应	3	“互联网＋”时代下的初中历史学习方式的变革，初中历史教师适应“互联网＋”教与学的主要举措及其案例分享	否	是	陈子斌	成都金苹果锦城第一中学	高级教师	一线教师
	学科教师培训能力	培训调研	初中历史教师培训需求诊断	3	初中历史教师培训需求与需求信息源，培训需求方法，需求分析与培训方案设计，培训需求的有关问题诊断	否	否	赖蓉辉	成都市教育科学研究院	特级教师	历史教研员
	学科教师培训能力	课程开发	初中历史教师培训课程的开发	3	培训课程开发与需求调研，国培示范项目、中西部及远程培训项目等培训课程开发的具体内容及要求，培训课程优秀典型案例点评	否	否	陈辉（“国培计划”专家）	四川师范大学历史文化与旅游学院	教授	否
	学科教师培训能力	课程开发	初中历史教师培训课程开发案例展评	3	参训学员分组展示所开发的培训课程案例，培训名师点评学员开发的培训课程案例	否、	是	王开元 赖蓉辉 王本书 刘松柏	成都七中 成都教科院 成都华阳中学 四川师范大学附中	特级教师、正高级教师	一线教师、历史教研员
	学科教师培训能力	活动设计	初中历史教师培训活动的设计	3	初中历史教师培训活动设计与需求调研，培训活动的设计原则、具体内容及要求，培训活动设计优秀典型案例分析	是	是	黄牧航（“国培计划”专家）	华南师范大学历史学院	教授	否
	学科教师培训能力	活动设计	初中历史教师培训活动设计展评	3	参训学员分组展示所设计的培训活动案例，培训名师点评学员设计的培训活动案例	是	是	邓兴国 赖蓉辉 王本书 王晓娟	成都玉林中学 成都市教科院 成都华阳中学 成都棕北中学	特级教师 高级教师	一线教师、历史教研员
	学科教师培训能力	培训实施	初中历史教师培训教学实施能力提升	3	初中历史教师培训教学实施能力提升的现状及存在问题，提升培训教学实施能力的途径与方法，具体典型案例分析	是	是	魏恤民（“国培计划”专家）	广东省深圳市龙华区教育科学研究院	特级教师	历史教研员
	学科教师培训能力	培训实施	初中历史教师培训教学实施能力提升课例探究——走进初中历史教学现场的实际演练（上）	3	在培训学员或成都当地一线挑选优秀历史教师在“影子研修”基地学校四川师范大学一中上2016年版初中历史新教材内容同课异构展示课，高校学科教学论专家和一线名师点评，学员观摩分组研讨主题：初中历史教师如何提升教学实施能力？	是	是	研修学员（授课） 研修学员（授课） 杜芳(评课) 王开元(评课) 高增平(评课) 张明星(评课)	人员待定 人员待定 华中师范大学 成都七中 四川师大一中 成都西北中学	特级教师 高级教师	一线教师、历史教研员

续表

	维度	模块	专题	学时	内容要点	来源	是否为实践性课程	授课教师	单位	职称	是否为一线教师/教研员
培训课程	学科教师培训能力	培训实施	初中历史教师培训教学实施能力提升课例探究——走进初中历史教学现场的实际演练（下）	3	在培训学员或成都当地一线挑选优秀历史教师在“影子研修”学校四川师范大学一中上 2016 年版初中历史新教材内容同课异构展示课，高校学科教学论专家和一线名师点评，学员观摩分组研讨研讨主题：初中历史教师如何提升教学实施能力？	是	是	研修学员（授课） 研修学员（授课） 杜芳(评课) 陈静亦(评课) 王开元(评课) 高增平(评课) 张明星(评课)	人员待定 人员待定 华中师范大学 四川省教科所 成都七中 资阳乐至博骏公学 成都西北中学	特级教师 高级教师	一线教师、历史教研员
	学科教师培训能力	培训实施	历史培训中的“教师工作坊”建设	3	教师工作坊主持者角色的定位与素养结构，教师工作坊核心成员的遴选，教师工作坊工作计划的拟订及其实施	否	是	郭子其（“国培计划”专家）	成都树德中学	正高级教师、成都市名师工作坊主持人	一线教师
	学科教师培训能力	培训实施	历史名师“送教下乡”培训的组织与实施	3	历史名师“送教下乡”方案设计，历史名师“送教下乡”的组织实施环节及其要求，历史名师“送教下乡”案例评析	是	是	肖延安	广安市教育科学研究所	高级教师	历史教研员
	学科教师培训能力	成果分享	培训能力提升方案分享	3	培训学员以小组为单位，以口述与答辩方式展示自己撰写的培训实施能力提升方案，畅谈培训的收获与体会，培训专家精准诊断，予以点评	是	是	王雄（“国培计划”专家）	江苏扬州中学	教授级高级教师、特级教师	一线教师

●培训方式（请简要介绍本项目中将采用的培训方式，如专家讲座、参与式培训、任务驱动、案例学习、名师示范课、听课评课、问题研讨、实地考察、跟岗培训和情景体验、真实课堂现场诊断等，并简要介绍不同的培训方式如何应用于不同的培训内容，不超过 1000 字。）

满足初中优秀历史教师培训需求为本项目培训的最大追求。本项目研修的培训方式强调理论和实际相结合，突出培训的实效性、前沿性和权威性。培训以典型教学案例为载体，创设课堂真实教学情境，强化基于教学现场、走进真实课堂的实践性培训环节。具体说来，本项目研修拟采用的培训方式主要有以下几种：

（1）推进混合式培训，采取集中培训＋现场案例教学＋网络研修＋返岗实践＋利用教师工作坊训后跟踪指导相结合的培训方法。

（2）集中培训阶段，凸显自主选择性培训课程的设计，注重培训方式的多元化，加大研讨式、参与式、体验式、案例式等多种教学方式，着力体现任务驱动特点。

①研讨式讲座培训：着力将实践案例分析融入讲座内容之中，涉及的培训内容主要包括教师立德树人与历史教学的深度融合、培训理念政策与标准解读、培训者的角色定位、学科核心素养与初中新教材历史教学、初中历史新教材编写的总体思路、七至九年级中国历史新教材内容解析等专题。

②参与式听评课培训：强化基于教学现场、走进真实课堂的培训环节，强调参训学员在培训中主体作用的发挥，涉及的培训内容主要包括培训教学实施能力提升与课例观摩示范、培训教学案例分享、培训经验成果的总结与提炼、培训案例资源的采集与利用、培训工作中的说课与评课、培训方法研讨与案例点评等专题。

③体验式诊断培训：以任务驱动与现场体验诊断带动参训学员反思探究，涉及的培训内容主要包括教师培训需求诊断、教师培训课程的开发、教师培训活动设计、教师培训课程开发案例展评等专题。

④案例式剖析培训：以案例教学解决培训中的实际问题，涉及的培训内容主要包括教师培训中的“教师工作坊”建设、教师培训能力提升方案分享、教师培训经验成果的总结与提炼、培训方案与培训课程的开发、培训工作中的说课与评课、培训方法研讨与案例分析、培训案例资源的采集与利用等专题。

⑤示范式名师互动培训：以名师示范课方式探讨培训课的互动教学，涉及的培训内容主要包括培训教学实施能力提升与课例观摩示范、培训教学案例分享与点评、教师培训能力提升方案分享等专题。

⑥圆桌式问题探究培训：分组举行圆桌会议，以问题为中心探究培训组织实施中的疑难问题，涉及的培训内容主要包括培训教学案例分享与点评、教师培训能力提升方案分享、培训工作中涉及的说课与评课、历史名师“送教下乡”培训的组织与实施等专题。

（3）网络研修与教师工作坊贯穿培训的始终。建立网络研修社区；提供精品案例资源。采取专家答疑、在线研讨等方式，组织学员网络研修学习，充分利用教师工作坊，为教师培训过程学习和训后跟踪指导提供有效服务。

●考核评价（请着重阐释本项目对学员的考核评估要求，如果设计了绩效考核任务，也需在此陈述，不超过500字。）

（1）优秀初中历史教师培训践行立德树人的能力。包括对立德树人的认识、立德树人与自我发展动力的激发，在教师培训实践中践行立德树人的途径与方法、立德树人与初中历史教学的深度融合等。

（2）优秀初中历史教师培训方案研制的能力。包括设计原则、方案要素、方案撰写要求等方面。

(3) 优秀初中历史教师培训课程开发的能力。包括培训课程特点、课程内容选择与组织、案例评析等方面的情况。

(4) 优秀初中历史教师培训活动设计能力。包括培训活动的组织、实施与管理等情况。

(5) 优秀初中历史教师工作坊主持能力。包括教师工作坊主持者角色的定位与素养结构，教师工作坊核心成员的遴选，教师工作坊工作计划的拟订及其实施等。

本项目研修在考核评估的方式上，将采取以下举措：

(1) 建立学员电子档案，利用学员考勤表、学员研修手册和学员档案袋等管理工具，考核参训学员出勤情况和日常研修学习表现。

(2) 运用学员课程评价表、学员项目满意度评价表等评价工具，考核参训学员对培训教师教学和项目的满意度。

(3) 要求学员就某一培训内容，如师德、学科理论、学科知识、教学知识、教学理论、培训理论等提交反思性作业与总结报告，以对参训学员研修学习成果进行综合考核，并写出考核材料。

(4) 在培训后追踪参训学员开展教师培训、发挥指导作用的情况。参训学员应完成的后续研修活动主要包括：①参训学员国培返岗后展示研修学习成果与体会。②在县（市、区）及以上范围内主持 1 次历史教师培训活动或举办 1 次培训专题讲座。③主持或参与 1 项县级以上历史教育教学微课题研究。在研究中学习，在学习中培训。④培养指导 1 名青年教师，以师徒合作的形式，相互探讨，共同研究，协同发展。

(5) 对学员进行研修全过程综合考评。凡完成集中研修课程学习任务和网络社区研修课时达标的学员，经项目专家组综合考评合格者，才发送由教育部监制的《培训结业证书》；对考核优秀的学员，由四川省国培办颁发《培训优秀学员证书》。

本项目研修在过程评估及成果固化方面，注重以下考核评价：

(1) 接受第三方评估机构的评估。

(2) 培训结束一个月内提供完整的培训资料、总结和项目绩效报告。

(3) 未按要求按时上交以上资料和绩效报告，取消第二年申报资格。

●网络研修社区 [请说明网络研修平台建设情况（可为自建平台、购买服务或开放平台），包括平台软硬件和功能等，并分别说明研修社区在培训过程与训后跟踪指导中的应用路径与工作安排，不超过 1000 字。]

四川师范大学创建的四川省中小学教师继续教育网（http://www.

miniedu. com）为本项目实施的网络研修社区平台，现将其建设情况及其应用路径介绍如下。

一、网络研修平台建设情况

网络研修平台建设包括平台软硬件和功能建设等。

（1）为培训活动提供强有力的软硬件支持。依托 500M 电信独立出口带宽，支持 2 万次/分钟并发，具备 100T 以上云存储，采用 WEB2.0 软件技术搭建，为教学人员、学员、管理人员等不同角色的活动提供强有力的软硬件支持。

（2）平台具备“个人空间”“教师工作坊”“学校社区”“区域社区”等功能。其中，个人空间包括学员个人基本信息、研修预设资源、研修活动统计列表和研修监测进度，资源分享，互动交流模块。教师工作坊可写作与发布教研资源，建设研修群组，参加团队研磨活动。学校社区（校级研修平台）包括个人空间、研修中心、课程中心、研训中心和资源中心，可展示本社区用户、团队的基本研修数据和动态，可进行本校社区的相关管理功能。区域社区包括省级、市级、区县研修社区，功能模块与学校社区一致，按不同行政级别设置相应的管理权限。

学员可以参加各种班级，建立和参加协作组，并通过本系统进行自主选学、参加专题活动；专家则可以通过工作坊的形式，为学员提供课程和资源；各级管理者可以通过本平台对学习研修的情况进行总体概览和把控。

二、研修社区的应用路径与工作安排

研修社区的应用路径与工作安排包括在培训过程中与训后跟踪指导中的应用路径与工作安排。

（1）集中培训开始前，利用研修社区进行需求调查，征集培训问题和个人教学案例及典型经验，每个学员不少于 2 个。

（2）集中培训过程中，利用研修社区及时上传专家课件、拓展性学习资源，布置和提交作业、发布学习简报、发起研修讨论主题、组织学员展开研讨活动、上传研讨结果、分享研修成果。

（3）集中培训结束后，围绕参训学员培训能力提升研修这一培训主题和目标，利用网络研修社区进行不少于 80 学时的跟踪指导，包括总结与提炼培训教学经验、采集与利用培训案例资源、研制培训实施方案、开展培训工作中的说课与评课、制作培训微课课件、培训方法的应用案例上传、培训效果考核与评价方式方法。监督和组织学员开展个人实践研修活动或协作小组研磨活动，开展基于校本的教学问题或课题研究活动，每个学员上传不少于 3 个实践研修的培训案例生成资源，并提交 1 份不少于 2000 字的后续研修反思总结报告。

(4) 专家组开展优秀成果推选，对学员进行综合考评，全过程考评合格者，发送《培训结业证书》。其间，根据学员个人、学校或区域的需要，专家组及时进行跟进指导，保持研修活动向常态化进行。

●跟踪指导（请简要介绍本项目将对学员采用的训后跟踪指导的手段、方式和方法，不超过 300 字。）

（1）导师跟踪回访指导：分组指派专家组成员对学员培训后的教师培训能力提升情况及发挥作用的情况进行跟踪回访。专家组成员通过电子邮件、微信群、QQ 群、网上视频、博客、手机短信等方式，为学员提供自主研修书目，布置自主研修作业，对学员训后所学、所思、所研和成长过程进行全面的跟踪指导。

（2）利用教师工作坊跟踪指导：集中培训结束后，围绕基于 2016 年新版教材下的初中优秀历史教师培训者培训能力提升研修这一培训主题和培训目标，利用教师工作坊进行不少于 80 学时的跟踪指导，包括总结与提炼培训教学经验、采集与利用培训案例资源、研制教师培训方案、开展培训工作中的说课与评课、制作培训微课课件、培训方法的应用案例上传、培训效果考核与评价方式方法。监督和组织学员开展个人实践研修活动或协作小组研磨活动，开展基于校本的教学问题或课题研究活动，每个学员上传不少于 3 个实践研修的培训案例生成资源，并提交 1 份不少于 2000 字的后续研修反思总结报告。

（3）对固化研修成果进行跟踪指导：专家组成员不定期对学员个人通过书信往来、电子邮件提交的发展记录、实践成果、新课改方案、名著阅读报告、教学论文、教学叙事等进行指导，做出结题鉴定，提出修改意见，并向全国性学术刊物择优推荐，固化后续研修成果。

（4）聘优秀学员为培训名师进行跟踪指导：对特别优秀的学员，聘他们为培训名师，在学校举办的“国培计划”“省培计划”等项目中，承担一部分实践性较强的专题讲座或上示范课、观摩课、同课异构课，或作为点评教师，对观摩示范教学予以点评等，以此进一步指导学员。

●资源情况（请简要说明拟开发和使用的资源，须说明拟提交“国培计划”资源库评审的资源，不超过 500 字。）

本项目研修拟开发的生成性资源：

（1）《初中历史“同课异构”课程资源》（光盘）

（2）《初中历史骨干教师教学疑难问题诊断》（光盘）

（3）《初中历史班研修纪实》（光盘）

（4）《初中历史班研修学习记录与反思日记摘编》

（5）《初中历史骨干教师指导青年教师方案汇编》

（6）《初中历史班骨干教师发挥辐射作用方案汇编》

（7）《初中历史班研修学习总结报告摘编》

（8）《初中历史班研修学习记录与反思日记摘编》

（9）《初中历史班研修、观课、评课、说课记录摘编》

（10）初中历史班研修教师 QQ 群、博客

本项目研修拟使用的资源：

（1）教育部制定. 义务教育历史课程标准（2011 年版）. 北京师范大学出版社，2012.

（2）教育部基础教育课程教材专家工作委员会组织编写. 义务教育历史课程标准（2011 年版）解读 [M]. 北京师范大学出版社，2012.

（3）肖川主编，汪瀛编著. 义务教育历史课程标准（2011 年版）解读. 湖北教育出版社，2012.

（4）朱汉国，闫璟，何成刚主编. 新版课程标准解析与教学指导·初中历史 [M]. 北京师范大学出版社，2012.

（5）陈辉. 历史研究性学习论 [M]. 现代教育出版社，2009.

（6）何成刚，夏辉辉等. 历史教学设计 [M]. 华东师范大学出版社，2009.

（7）何成刚主编. 历史课堂教学技能训练 [M]. 华东师范大学出版社，2008.

●实践基地（请简要介绍供学员进行教学观摩实践的实践基地，不超过 300 字。）

本项目研修供学员进行教学观摩实践的实践基地包括四川师范大学附中、成都七中育才学校、成都七中初中学校、成都棕北中学、成都玉林中学等国家级和省级重点中学。以上中学都拥有教育部中小学骨干教师国家培训基地、国家基础教育实验中心示范学校、四川省现代信息技术示范校等众多荣誉称号，其办学水平高，形成了独具特色的教学风格，如探究式教学、目标导学、主体性教学、活动化教学等，实现了从“学习知识”到“知识、能力、创新”并

重。这些中学充分利用自身课程开发的优势，开发出“以做人为基础，以成才为主线”的满足学生全面素质发展需要的课程结构。在保证高质量完成必修课的同时，还开展丰富多彩的选修课和活动课。上述培训实践基地又是四川师范大学历史学专业本科生、研究生的实践教学基地，可充分满足培训学员观摩与实践的需求。

●后勤保障（请说明组织管理、教学条件、食宿条件等安排设想，不超过500字。）

一、组织管理

（1）组建班委会，由班长、学习委员、生活文艺委员和各组组长共同组织和带领学员完成培训任务。

（2）严格执行请假、销假制度。培训期间累计缺课达1/3以上者，将视为培训未结业。

二、教学管理

（1）培训班实行双班主任制，配备1名学科专家作为教学班主任，配备1名工作人员作为行政班主任，全程跟踪服务。

（2）学科首席专家跟班督促学员积极参与培训的讨论和相关活动，并做好记录。

三、教学设施

（1）将学院管理的3D教室作为国培专用教室，供学员研修学习。

（2）学校图书馆和学院资料室、电子阅览室定时向学员开放，供学员自主研修和查阅资料。

四、食宿条件

（1）在校内榕园餐厅二楼开设国培专用餐厅，供学员就餐。

（2）在校内新松苑宾馆为学员安排住宿，2人住一标间。

五、公共卫生保障

（1）成立医疗保卫组，负责学员培训期间的身体健康。

（2）制订公共卫生应急预案，建立卫生应急处理系统。

（3）为学员在校医院就诊开辟“绿色通道”，安排专人（值班）服务。

六、安全保卫制度

（1）成立安全保卫组，负责学员的人身和财产安全。

（2）制订突发安全事件应急预案，建立安全应急处理系统。

（3）指派专人负责学员住宿、学习场所外围的治安巡逻工作。

（4）做好接警等服务工作，及时处置学员的报警和各种求助要求。

（5）举办安全知识讲座，做好安全知识宣传等服务性工作。

（6）提醒学员提高警惕，防火、防盗，告知学员报警求助电话。

●培训特色与创新（请简要阐述培训主题设计、课程内容、培训方式、考核评估、后勤保障等方面的亮点、特色、创新之处，不超过500字。）

本项目研修具有如下特色与创新：

（1）以实践价值取向设计培训课程的主题。本项目培训主题为“基于2016年新版教材下的初中优秀历史教师培训者培训能力提升研修”，重点提升培训教学和组织实施能力，突出了主题设计的课程实践价值取向，课程设计思路清晰，注重学员培训技能与培训执行力的提升，注重理论与实践相结合，贴近一线优秀教师培训教学实际。

（2）以《乡村教师培训指南》构建立体式培训课程结构。依据该指南，构建了“培训政策与理念+学科教学前沿+学科教师培训技能+返岗实践+教师工作坊”的立体式课程结构，凸显实践性培训课程的设计，使“问题解决”这个中心任务得到有效落实。

（3）以研修学员问题需求优化培训课程内容。针对训前需求调研，凸显自主选择性培训课程的设计，培训实践性课程占70%。培训的内容围绕主题安排，课程内容实用性强，实践性强，主要包括师德修养、培训政策、培训理念、学科理论、学科教学、培训教学、培训组织、培训实践等，重点聚焦学员培训教学能力的提升和培训教学行为的改变，突出问题探究与案例分析，着力体现对学员培训思维方式的改变、现有培训经验的总结、培训实践智慧的生成和培训教学技能的提升。

（4）以真实培训课堂现场诊断与行动示范、实践体验创新培训方式。推行混合式培训模式，通过研讨式讲座、参与式答疑、任务式驱动、案例式剖析，以及名师示范课、听课评课、问题研讨、实地考察、情景体验、答辩结业、成果分享等丰富多彩的培训活动，使学员不再是单纯的“受训者”，而是培训活动的“主体性参与者”、实践经验的“主动建构者”。

（5）以综合考核培训全过程的方式对学员培训目标达成度进行考核。将学员教师工作坊研修、网络社区研修纳入考评范畴，凡学员网络研修学时未达到80学时者，且集中培训期间未完成课程学习任务者，均不发放结业证书。

（6）建立培训学员电子档案，完善培训保障机制。本项目的培训保障机制涉及项目管理、教学管理、班级管理、学员管理等，均以制度建设标准化加以实施，并建立培训学员电子档案，对培训过程实施动态管理，以确保培训工作安全、有序、高效地进行。

●成果转化（请简要说明项目成果转化的思路、预期取得的成果等，不超过500字。）

一、项目成果转化的思路

（1）总结经验，现场诊断，形成生成性资源。依托对研修学员的培训效果反馈问卷、所撰写的培训感悟和培训总结报告，从本项目实施的课程设计、培训模式创新、培训内容改进、培训管理机制完善等方面进行梳理分析，总结经验，现场诊断，对症示范，对比研磨，形成培训课程生成性资源。

（2）提炼培训成果，展示分享精品案例资源。项目团队将及时提炼本次项目培训所呈现的3个培训优秀典型案例资源，如培训课程开发创新案例、培训活动设计案例等资源，在教育导报等媒体予以宣传推广，供各级培训机构学习借鉴，以充分发挥国培示范项目的示范、引领作用。

二、培训预期取得的成果

（1）《国培四川师范大学优秀初中历史教师培训能力提升研修案例资源》（光盘）

（2）《国培四川师范大学优秀初中历史教师培训能力提升研修课件资源》（光盘）

（3）《国培四川师范大学优秀初中历史教师培训能力提升研修培训教学疑难问题诊断》（光盘）

（4）《国培四川师范大学优秀初中历史教师培训能力提升研修纪实》（光盘）

（5）《国培四川师范大学优秀初中历史教师培训能力提升研修实施方案汇编》

（6）《国培四川师范大学优秀初中历史教师培训能力提升研修学习总结报告摘编》

（7）《国培四川师范大学优秀初中历史教师培训能力提升研修学习记录与反思日记摘编》

（8）国培四川师范大学优秀初中历史教师培训能力提升网络研修社区、QQ群、博客

历史教师培训模式与方法创新

（陈辉，四川师范大学教授、博士生导师）

一、我国传统历史教师培训模式存在的弊端

长期以来，我国传统历史教师培训模式存在的弊端在于培训模式单一。例如：集中面授（院校集中培训）模式由“口灌”到“电灌”，互动性不强，参与度不够。网络研修模式未贯穿培训始终，而流于形式，学员“凑学时”，带有强烈的抵触情绪。现场诊断模式（同课异构、异课同构、送教下县、跟岗研修、返岗实践）角色定位不准，话语权倒置，突出表现在专家“说了算”，其点评重在教学能力而非培训能力的提升。

二、我国历史教师培训模式的改革与创新

伴随着历史教师培训的深入推进，我国历史教师培训模式也在同步进行改革与创新。当前在历史教师培训中，可推行混合式培训模式：集中面授+网络跟进研修+课堂现场实践。该模式旨在实现学用结合，促进教师边学习、边实践、边提升。

（一）关于集中面授

集中面授，即院校集中研修模式的改革。我们认为，历史教师培训的集中面授应增加培训课程的选择性（必修课程+选修课程、专题课程+微课程），以满足学员个性化需求。集中面授重在培训专家讲授方法的改进，增强培训专题讲座中的互动性、反思性、探究性。

（二）关于网络跟进研修

网络跟进研修改革的重点在于创新网络研修模式。其总体要求是建立县域

教师网络研修社区，形成“个人空间+教师工作坊+研修社区”网络研修体系，开展基于网络的区域与校本常态化研修。培训者应引领学员重点掌握个人空间、教师工作坊、研修社区的功能。尤其是要充分发挥个人空间、教师工作坊的功能，实现两者的优势互补。

网络研修可分为网络研修与校本研修整合培训、教师工作坊研修等类型。其中网络研修与校本研修整合培训，重在建立基于网络的校本研修常态化运行机制，即教师的校本研修除注重传统学习（线下自主研修）外，更应注重充分发挥线上（网络）研修优势，并加以常态化。网络研修与校本研修整合培训有以下学时规定：对具备网络学习条件的教师，每年开展不少于120学时的专项培训。其中，第一年应进行不少于50学时的信息技术应用能力提升培训。教师工作坊研修，重在利用工作坊，采取集中面授+网络研修相结合的方式，进行跨年度递进式培训，分学科（领域）建立骨干引领全员的常态化学习机制。教师工作坊集中面授重点在于遴选出“种子”教师，组成“三人行”主持团队。重点观测其学习态度、服务意识、团队合作能力和领导能力。注重理论讲授、案例学习、实践操作，提升工作坊主持能力。教师工作坊网络研修重点在于以任务驱动为重点，线上线下相结合，重在专家引领、主题研修、反思实践、交流探讨、成果展示。在教师工作坊组建中，区县依托工作坊主持人，组建教师工作坊，遴选具备网络学习条件的乡村教师参加研修，不断提升其教育教学能力；每坊学员原则上不少于50人，集中面授时间每年不少于4天（建议分2次进行），网络研修每年不少于80学时。

（三）关于课堂现场实践

课堂现场实践，即注重实践类培训课程实施模式的创新。2010—2012年国培示范项目规定，短期集中培训项目实践类课程原则上应达到30%以上，国培置换脱产研修项目实践类课程原则上应达到40%以上。2013—2018年规定，国培实践性课程应不少于教师培训课程的50%。

就历史教师培训而言，实践性课程可分为互动式讲座、研修基地课堂观摩、研修成果与经验分享、地方课程资源考察（本地、异地）等类型。

历史教师培训的互动式讲座，需要进一步改进，培训学员可根据讲座题目先提问，培训专家根据所提问题，有选择性地讲述，体现按需施训。

历史教师培训的研修基地课堂观摩，可采取同课异构、异课同构的方式进行。

课堂观摩可采取如下的步骤：

首先，课前交流，确定观察点（15 分钟），这是历史教师培训实践性课程最容易被忽视的环节。上课教师在课前应向培训学员做如下陈述：（1）本课的内容主题是什么？在该课程中的关系与地位怎样？（2）介绍一下本班学生的情况，包括学优生与学困生座位在哪？（3）你想让学生明白什么？难点在哪里？你准备如何解决？（4）介绍一下本课的大致结构，包括创新点与困惑。（5）你将如何、何时知道学生是否掌握了你打算让其掌握的内容？在此基础上，培训学员提问，上课教师针对提问做进一步说明。双方就上述问题商议，确定观摩点即问题。

其次，课中观摩，收集资料（1 节课或微课程），这是历史教师培训实践性课程最注重的环节。这一环节要求培训学员提前进入课堂，明确观摩任务（观摩主题），选择观摩位置（穿插于学生之间，关注点由教师转向学生），如实做好观摩记录（利用书面记录即文字、图片、数据，培训学员及上课教师的口头陈述，图片，电子记录即录音、摄像等工具，详细记录证据）。

最后，课后评课、总结与分享（分组研讨，1 小时左右）。这一环节要求上课老师做如下陈述：（1）这节课是怎样获得成功的？学习目标达成了吗？（2）谈谈预设的主要教学行为（如情景创设、讲解、对话、小组讨论、指导和资源利用等）的有效性？（3）谈谈有无偏离自己的教案。如有，请继续说说有何不同？为什么？在上课老师陈述的基础上，培训学员分组研讨，从不同角度评说观摩的结果及简要结论，并与上课老师协商得出几点结论和行为改进建议（成功之处，个人特色，改进建议）。

培训学员在历史课堂观摩中，应注意搜集和整理课堂观摩的附件，如教案与学案 、上课教师的课后反思、学员课堂观摩分析报告，等等。

三、我国历史教师培训方法的改革与创新

历史教师培训方法的改革创新强调以下几点：注重发挥学员在培训中的主体作用，专题学习强调案例分析，实践训练注重能力提升，交流研讨注重学习共同体打造，反思体验着力改善教育教学行为。

当前，历史教师培训中采用探究式、案例式、参与式、任务式、实地式、情境式、问题式等多种方法开展培训，以增强培训的吸引力和感染力。

（一）探究式讲座

探究式讲座是指在历史教师培训实践中，专家以问题探究的方式进行专题

讲座。这种探究式的讲座方法，是对培训专题讲座中采用“一讲到底”的讲授法，由“口灌”到“电灌”的讲座方式的一种改进。探究式培训讲座强调学员与专家之间的互动答疑问题探究。历史教师培训采用该方法实施的培训课程主要包括骨干历史教师的职业倦怠调节策略、中学教师专业标准解读、中外历史的基本线索与学科前沿动态等专题。

（二）案例式赏析

案例式赏析，是指在历史教师培训实践中，采用案例教学的方法进行培训。当前，历史教师案例式培训方法的改进，重在历史微课案例的开发并在培训实践中加以有效利用。历史教师培训采用该方法实施的培训课程主要包括历史骨干教师立德树人与专业认同、学科核心素养与历史教学目标设计、历史课堂教学设计案例分析、新课标背景下历史“同课异构”课例观摩与点评等专题。

（三）参与式培训

参与式培训是指在历史教师培训实践中，注重培训学员参与到培训活动的始终。该方法强调学员在培训中的自主性及其参训动力的激发。当前，参与式培训方法的改进，重在学员怎么参与到培训中去？如训前问卷调查、训中参与互动、训后满意度测评等。历史教师培训采用该方法实施的培训课程主要包括史观与历史教学、中学历史教学的现状、问题与对策、培训学习收获的区域分享等专题。

（四）任务式驱动

任务式驱动是指在历史教师培训实践中，以培训任务的方式驱动学员进行培训，完成培训所要达到的目标。当前，任务式驱动培训方法的改进，重在如何凭借学员已有的培训经验和教研成果，将其转化为内驱力，成为培训任务，激励学员去总结与提炼，形成自己独特的教学风格和培训风格。历史教师培训采用该方法实施的培训课程主要包括历史课程改革再深化的重难点问题、历史学科课程标准的实施策略、历史微课设计与展示、历史教师教学风格的总结与提炼等专题。

（五）实地式考察

实地式考察是指在历史教师培训实践中，学员到历史遗产地、博物馆、纪念馆、展览馆、档案馆等现场考察、开发可利用的区域性、地方性课程资源。当前，实地式考察这种培训方法的改进，重在使学员具有课程资源生成性意识，而不是去“拍拍照”，合个影，现场激动，过后忘却。历史教师培训采用该方法实施的培训课程主要包括地方课程资源考察与历史教学等专题。

（六）情景式再现

情景式再现是指在历史教师培训实践中，充分利用多媒体、网络和开发、制作的培训课件，创设和再现生动、形象、直观的课堂情境，开展丰富多彩的培训活动。当前，情景式再现这种培训方法的改进，重在将角色扮演、研讨活动、理论讲授、道具教学等情景训案方式有机结合起来。历史教师培训采用该方法实施的培训课程主要包括人物史与历史教学、战争史与历史教学等专题。

（七）问题式研讨

问题式研讨是指在历史教师培训实践中，以问题为中心，研讨教学中存在的问题。当前，问题式研讨这种培训方法的改进，重在问题研讨的深度、广度及其价值的呈现。历史教师培训采用该方法实施的培训课程主要包括历史学习环境与氛围的营造、新课标下历史课程资源的开发与利用、历史教师培训的内容与表达方式等专题。

（八）成果式分享

成果式分享是指在历史教师培训实践中，采用多种培训途径去呈现和分享培训成果。当前，成果式分享这种培训方法的改进，重在用答辩、口述等方法分享培训成果。历史教师培训采用该方法实施的培训课程主要包括历史教师培训内容与表达方式、历史教师培训研修的收获与成果分享等专题。

历史教师培训效果的考核与评价

（陈辉，四川师范大学教授、博士生导师）

一、历史教师培训效果的考核与评价理论

我国历史教师培训考核评价的理论基础为柯氏四级评估法。该评估法由美国威斯康星大学荣誉教授唐纳德·L. 柯克帕特里克于1959年提出。

柯氏在美国威斯康星大学管理学院任教30年，曾任美国培训与开发协会会长。他曾为众多公司和机构提供过管理培训和开发方面的咨询顾问服务，如可口可乐、通用电气、IBM、百事达等。

柯氏培训项目四级评估模式在世界各地得到了最广泛的应用，也一直影响着我国的历史教师评估活动。柯氏四级评估法将评估分为四级：反应（一级）、学习（二级）、行为（三级）、结果（四级）。①

一级评估（反应），即学员反应。在培训结束时，培训机构通过调查，了解学员培训后的总体反应和感受。可通过问卷、面谈、座谈、电话调查等形式，要求学员对培训内容、讲师、方式、场地、报名等程序进行总体评价。

二级评估（学习），即学习效果。确定学员对原理、技能等培训内容的理解和掌握程度。如采用闭卷考试、演示、讲演、讨论、角色扮演等方式考核学员对所学内容的掌握情况，这个层面的评估对学员有压力，会督促他们认真学习；当然对教师也有压力，会督促他们认真准备每一节课。

三级评估（行为），即行为改变。确定学员培训后在实际工作中行为的变化，如培训结束后在工作岗位的工作态度、工作热情、工作效率的变化以判断其所学知识、技能对实际工作的影响。这一层面的评估可以通过对学员的调查跟踪，如观察学员培训后的表现，主管领导及同事、下属对该培训学员培训前

① 参阅（美）唐纳德·L. 柯克帕特里克：《如何做好培训评估——柯氏四级评估法》（第3版），奚卫华等译，北京：机械工业出版社，2007年，第16—26页。

后的评价，来了解学员对培训内容的掌握及应用情况。

四级评估（结果），即产生效果（亦称绩效）。培训机构可以通过一些指标来衡量。如在培训结束后的三个月至半年左右时间里，将企业关心的产品质量、数量、安全、事故率及工作积极性、顾客满意度等指标与培训前进行对照，拿出令人信服的调查数据，一方面以此来考察学员的绩效，看是否因培训而提升，同时评估培训机构的培训效果。

根据柯氏四级评估法，我国建立了教师培训四级评估模式，详见表1.7.1：

表1.7.1　我国教师培训四级评估模式

评估级别	评估层面	评估内容	主要评估方法	常用评估工具
一	学习反应	学员满意度	问卷调查法	学员满意度调查表
二	学习收获	学员态度、知识、技能	访谈法、测试法	学员访谈问卷、前后测差异性统计分析表
三	学员变化	学员理念、行为转变	课堂观察法、访谈法	学员变化评估标准、课堂观察评价表、访谈提纲
四	影响力	最终结果及影响	访谈法、问卷调查法	影响力评估标准、访谈提纲

需要说明的是，我国教师培训四级评估模式主要是对培训结果和效果的评估，所涉及的要素并没有面面俱到，侧重于学员要素评估。

四级评估（结果）即绩效评估是我国目前教师培训中最常用的评估工具，主要对教师培训的过程及结果进行综合性考核与评价，以形成有效的绩效信息，并据此判定和衡量教师培训的有效性及培训的质量与水平。

二、历史教师培训效果考核与评价的关键点

（一）明确评估的主体与客体

历史教师培训效果考核与评价，要明确评估的主体与客体。评估主体，是指谁来评估。评估客体，是指评估对象，详见表1.7.2：

表 1.7.2　我国教师培训评估的主体与客体

评估级别	评估层面	评估主体	评估客体
一	学习反应	培训者、培训机构	学员
二	学习收获	培训者、培训机构	学员
三	学员变化	培训者、培训机构学员、利益相关者	学员、利益相关者
四	影响力	培训者、培训机构、项目委托方	学员、利益相关者

（二）厘清评估流程

历史教师培训效果考核与评价，其评估流程如下：制定绩效评估方案→收集数据→整理数据→分析数据→撰写评估报告→绩效评估信息反馈。建立评估流程，旨在保证评估的规范性和可操作性。评估流程具体实施时，可根据评估层面不同作细化调整。评估流程的实现，需借助教育统计学的知识、原理及统计分析方法。

（三）设计学员满意度调查表

下面以《“国培计划”满意度调查表》为例加以说明。

国培学员满意度调查一般采用全员问卷调查方法，一般包括“对培训的整体满意度评价”和“对培训的建议”两部分。

对国培培训的整体满意度评价指标详见表 1.7.3：

表 1.7.3　“国培计划”满意度调查表（整体满意度评价部分）

序号	评价内容	非常满意	满意	一般	不满意
1	学员对项目的整体满意度				
2	项目满足学员学习需求的程度				
3	研修（培训）目标设置与定位				
4	研修（培训）课程和活动安排				
5	研修（培训）资源				
6	研修（培训）方式、方法选择				
7	主讲和指导教师水平				
8	教学设施与条件				
9	住宿条件与服务质量				

续表

序号	评价内容	非常满意	满意	一般	不满意
10	用餐与服务质量				
11	项目管理团队服务态度与质量				
12	研修（培训）成果与收获				
13	学员认为项目的优点或给学员留下深刻印象的是：				
14	学员对该项目今后改进的建议与意见是：				

学员满意度调查以不记名方式填写，调查的内容尽可能全面，并注意调查内容的内在逻辑性。学员满意度调查设计应遵循教育统计学的要求，以便得出科学的统计结果。

（四）运用好学员访谈问卷

学员访谈问卷一般采用抽样调查及第三方访谈的方式进行。

访谈环节：（1）前言导入（阐释访谈目的、意义，引起被访者兴趣）；（2）访谈问卷调查（访谈主体）；（3）结束语（表达谢意，再次强调访谈的重要性）。

访谈的内容主要包括：（1）培训的收获；（2）对培训项目的总体评价；（3）对培训项目的改进建议。

（五）多角度评估学员培训前后的变化

评估方式主要有课堂观察、访谈提纲、调查问卷。对数据采取定性与定量分析。

评估内容包括：（1）教育教学行为是否有变化，如教学中应用培训所学到的知识与技能情况，所产生的效果怎样？（2）参训者自身的教育教学质量提升情况。（3）影响力的达成度情况。如对参与者学校影响力的提升，是否扩大了学校的影响力？对提升学校教育教学质量的影响，是否引领学校教育教学的改进？对其他教师参与培训的影响，是否以培训后自身的专业成长影响其他教师？

三、关于历史教师培训项目中的绩效考评

历史教师培训项目绩效考评一般在项目培训任务完成后进行，分为项目自评与项目他评两部分。

项目自评是由项目组和项目委托单位共同完成的，其自评工具由项目委托单位自行设计，主要有自评总结报告、培训项目评估表、项目验收意见表等。

项目他评是由评估机构提供和指定，一般有项目绩效报告、绩效考评指标体系等。

（一）关于培训绩效自评总结报告

历史教师培训绩效自评总结报告包括以下内容：(1) 基本情况；(2) 培训实施过程；(3) 培训的效果；(4) 经费执行情况（预决算表）；(5) 经验分析与反思。

（二）关于培训网络匿名评估

集中培训结束后，一些教师培训项目将从参训学员库中随机抽取部分学员，通过电话、短信、电子邮件等方式告知其登录方式和密码，要求学员到指定网站，通过教师培训项目管理系统回答网络匿名评估问卷调查表。其评估结果将作为调整培训任务和项目经费的重要依据。例如，国培项目管理办公室曾从各省参训学员库中随机抽取部分学员，通过电话、短信、电子邮件等方式告知其登录方式和密码，要求学员到"国培计划"项目网站（http://www.gpjh.cn），通过"国培计划"项目管理系统回答网络匿名评估问卷调查表。

（三）关于培训机构的质量监控与评估

历史教师培训机构的质量监控与评估要力求做到以下几点：

第一，建立培训机构质量自我监控机制。各培训机构应组织专家，采用问卷调查、实地考察、访谈等有效方式，从教学内容、教学方法、教学效果等方面，对教学的实践效果进行综合测评，反馈到教学单位，及时提出调整措施，把问题解决在过程之中。培训结束后，要对培训目标达成情况、学员满意度进行综合评价。

第二，完善校级管理机构质量监控机制。培训期间和结束后，各项目执行办公室应组织培训专家指导委员会专家，通过实地课堂观察、查看有关资料、

召开访谈会、电话随访学员、随机发放调查问卷等方式，从培训的组织与保障、培训的课程与专家落实、培训的成效与影响等方面进行全程监控，反馈教学问题，提出调整建议交项目执行办公室。

第三，组织学员使用“个人空间”。项目实施（培训）期间，各承办单位组织参训学员使用“个人空间”的情况，将作为培训绩效评估的重要依据之一（2013 年国培新增内容）。“个人空间”使用具体要求（2013 年）如下：（1）各承办单位班级管理员必须通过“学习系统”提供的“新增课件”等资源共享方式，将与每个培训班相关的电子版学习资料，尤其是培训 PPT 课件等提供给参训学员进行浏览和学习。（2）各承办单位班级管理员必须通过“学习系统”提供的“布置作业”功能向每个培训班的参训学员发布至少 2 次作业或者任务，并指导学员在线提交。

第四，组织学员参加网络匿名评估。培训机构要在学员集中培训结束离校时，把此项工作作为重要的后续任务向其交代清楚，要求被抽到的学员务必在规定时间内完成网络匿名评估问卷调查表，提交绩效自评报告和参训学员评价表。培训全部结束后（包括后续远程作业完成），要做好项目的绩效考评工作，提交绩效自评报告和参训学员评价表（2012 年国培新增内容）。项目备案情况、执行情况和评估结果作为来年项目招标和任务确定的重要依据。

第五，各培训机构要建立培训学员个人档案和培训工作档案。学员个人档案主要材料包括：（1）《学员登记表》；（2）考勤情况；（3）综合考核成绩；（4）结业论文或课题研究报告；（5）结业鉴定；（6）奖惩情况；（7）其他有关材料。培训工作档案主要材料包括：（1）培训方案、课程计划、课表等；（2）与培训有关的教学日志、活动安排、课程简报等教学文件；（3）培训专家名单、教材及教师自编的讲义资料、培训课件、各种音像及宣传资料；（4）学员考勤名册、学员反馈意见、学员心得、总结、优秀学员名单及材料等；（5）培训期间组织开发的资源、课题研究及其他各类相关材料。

历史教师培训案例资源的采集与利用

（徐赐成，陕西师范大学教授）

作为国家发展的核心战略，教育肩负着提高国民文化素质、培养具有社会发展核心竞争力人才的重任。教育的战略性影响已经并将继续通过国家的国际影响力而充分显现。教师作为教育发展的核心要素，其素质和水平在很大程度上影响着国家教育的发展改革，也关系到国家的人才发展战略。因此，21 世纪以来，国家加强了教师队伍建设，加大了教师职前培养和职后培训的力度。2012 年 9 月，国务院首次召开全国教师工作会议，系统部署了推进教育均衡发展、建设高素质教师队伍等重点工作的总体目标、战略思路和重点举措，印发了《国务院关于加强教师队伍建设的意见》（国发〔2012〕41 号）。围绕“如何提高教师培训工作的质量”这个核心和关键问题，各地在“国培”“省培”的各级各类项目中，进行了广泛而深入的探索，笔者在参与、组织历史教师培训项目的过程中发现，借助“案例资源”，通过“案例教学”展开参与式培训，是提高历史教师培训质量的有效途径。

一、历史教学案例的教师培训价值

“案例”一词的英文是“case”，其本意是情况、病例、案件、战例、盒子等，在教学领域一般翻译为“案例”或“判断”，是指一个实际或虚拟的情节事件，以说明某一理论原则，证实某一观点或反映实践中出现的各类关系问题。[①] 顾泠沅认为：“所谓教学案例是指包含有某些教学决策或疑难问题的教学情境故事，这些故事反映了典型的教学思考力水平及其保持、下降或达成等现象。”[②] 对教学案例的研究又称教育叙事（或教学叙事），教师在叙述中深化

① 王少林：《案例教学法在教学中的创新运用》，《西安欧亚学院学报》，2011 年第 3 期，第 52 页。

② 顾泠沅：《教学任务与案例分析》，《上海教育科研》，2001 年第 3 期，第 2—3 页。

对教育过程的理解和反省，促进教育教学理论的实践理解和运用，从而使教师得以经验升华、思想突破和理论提升。

（一）案例资源的研究性价值

从概念可知，教学案例具有典型性、完整性、实践性、理论性、反思性、开放性和充分的自主性特征。对于教师培训而言，这是一种重要的学习、教学和研究的资源，也能在很大程度上改善教育培训的方式和途径

作为教学案例，典型性是其首要特征，也是其本质特征。没有典型性的教学案例会使得案例被泛化，“几乎不再具有稳定的区别于其他材料的特性”①。也就是说，没有典型性的教学案例，就不能算是教学案例，只能算是一个例子。典型的“教学案例描述的是教学实践。它以丰富的叙述形式，向人们展示了一些包含有教师和学生的典型行为、思想、感情在内的故事”②。典型的教学案例不仅要具有故事的完整性，而且融具体的过程性、问题性、探索性于一体，能全面反映一个或几个教育教学实践中的突出问题，并给人以实践和理论上的启发性。

教学案例的产生既然源于实践，基于问题，趋于探究，就应该是来自具体的教学实践，具有真实性即故事性，虚构的故事不能成为案例，至少不能成为好的案例。这里的真实性是指情境问题和解决过程的真实，故事性是指对“真实性事件”描述的完整性和具体性，给人以清晰、准确、细致的细节观察和宏观把握，从而使案例具有强烈的研究性。“通过向学生展示这些真正的和具体的事例，促使他们对问题进行相当深入的分析和讨论，并考虑最后应采取什么样的行动。”③ 因此，教学案例的真实性是有明确问题指向的，即研究性和目的性。从这个角度上讲，教学案例必须是师生共同经历过的一段过程，撰写教学案例时尽量保持案例中资料的真实性，使读者有身临其境的感觉。

教学案例不是对教育教学某一过程、某一情景的简单记叙，而是以丰富的叙事形式对教学事件进行全景式描述，向人们展示包含有教师和学生典型行为、思想和感情的故事。教学案例应当有一个主题或一条主线把故事串起来，反映一定的先进教育理念，是理念与实践如盐溶于水的鲜活文本。撰写教学案例的过程是一种反思性研究的过程，撰写者以“问题”为主线，展示教育过程

① 郑金洲：《案例教学指南》，上海：华东师范大学出版社，2000 年，第 3 页。
② 郑金洲：《案例教学指南》，上海：华东师范大学出版社，2000 年，第 2 页。
③ 郑金洲：《案例教学指南》，上海：华东师范大学出版社，2000 年，第 2 页。

中的矛盾、冲突甚至悬念，引起读者的兴趣和深入思考。案例既包括撰写者经历的教育故事之后的理性感悟、体验和独特的认识，也包括学生的反应和教师的感受，主要包括解决了哪些问题，未解决哪些问题，有何遗憾、打算、设想等。人们与这些文本进行愉悦对话的同时，从中领悟教育教学智慧，获得行动的启示。

这些基本特征反映出教学案例的撰写具有很强的反思性和研究性，解决过程具有极强的参与性和实践性，成果形成具有很强的分享性和再生性。因此，教学案例资源的教学运用需要充分的经验准备、积极的问题探究意识和深度的个体参与，这非常适合教师培训的需要，非常有利于教师专业素养的提升。

（二）历史教师培训对案例资源的需求

在当前的教师培训工作中，最普遍的问题是理论与实践脱节。随着社会发展对教育要求的不断提高，以及教育教学和课程改革日渐深入，许多瓶颈性问题集中地暴露出来，成为教育教学实践发展的障碍。这些问题的共性使已有的教育经验难以奏效，需要教育理论的及时介入和深度结合。但实践中经验和理论的脱节甚至抵牾又十分明显，具体表现就是教育实践者轻视理论，教育理论研究者远离实践，造成实践中的问题累积以致实践进展减缓。[①] 同时也会使得教育理论“灰色”呈现，有力使不上。当然，这需要实践研究与理论研究做相向运动。正如赵亚夫所谈到的那样：“饭局中与一位青年教师交流历史教育的现状，她不解为什么讲座中不举例子就理解困难。”赵老师认为：一是态度，总是自以为是，不想去理解别人说的道理；二是思维稚化，没有能力理解稍有思辨性的内容；三是对学科还没入门。

案例教学资源的理论性与实践性统一的特点，非常有利于促进教育理论与实践的结合，而教师的教学经验又能作为催化剂加快理论与实践相融合，教师的问题解决欲求则成为二者结合的加速度。“案例知识作为一种典型性、叙事性、情境性、实践性、个人性、整体性的经验知识在问题解决中得到了广泛应用，已成为支持复杂问题解决的有效形式……支持问题的多视角认识、支持解决方案的生成、支持解决方案的确定以及支持对问题解决结果的评价。它正作为一种支持人们解决问题的资源，在现实中发挥越来越大的作用。”[②] 在这方

① 课程改革以来的“能力培养”“三维目标”“学习方式”等问题，都曾是研究的“热点”，但时至今天依然不够深入，难以在实践中推进。

② 冯锐、董利亚：《案例知识与复杂问题解决》，《远程教育杂志》，2012 年第 3 期，第 81 页。

面，历史教育学科具有更强的需求性。普遍的看法是教历史很容易，但要教好历史却需要很强的专业性，因此，历史教育理论与教育实践的结合问题更加迫切。在历史教师专业能力提升培训中运用案例教学资源，在案例情境中反思经验、理解理论、深化实践、改进行为是切要之选。

二、历史教学培训案例的采集和加工

“在实际的教学中，虽然一项练习、一个难题、一篇文章或其他近似于案例的材料，也可以在课堂上起到调动学生积极性的效果，但如果把这些材料也打上‘案例’的标签，可能会导致严重的后果。”① 所以，案例资源绝不是随意为之，也难以信手拈来，它需要一个采集和加工的过程。

（一）历史教学培训案例资源的采集

郑金洲在《案例教学指南》中强调了采集教学案例的标准：一是来源于事实，采集者必须根据教学目标的需要，事先进行实地作业获取有关信息，有意识地择取所需要的信息；二是采集者须有较强的洞察力，能发现问题所缘、价值所在、突破口所由；三是采集教学案例的工作应该得到其来源单位或个人的确认。秉着这样的原则要求，才能保证教学案例采集工作的有序和有效。根据历史教师培训工作的实际需要，历史教学案例资源的采集主要可以从以下两个方面展开。

首先，针对培训对象的需要采集教学案例。新教师培训需要的是教学技能掌握和提升方面的案例资源。作为新老师，怎样快速掌握基本的教学技巧，熟悉历史教学的基本要求，迅速成长为合格老师，是他们的最大需求。培训中就需要根据这种需求确定教学案例资源的采集标准：（1）具体可感——有兴趣的问题——具有操作性；（2）生动可学——有价值的资源——具有资源性；（3）深刻可悟——有研究的空间——具有系统性。例如，“导入新课”对于上好一节历史课而言非常重要，而对于新老师而言往往是“纵有千言万语却不知从何说起”。培训中可以选择一些典型的“导入案例”：

公元 1840 年是中国农历的庚子年，这一年英国人凭借其坚船利炮敲开了古老中国的大门。公元 1900 年又是一个庚子年，一群殖民者闯入了

① 郑金洲：《案例教学指南》，上海：华东师范大学出版社，2000 年，第 2 页。

北京，用和着中国人民鲜血的炮火，把大清的威严狠狠地踩在脚下。从此，古老的中国完全落入屈辱的渊底。这一切是如何发生的，那个干旱、焦躁的夏天究竟发生了些什么？带着这些问题，我们一起走进《义和团运动和八国联军侵华》。

——陕西师范大学附中华春勇

如果我们翻一下中世纪的世界地图，就会发现，破裂的欧洲本土，众国林立，就像一条“杂乱拼缝的坐褥”。日本和印度也是一片分疆裂土。唯独在东方的中国，有一块辽阔而统一的大版图，虽然时不时要破碎一下，但很快又板结起来。相比之下，欧洲的查理曼帝国，阿拉伯的穆斯林帝国，乃至成吉思汗的蒙古大帝国，都不过是慢慢长夜中的一道闪电。是一种什么样的强大力量，能把这么大的国家牢牢凝聚了两千多年？这个“大一统”之谜，使中外学者在惊愕中绞尽脑汁。

——陕西省西安中学郭富斌

通过对这两个案例的研读和品味，体会好的课堂导入应该具备的一般特征：短小精悍，即导入新课要痛快淋漓，不拖泥带水，简单明了；富有趣味，即有很强的吸引力，能深度调动学生的学习兴趣；内在联系，即导入设计所用的素材和问题，与即将开始的学习内容有内在的相关性，能引起学生对学习内容的思考和探究的欲望。在此基础上，引导教师思考如何把握课程内容，寻找到学习开始的起点，并设计出好的课堂导入，进而总结出方法。

合格的历史教师培训的重要任务是教学能力的提升问题，怎样通过反思已有经验，结合实践引入理论，进而改变其基本认知和教育行为，这是教师培训工作的一个重大挑战。多数有经验的历史教师在培训中往往存在两种情况：一是对别人的经验熟视无睹，二是对相关理论不屑一顾，概括起来就是有些自我满足。要解决这样的问题并推进培训课程的深入，必须借助典型案例，案例要能起到如下作用：(1) 问题引领——自我反思而不解；(2) 理论引导——实践探究而无果；(3) 专业引申——在岗学习而无方。也就是要击中问题，超乎其经验。

例如，有不少历史教师上课以“完成教学任务”为“最高指示”，以此作为拒绝实践创新和观念更新的托词。针对这种情况，就要从理论和实践两个层面入手：一方面，展示一些经典的教学案例，如唐云波 2007 年执教的《文艺复兴》一课，从学生学习的角度选取材料、组织活动和提出问题，使学生在运用知识的过程中理解、识记知识，而不是把《文艺复兴》一课内容变成一个个死记硬背的知识点；另一方面，则要引导老师去认识和思考为什么要这样上课，其终极原因就是由历史课程的功能和价值决定的。《义务教育历史课程标准》（2011 年版）指出："历史课程是人文社会科学中的一门基础课程，对学生的全面发展和终身发展有着重要的意义。"《普通高中历史课程标准（实验）》强调："普通高中历史课程，是用历史唯物主义观点阐释人类历史发展进程和规律，进一步培养和提高学生的历史意识、文化素质和人文素养，促进学生全面发展的一门基础课程。"而一些历史教育专家则从更具体的层面在思考和讨论历史教育的价值问题。如赵亚夫在 20 世纪 90 年代认为历史教育要培养学生的"个性·创造性"，进入 21 世纪又提倡把历史教育引申到"公民教育·人文教育"，2012 年以来则开始强调历史教育要培育国民精神；任鹏杰认为历史教育的终极取向在于用"整体"历史观帮助学生认识自己、做好自己，简言之，就是"服务人生"。齐健认为："如果说历史是有生命的，那么作为历史学科的教育同样具有毋庸争辩的生命性。体现在历史课堂里就是我们的历史教学应当充盈着多姿多彩的生活化的特点，应当使人能够从中充分感受到强劲跃动着的生命脉搏和浓郁的人文气息。"通过理论和实践两种案例，可激活教师思想，引导其积极思考。

成熟的历史教师培训任务主要是教育思想境界的突破问题。但成熟的历史教师有两类：一类是成熟且积极求索者，要通过案例帮助他们实现理论运用：学习—实践—升华（教学思想）；实现专业提升：主体知识—学科价值—专业信念；形成教学风格：个人特点—教学特色—教学风格。一类是成熟却职业倦怠者，对这类教师则需要通过案例彰显教育价值—激发内驱力—增强使命感；发掘教学价值—激发创造力—获得成就感；发现自我价值—激发反思力—生成价值感。

其次，根据培训主题的需要采集教学案例。历史教师的培训主题一般可分为师德教育、师能提升、师基构筑。不同主题所需要的案例资源不仅不同，而且类型多样。为此，首先要做到分类收集，在充分收集的基础上分类整理，不断丰富案例资源。当然，为了保证教学案例的典型性和有效性，最可靠的途径是根据主题需要进行专门的案例采集，这样的案例采集一般需要主题定向、征求意见、熟悉对象、过程参与、案例撰写、交流反思等过程，这是一套完整的案例采集程序，过程越规范案例的效果越好。

（二）历史教学培训案例资源的加工

历史教学培训案例资源的加工不是指对其改写和修饰，而是为了培训主题的需要而对教学案例的调整和重组，一般有综合和分解两种方式。

朱煜老师曾写过《由几则案例谈到历史教师的教学反思能力》一文，文中依据“香港教育学院的方骏博士在一本书中介绍了几则案例”，提出自己的思考和判断：“中学历史课本由于篇幅的限制，因此，相对于研究专著来说，必然是比较简约、概括的。而作为中学历史教师，则绝不可以仅仅掌握中学课本、‘教参’里的那一点点知识。在这方面，有些老教师的经验颇值得总结。”[①] 他主张培养学生独立思考的能力和反思的能力。在此基础上，文章进一步分析了“什么是教学反思能力”和“历史教师如何发展教学反思能力”。这就是对教学案例进行综合的典型。

对教学案例的分解则是根据教师培训的主题，细化培训目标的结果。例如，姜瑛俐在培训讲座中，将一个完整教学案例分解为“引出学生已有的知识经验”“尊重学生个性化的理解”“让学生自己动手动口”“培养学生探究的意识”等几个片段[②]，然后引导参训教师仔细品读案例的每一个环节，使其加强理解和深度参与。

三、历史教学培训案例的有效运用

历史教师培训中运用教学案例资源，可以将抽象的理论转化为生动具体、丰富多彩的教育生活情境，激活教师的教育生活经验，使教师在具体的教育情境中触景生情，增强角色体验，产生把理论与实践相结合的欲求和冲动，从而进入教育实践模拟状态，在践行学以致用精神中增强解决问题的能力。但是，对案例的引入必须有所选择，要做到问题引导、理论对接，实现价值引领。

（一）科学择取教学案例资源

教学案例是贯通理论和实践的桥梁，教学案例的择取是实施案例培训的基础和前提，案例质量的高低对教师培训具有基础性的作用。选择教学案例的一

① 朱煜：《由几则案例谈到历史教师的教学反思能力》，见 cqs 常青树的博客网址：http：//blog. sina. com. cn/s/blog _ 790243d40100xjmv. html。

② 姜瑛俐：《教育叙事与教学案例写作指导》，http://www. jdedu. org/zxyw/zxyw/ShowArticle. asp?ArticleID=4394。

般要求如下：一是主题性，针对培训对象，了解培训需求，结合发展实践，设计培训目标，选择培训案例；二是典型性，根据培训主题需要，选取相关案例中的典型者引入培训。例如，要讨论历史教师如何有效备课，就可以关注南京市宁海中学陈红老师关于“罗马法的起源与发展”一课的设计、实录、备课日记等相关文章，将其整理为一个完整的案例，进行深度分析和讨论；三是参与性，就是案例所呈现的主题是教育实践、教师生活中的焦点、热点问题，案例本身有很强的现场感，反应的问题具有真实性，只有主题重要、内容完整、问题真实的案例才能引起教师的参与动机；四是理论性，即案例所反映的问题超出一般经验的范畴，解决问题需要教育理论的介入和他人智慧的支持，能够在问题解决的过程中促进经验、理论和实践的结合。

（二）完整呈现教学案例资源

只有完整呈现教学案例，才能充分展示案例所蕴含的价值信息，才能全景式再现具体的教学场景，才能激起教师广泛而深度地参与案例研讨的兴趣，进入到问题研究过程。例如，陕西省西安中学郭富斌老师在全国历史教师教育专业委员会 2010 年学术（上海）年会上执教的《斯大林模式社会主义经济体制的建立》公开课，产生了强烈而深刻的影响，引起了关于“历史教师的教养和学养”“什么是一节好的历史课”等话题。如果要把这节课的相关资料作为案例，让历史骨干教师就此展开探讨交流，就需要对这一案例内容进行完整展示。这里的完整展示不仅是指要完整呈现教学文字实录，最好也能通过视频资料展示动态的教学过程，以便掌握教与学的全部信息，进而做出客观的事实判断。在此基础上，如果有可能，也可以列出相关教学专家的观点，以拓展教师的思维通道，把案例研究推向深处，使案例资源的研究价值立体化呈现。

（三）多维观察教学案例资源

运用教学案例要尽力避免断章取义和主观臆断，要做到全面客观，必须要多一些观察和研究的角度，在“盲人摸象”的基础上再做宏观整合，才可能更完整准确。同样如《斯大林模式社会主义经济体制的建立》公开课，从郭老师自己的角度看，他这节课是要给学生“第一高度”的，是要跟学生分享“阅读的体验”和“人生的经验”，做“真正的‘明师’——明白之师，明辨之师，明天之师”。其教学立意是要“寻找苏联盛衰的 DNA”，基本教学过程是展示“苏联道路的前世今生”。站在学者的立场上，则会有不同观感。任世江认为“富斌在这节课中表现出来的史学功底不仅是他的言说，材料的选择也颇见功力。每个材料既短小、典型，又信息明确、易懂，适于课堂教学使用，但问题的设计似乎考虑不多。所谓课堂中的师生互动，主要在于教师设计的问题能否引发学生的思维兴趣。这也是很见教师功力的。中学教师教学的智慧往往也体现在问题的设计之中。这也是一般大学教师难以胜任中学教学的原因”①。赵亚夫认为这节课“破题以概念为轴心，结构以逻辑作基础，理论以解释见精神，材料以参悟显价值。它们集中体现了郭老师的教学视野和境界，尤其值得青年教师学习。应该说，这节课的每一设计和环节，都有讲头，都有深挖细品的必要”。但“郭老师的教学法只是众多有效教学的一种，不是唯一。即便是郭老师这样难得的学者型教师，也还有摸索新方法的必要”②。专家们的观点虽然属于个人之见，但提升了问题层次，拓展了讨论空间，树立了研究路标。

（四）细化思维触角

郭富斌的《斯大林模式社会主义经济体制的建立》公开课，从他本人和赵亚夫、任世江两位学者的角度来说，都将问题聚焦于“历史教师的教养与学养”上，这个宏大深远的问题当然值得讨论，可以有阅读、实践、经验、视野、情怀等探求角度，无论哪一角度，郭老师都有所考虑。但一些具体问题也需要面对，例如有老师曾有这样的疑惑：“这是否就是一节‘完美’的课？就是一节课程改革的‘样板课’？”关于学生活动的问题、教师主导的问题，都曾有老师向郭老师当面提出过。③ 其中，关于这节课上了 100 分钟的问题，赵亚夫老师认为：“郭老师这 100 分钟的课，我们可以据此拆解为数个 45 分钟，或是几个系列的主题课程。这便是这节课在我眼中的价值——值得研究的地方很多。”尽管如此，这样的问题依然有思考的价值。因为不是每个老师都能成为“思想的大师”，即便能够成为“大师”，也需要基本的规范和基本的指引。这些问题的价值在于引导我们从这个案例中去探究、去获得必要的、可能的营养。

另外，我们要把教学案例资源运用到教师培训中。在我国，教师培训领域还很不成熟，因此也就很有发展前景，但要面临的问题和任务是相当繁重的。因为“在我国的师资培训中，几乎无案例教学这样的传统，要真正地将案例教

① 任世江：《评郭富斌的教学实录——〈斯大林模式社会主义经济体制的建立〉》，《历史教学》，2010 年第 12 期，第 8 页。

② 赵亚夫：《教师的学养与教学的智慧——听郭富斌老师〈斯大林模式社会主义经济体制的建立〉一课札记》，《中学历史教学参考》，2010 年第 10 期，第 37 页。

③ 在郭富斌课后的当晚，在学会年会举行的课堂教学沙龙上，有不少老师提出了类似的问题。

学纳入师资培训的轨道中来，使其与原有师资培训结构融为一体，前提就是要有一批高质量的案例。就目前来看，我国师资培训中关于教育管理方面的案例已见端倪，而教育教学其他方面的案例尚付阙如。”[①] 实际上，教学案例的撰写与教学案例资源的采集和利用是一个同步过程，没有大量教学案例的撰写做基础，“采集和利用”就无从谈起。需要指出的是，撰写教学案例本身就是一种教育教学研究，也是教师专业成长的重要途径之一，如果能从“采集和利用”的意愿出发去撰写教学案例，则意味着历史教师培训中案例教学水平的提升。

① 郑金洲：《案例教学指南》，上海：华东师范大学出版社，2000年，第182页。

“同课异构”在历史教师培训工作中的实践尝试

（林桂平，安徽滁州第二中学正高级教师、特级教师）

近年来，各地教师培训越来越注重理论培训和实践研修相结合的形式。理论培训主要是参训教师通过聆听专家报告，丰富专业素养，开阔专业视野；而实践培训则是走进课堂，体现理论与实践相结合，将新课程理念、新思维方法等融入课堂之中，开展实践研讨。作为一种有效的教师实践培训（研修）方式，“同课异构”在一些地方的教师培训课程中被广泛采用。“同课异构”是一种横向的同事之间的互助指导式的听课，是一个很好的学习、交流、研究和思考的平台。然而，“同课异构”的本质究竟是什么？如何运用“同课异构”来提升历史教师课堂教学的有效性和促进教师专业成长？“同课异构”在教师培训中的运用还有哪些问题需要解决？在历史教师培训实践中，笔者对上述问题进行了思考，并结合一些课例进行了探究。

一、“同课异构”的定义及其基本特点

（一）“同课异构”的定义

何为“同课异构”？一般认为，“同课”是指相同内容的一节课；“异构”是指由一位教师或者多位教师根据学生实际、现有教学条件和教师自身的生活经历、知识背景、情感体验等特点，结合自己对教学目标、教学重难点、教学手段和方法等教学要素的理解，从教学策略、教学方法、教学风格、课堂结果等不同层面建构不同意义的教学设计，赋予静态教材以生命活力并呈现出不同教学风格的课堂，最终完成同一教学任务。国内最早提及“同课异构”这一概念的是江苏省张家港市沙洲小学陈惠芳的文章《“同课异构”的三次实践》。[①]文中提到江苏省张家港市教育局于2003年提出校本教研要加强“一课三研讨”

① 陈惠芳：《“同课异构”的三次实践》，《中国教育报》，2006-9-29，第5版。

活动（实际上就是“同课异构”），介绍了她本人与特级教师网上“同课异构”的经历和有关专家指导的“同课异构”教研活动的开展情况，认为“同课异构”贴近教师教学实际，有利于构筑校本研究模式。十多年来，运用“同课异构”开展学科教研活动和教师实践培训，我国不少地区都在探索且不断走向深入。“同课异构”的产生、发展与世纪之交的课程改革同步，且方兴未艾，契合了课程改革对教学教研模式转变的需要。

（二）“同课异构”产生的背景和条件

1. “同课异构”是世纪之交教育改革和课程改革的产物

20 世纪末 21 世纪初，基于国际竞争和创新人才培养的需要，我国新一轮基础教育课程改革如火如荼展开，且如今已经步入“常态化”。党的十八大以来，新一届党中央十分重视教育领域的全面深化改革。2014 年 3 月，教育部颁布的《教育部关于全面深化课程改革 落实立德树人根本任务的意见》指出：“要根据学生的成长规律和社会对人才的需求，把对学生德智体美全面发展总体要求和社会主义核心价值观的有关内容具体化、细化，深入回答‘培养什么人、怎样培养人’的问题。教育部将组织研究提出各学段学生发展核心素养体系，明确学生应具备的适应终身发展和社会发展需要的必备品格和关键能力，突出强调个人修养、社会关爱、家国情怀，更加注重自主发展、合作参与、创新实践。”“根据核心素养体系，明确学生完成不同学段、不同年级、不同学科学习内容后应该达到的程度要求，指导教师准确把握教学的深度和广度……把核心素养和学业质量要求落实到各学科教学中。”①

世纪之交的这次课程改革贯彻着一个非常清晰的逻辑：教育改革的核心环节是课程改革，课程改革的核心环节是课堂教学改革，而课堂教学改革的核心环节是教师的专业发展。广大一线教师要与时俱进，必须在培育学生学科素养、提升课堂教学效率和课堂驾驭能力上下功夫。在历史教师实践培训中采用“同课异构”的方式就是顺应了上述需要。

2. “同课异构”是新课程实施呼唤教学教研方式创新和变革的必然

新课程的实施给一线教师施展教学技能留下了充足的空间。新课改伊始，一线教师要接受新课改专家各式各样的培训，要认真记录并内化理解。当课改

---

① 《教育部关于全面深化课程改革 落实立德树人根本任务的意见》（教基二［2014］4 号），见中华人民共和国教育部门户网站：http：//old. moe. gov. cn/publicfiles/business/htmlfiles/moe/s7054/201404/167226. html。

逐渐步入“常态化”轨道之时，教师不仅是实践者，更是反思者，需要将对话、交流、互动机制引入教研活动之中，灵活运用案例分析、问题探究、现场诊断、调查研究、互动研讨、交流反思等多种方式来提高教研活动的针对性和实效性。“同课异构”教研模式的产生是课程改革推动教研模式变革的必然结果，它更侧重于课堂教学实践层面，在“共案”的基础上，从不同程度和不同层面去激发和完善教师对课堂教学的创新意识，从而寻找出适合每位教师自己的教学风格和教学特色，提升教师的专业技能，促进教师专业发展。

3. “同课异构”是基于教师专业水平、个性差异的必然，也是教师基于不同学情因材施教的产物

不同的教师由于接受的专业教育水平有差异，教学风格有差异，对教材、课程标准、教学参考书等文本的理解就会有差异，使用的教学方法、策略和手段就会不同。他们每个人都有自己的长处和弱点，都有自己独特的教学个性和风格，也造成了课堂教学风格的不同。表现在课前备课和课堂教学过程中，就是教师根据自己对课程和教材的理解，对课程内容和教材的一个再开发的过程（也就是我们常说的“用教材教”），这样最终形成了不同的教学设计，呈现出不同的课堂。此外，“同课异构”也可以理解为同一教师针对同一教学内容针对不同学情的学生进行不同的备课设计。由于不同班级的学生学习能力与水平的差异，性格与爱好的差异，教师自然会选择一些不同的教学内容和教学方法来进行教学，也就是“因材施教”，呈现的课堂教学情况就会各不相同，这就是“同课异构”。

（三）“同课异构”的特点

近年来各类“同课异构”实践培训活动的实施，“为教师课堂教学注入了活力，为教师专业成长提供了平台”[①]。“同课异构”活动有如下特点：

第一，“同课异构”教研模式体现了教学与研究相统一。“同课异构”背景下的课堂教学针对的是同一教学内容，更有可比性。通过“同课异构”教研活动，可以具体探讨同一教学内容的不同教学方法，教师可相互学习不同的教学理念和教学风格。研讨后写成课例分析，可以把这一反思活动延续下去，使课例分析成为教学反思的主要载体。“同课异构”是在教学中研究，在研究中教学，有利于教学和研究的结合，能切实解决教学中存在的一些问题和困惑。

① 高宏主编：《同课异构与校本研修》，北京：世界知识出版社，2017年，第17页。

“同课异构”用理论诠释实践，用案例解读理论，有利于理论和实践的结合，为教师实现自我发展提供不竭的精神动力。

第二，“同课异构”教研模式体现了共性与个性相统一。“‘同课异构’是通过不同教师对同一主题或同一课例的建构与实践，探讨教学的差异性，分析教学的因果性、可塑性与实效性，并及时进行诊断与修正、回溯……其实质是发扬个性、发展共性。”[①]“同课异构”造就了“百花齐放”的课堂，彰显了教师的教学个性差异和学生的学力差异，也彰显了文本价值的丰富性。借助“同课异构”，教师不同的教学个性、教学理念、思考角度、挖掘深度、教学活动的不可预知性特点等因素所导致的教学差异得以更好地体现。

第三，“同课异构”教研模式体现了引领与反思相统一。作为一种很好地提升教师常态教学质量的有效途径，相对于其他教研模式，“同课异构”更有利于促进教师的专业化发展。“同课异构”教研模式给每一位教师提供了展示自己课堂教学风采的机会，使教师敏锐地感受到课程改革的方向，从而有助于提高教师的理论水平。“同课异构”既能充分体现教师的差异，也容易暴露教师的弱点。教师通过同伴互助及时修正与提高，不断地更新教学理念，改善教学行为，同时形成对教材、教学对象、教学方法等更为独立深入和创造性的见解。在“同课异构”课例研究中，强调教师的学习与研讨和反思与觉醒的实践，促进教师在“反思—学习—研讨—实践”四个环节中实现循环往复、螺旋上升式成长。

第四，“同课异构”教研模式体现了传承与创新的有机统一。近年来，“同课异构”教研活动的实践告诉我们，“同课异构”虽然侧重“异构”，但是并非一味地、刻意地标新立异。“同课异构”不是对原有教育教学方法的全面否定，而是在继承原有成功教学方式方法的基础上，克服传统教学方法存在的弊端，从而实现对教学方法的一种完善，是在继承基础之上的创新。在开展“同课异构”教研模式的实践过程中，我们可以借鉴分享他人的成功教学案例，创造性地生成自己的案例，这有利于传承和创新的结合，更有利于教师在高起点上发展，“踩在巨人的肩膀上”，进而形成新的思想与风格。

---

① 李庆社：《对“同课异构”教研模式的实践和思考》，《中小学教师培训》，2009年第8期，第45页。

二、“同课异构”的基本流程与有效性

（一）“同课异构”的基本流程

在历史教师实践培训中引入“同课异构”教研活动，对于活动组织者来说，主要是物色授课教师和评课教师人选、组织协调学校及场地等事宜；对于承担培训任务的授课教师而言，他们要经历备课、磨课、授课、说课、与参训教师交流研讨和课后反思的全过程；而从参训教师的角度来说，则要经历“听课—评课—反思”的实践过程。这一过程的核心部分，就是承担培训任务的教师（主要是名校名师或优秀骨干教师）和接受培训的教师（一般是青年教师、薄弱学校教师或者需要专家引领成长的教师）共同切磋如何实现历史课堂教学各环节的优化、如何实现有效课堂和打造高效课堂，最终促进教师成长，尤其是参训教师的业务得以提升。这是一个永无止境的话题。“同课异构”教研活动在历史教师实践培训中如何实施，如何开展基于“同课异构”的理论与实践研究，这一系列的问题值得我们思考。

“同课异构”活动的基本流程如图 1.9.1 所示：

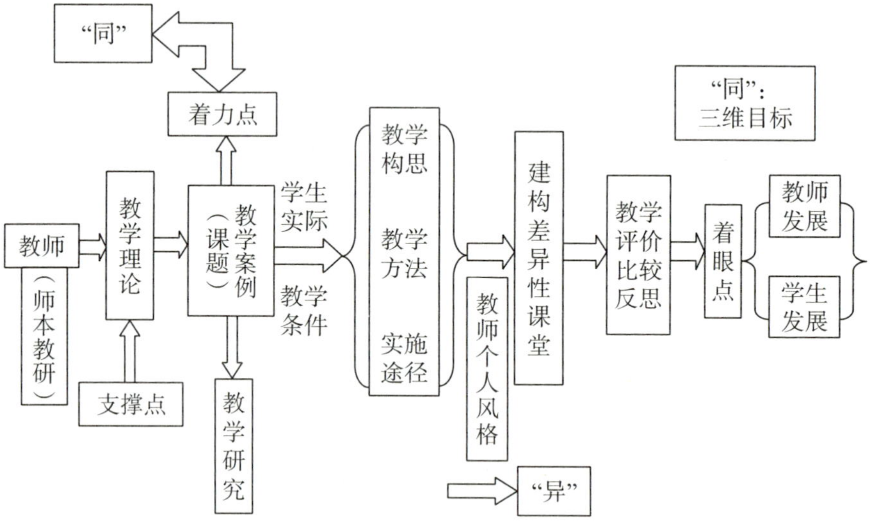

图 1.9.1 “同课异构”活动的基本流程

1. 课前：个人主备和集体备课的有机统一

每一次“同课异构”教研活动都要有一定的主题和主旨，教师可以根据教学进度，研究确定一个主题或有着一定示范引领作用的课题。授课教师需要深

入钻研教材，吃透教材，明确让学生获得哪些知识和技能，培养哪些学科能力和良好习惯，掌握哪些学习方法，实现哪些情感态度价值观目标等。随后的集体备课是开展“同课异构”教研活动的关键环节，需要发挥教研团队的力量，教师交流自己对突破教学重难点的策略，交换可利用资源，把过去单一封闭的个人研究模式转向多维互动的群体研究模式。授课教师对教材有了充分的认识和理解后，根据教研组内讨论的各种意见和建议，进行筛选，开始结合学情和自己的教学经验、知识背景、情感体验，构想出能呈现自己教学风格的教学预案。这一过程又是教师个体独立备课的过程。因此，“同课异构”还需要教师对备课资源进行“二次开发”。

2. 课中：关注授课教师课前静态预设与课间动态生成的统一、研修学员听课观课与比较研究

课前静态预设是课间动态生成的前提。历史课堂是开放的，是活泼的，是在教学设计的基础上动态生成的，必能使教学富有活力而更精彩。课前的预设总是静态的，生成总是动态的。基于“同课异构”的中学历史课堂，是科学与艺术的有机融合，更加有利于历史教师把课上好、上活。在“同课异构”教研模式中，基于“同”课的“异”构，必然会导致各种各样的生成。通过预设去促进生成，通过生成完成预设目标，一堂充满生命活力的历史课是预设与生成的完美结合。

“同课异构”研修活动中，研修学员要提高听课效率，提高进行课堂教学比较研究的能力。对上课者而言，听课活动是展示自己教学观念、教学个性、教学思路、教学经验、教学智慧的平台；对听课者而言，是学习、借鉴同行教学经验的机会。课堂观察是“同课异构”教研模式下教师听课的有效方式，是教师的一项专业活动。“同课异构”教研模式下教师有效的课堂观察必须要有明确的观察目的，在进入课堂观察之前要确定好课堂观察点。

课堂观察以解决问题为目标，一般分为教师教学、学生学习、课程性质和课堂文化四个维度。

(1) 观察维度一：教师教学。课堂观察的实施者和被观察者都是老师，可以是老师之间的，也可以是学校中层以上领导对教师的课堂进行观察。具体包括课堂教学中不同环节时间的分配，课堂的呈现（讲解、板书、媒体、动作），师生之间的对话（提问、倾听），教师对学生学习的指导（阅读、讨论、作业），教师的教学机智（教学设计的调整、应对突发事件）等。

(2) 观察维度二：学生学习。开展课堂观察的着眼点是学生的学习效果，包括课前预习、课堂学习和课后检查。例如，学生的课前预习情况可以采取与

学生交流的方式；实施课堂观察时需要关注学生倾听老师讲课的情况；关注学生的发言以及倾听时的记笔记、查阅、回应等辅助行为；了解学生自主学习的形式；通过适当的联系了解学生学习的效果；等等。

（3）观察维度三：课程性质。对一节课的评判，对课程性质的评判相当重要。只有了解了课程性质，才能确定与之相对应的学习目标，做到规范清晰和科学生成；根据课程目标对教材进行科学处理，要兼顾学科特点，兼顾教学容量等。

（4）观察维度四：课堂文化。这是建立在“同课异构”基础上的深层次研究。例如，在进行课堂观察的过程中，尤其经历多次观察、反复比较之后，对某位教师的风格，包含教师的语言素养、思维优势，课堂中对学生的关爱，教学手段与方法的创新，课堂气氛是否民主、活泼等，都是在教师个人课堂风格基础上形成的深层次的课堂文化。

“同课异构”活动的目的是为了解决教学中的问题，改进教师的教学，提高课堂教学效果，具有较强的针对性。因此，教师在听课过程中，不但要认真听，还要仔细记，特别是问题解决的部分，更要关注细节。不但要关注教师的教学行为，更要关注学生的学习行为。要关注学生学习的兴趣和参与的程度以及活动的开展情况，要善于思考，全身心投入分析、判断、归纳、概括、总结课堂中的现象和本质中，以便于评课时能有的放矢。

3. 课后：关注授课教师说课、研修学员评课、授课教师和评课学员反思三个环节

说课是“同课异构”教研模式的重要环节。一般安排在授课结束后、评课交流前。承担“同课异构”教研活动的授课教师要对教学同行、教研人员尤其是专家评委口头阐述具体课题的教学设想及其理论依据，讲述自己课堂教学设计的基本思路和教学流程，然后由听者评说，达到交流互动、共同提高的目的。对于“同课异构”教研活动而言，承担听评课任务的教师更需要从说课中进一步明晰授课教师的教学意图和教学流程，深入比较研究和思考。一般每位教师展示的说课流程包括“说教材”“说教学目标”“说教法与学法”“说教学流程”等方面，相比较一般的说课而言，环节要简化些，可以择其要领，侧重说明“怎样教学生、为什么这样教”等问题。笔者发现，部分承担“同课异构”教研任务的授课教师在“为什么这样教”这一环节做得不够或者不充分，甚至个别教师对“为什么这样教”这一关键问题只字未提。

课后评课是继听课、说课之后授课教师与培训学员之间的进一步研讨，是教师课堂教学的反馈系统。评课保证了课堂教学质量的改进和提高。在评课

中，要针对课堂教学中的真实情况，具体反映执教者和学习者的课堂表现，在肯定优点、指出不足的基础上，提出自己的建议和意见。同时，要认真听取同伴的评价，积极参与讨论，取人之长、补己之短。

课后授课教师反思是“同课异构”活动后授课教师和参训学员对同一节课的反思，应该着眼于对教学设计、教学过程和教学效果三个层面，核心是对课堂教学环节进行合理优化。具体体现在以下几点：

一是对教学设计的反思。通过“同课异构”教研活动，大家会发现对同一教学内容，不同的教师理解不同，其课堂教学设计不尽相同，值得反思。“同课异构”中的“异构”是一种手段，是通过不同的教师或者是同一个教师用不同的设计上同一节课这样的手段来帮助教师更好地理解课程标准、更好地把握适合不同教学内容的教学方法、更好地了解适合不同学生特点的教学情景、发现平时教学中的一些低效甚至无效的教学方式等，来实现提高教学有效性的目的。例如，2012 年 4 月滁州市一次全市“同课异构”教研活动中，两位教师同上《开辟新航路》一课，一位老师按照教材的“背景—过程—影响”三步骤进行。另一位老师重新整合教材按过程—原因—影响，采用别出心裁的导入，安排四位同学扮演四位航海家，分别讲述自己的故事。这充分体现了“存异”。在整体内容讲述上，包括细节知识上，两位教师基本达到了“求同”，完成了教学目标。

二是对教学过程的反思。对教学过程的反思主要包括教学重难点的确立、教学方法的选择和教学环节的设计等方面。(1) 教学重难点确立的反思：一节课要学习的内容有很多，但在有限的教学时间内要重点学习什么，在教学的过程中难点是什么，是如何突破的，都要进行反思。各位教师在课程中都特别突出重难点的讲解，都想把重点夯实，把难点讲透彻。但很多教师的一节课教学往往没有完全突破重难点，或者不到位，值得思考。(2) 对教学方法和教学手段有效性的反思：教学方法是教师的教学理念和教学风格的体现，教师针对同一教学内容使用不同的教学方法、教学手段，其效果如何，值得反思。笔者曾观摩两位教师讲授《开辟新航路》，一位教师的课采用问题探究式，提出两个问题：为什么要（开辟新航路）？为什么能（开辟新航路）？针对新航路开辟的必要性和可能性，运用大量的史料、图片、漫画、视频，充分利用现代化教学手段，来引导学生理解和归纳新航路开辟的原因和条件。而另一位教师则采用另一种教学方式：先讲述新航路开辟的过程，并请四位同学扮演四位伟大的航海家，简述其航行途中的故事。在讲述新航路开辟的影响这一重难点时，采用了小组合作的课堂探究模式，师生互动比较多，但效果不是很理想，这也是这两节课共同的不足之处。（3）对各教学环节的反思。教师在进行教学反思时，应该从有效性的角度，立足于具体的教学环节进行比较研究。

三是对教学效果的反思。（1）从课堂现场效果来看，学生的积极性、主动性、创新性是否被激发出来，学生是否当堂掌握了所学的内容。“同课异构”还要与其他老师对比，看在教学效果方面有什么差距。在教学中要鼓励每一个学生积极参与，改变以教师为中心的课堂教学模式，创造一个人人都能参与的学习环境。（2）对课堂教学设问的反思。提问是教学过程中教师与学生之间常用的一种交流方式，它在教学中应用广泛。教师的提问须注意：要设计适应学生个人能力的多种水平的问题，要把握提问的时机，要注意启发性等。“教师在课堂教学中经常有质疑和批判的行为示范，质疑和批判成为课堂教学中的一种常态，学生就会逐步具备质疑和批判的意识、能力及勇气，其独立思考和自主判断能力就会潜滋暗长。”① （3）对历史价值观目标的反思。价值观相对宽泛而抽象，在课堂学习过程中对学生的价值观进行评价有一个渐进的过程。一方面，价值观形成或改变所需时间长，影响范围广，不会轻易改变；另一方面，价值观涵盖领域广，评价目标较难具体化，需要对外显行为进行合理性推断。实践证明，“有情感”的历史课堂可点化和润泽学生的生命。

总的来说，对“同课异构”教研模式下课堂教学的有效反思，能更深入地了解一位教师的优点和缺点，使其不断更新教学理念，改进教学方法，提高自己的教学水平。正如山东省著名特级教师钟红军女士所言：“持续的教学反思……有利于丰富教师的精神境界，帮助教师从日常繁杂的教学工作中脱身出来，在思考中获得理性的升华和情感的愉悦，提升自己的精神境界和思维品质。”②

（二）“同课异构”的有效性

在“同课异构”教研模式下，“异构”不仅表现为形式上、教学主体上的“异”，还表现为教学设计上的“异”。历史教师在立足实现课堂教学有效性的前提下，应从教学方法、教学意图、教学环境、教学风格、教学评价等方面，对教学立意、教材整合、导入新课、情境创设、问题预设与生成、教学总结（结课）、历史价值观培养等课堂教学各环节进行“异构”，呈现“异构”下的精彩课堂。

---

① 徐金卫：《做个教不厌的历史老师》，北京：中国国际文化出版社，2016年，第262页。
② 钟红军：《追问历史教学之道》，重庆：西南师范大学出版社，2015年，第39页。

1. 教学立意的有效性

教学立意是指教师预设的通过一节课或者几节课的学习，使学生获得的、经过提炼的核心概念（核心目标）或教学内容的立意。确立一节课的教学立意的价值在于使历史课有中心、有高度、有灵魂，让学生在获得历史知识的同时，思考历史问题，体会历史智慧，感悟人生意义，明确个体责任。在“同课异构”教研模式下，教师应对同一教学内容，从不同的角度深挖教学立意，提升课堂教学的实效性。

第一，深度研读课标与教材，确定历史课的教学立意。课程标准是新课程改革的指导性文件，是教师实施教学的根本依据。如人教版《新时期的理论探索》一课，课标的要求分别是“概述邓小平理论的主要内容，认识其对建设中国特色社会主义的指导意义”“概述‘三个代表’重要思想的基本内容，认识其对加强和改进党的建设，推进我国社会主义自我完善和发展的重要指导意义”。教材则通过“伟大的转折”“邓小平理论的形成”和“‘三个代表’重要思想”三方面内容，展现了改革开放以来马克思主义中国化的历程，属于思想史的内容。基于对课标的理解和对教材内容的分析，本课的教学立意可以确立为“中国特色社会主义理论的形成和历史地位”。这样的课堂教学就有较高的学习要求和深刻的思想内涵，不仅实现了主要教学目标，也提升了教学境界。

第二，准确把握历史概念，在全面深刻理解的基础上升华教学立意。通过历史概念挖掘历史立意，需要对历史知识有深入的了解，需要对历史知识结构有系统的构建，需要对历史现象本质有科学的认识。以高中历史必修《现代中国的对外关系》单元为例，本单元的主题是新中国成立以来的外交，第一课时《新中国初期的外交》，其第一目“独立自主的和平外交方针”就涉及“另起炉灶”“打扫干净屋子再请客”和“一边倒”等历史概念。为了帮助学生深刻理解“一边倒”这一历史概念，一位教师给学生提供了三则材料，并设置了问题情境：“一边倒”外交方针是在什么背景下制定的？如何正确理解“一边倒”政策的科学内涵？在组织学生对材料进行剖析后，进一步概括“一边倒”外交方针的出台背景与美国对华政策调整有关，与美苏冷战有关，与中国革命的经验传承有关。基于此，教师得出“‘一边倒’不仅仅是外交的方针，也是总揽全局的大政方针，它体现在政治、经济、军事、外交以及意识形态的方方面面”的结论。深刻理解“一边倒”外交政策的目的在于深挖其潜在的历史教学价值，来进一步明确其教学立意。

第三，厘清历史发展阶段特征，从阶段特征变化中领会教学立意。历史阶段特征通常是指一个历史阶段明显不同于其他历史阶段的特殊之处，就是对具有阶段性的长时段的历史事实的概括和总结，区别于其他历史阶段。把握历史阶段特征，需要对相关内容进行重新整合和抽象，以形成质量更高、结构更强的知识系统，在此基础上挖掘教学立意，让学生透过“教学立意”去探求历史的本真，感悟历史的真谛。以人教版高中历史《中国特色社会主义建设的道路》为例，新中国 60 多年的经济建设形成了鲜明的阶段特征，就教材而言，大致分为四个阶段。在单元教学过程中，笔者以“探索”为主题，引导学生探究新中国经济建设各个阶段的历史特征。从 1949 年到 1956 年过渡期、1956 年到 1966 探索期、“文化大革命”十年动乱期、1978 年以来新时期四个阶段可知，中国共产党探索社会主义建设道路有成功也有失误，走过了曲折的历程，但成绩是主要的。我们可以得到的经验教训是必须坚持实事求是的原则，不能急于求成；不能照搬外国经验，必须符合本国国情，建设道路要有本国特色；生产关系的调整应适应生产力发展状况；在社会主义建设中，要集中力量发展生产力，要坚持改革开放，坚持四项基本原则；必须调动一切积极因素为经济建设服务。换言之，“探索”应当成为《中国特色社会主义建设的道路》整个单元和各课的教学立意。

总之，教学立意隐藏在课标的要求中，隐藏在教科书的表述中，需要我们挖掘并在教学中落实。一节课的教学立意不仅需要我们研究课标、教材，立足于对资源的挖掘、对历史的求真、对学生的熟知，教学立意还需要我们将历史与现实有机结合起来，在广泛阅读的基础上深化对历史的认识，进而发现、创新教学立意。教学立意是否突出取决于教师对教学内容的深度解读和对教学文本的合理再造。因此教学立意的最终确立亦是教师个人教学思想形成和思维品质逐步提升的过程。

2. 教材整合的有效性

对教材内容体系实行不同方式的整合，是“基于新课程的理念和课程标准的具体要求，教师结合自身对教学的理解，从确定的教学目标出发来重新组织和架构教学内容，以期引领学生达到‘基于课标，超越教材’认识的高度”①，是“同课异构”教学中“异构”的基础和打造高效课堂的关键。笔者认为教材整合应该做到以下几点：一要宏观把握，细节入手；二要注重历史模块间的整合，建立整体历史；三要紧扣课标，合理取舍；四要活用不同版本教材；五要重视文本资源的开发与利用。下面结合具体的课例来谈。

---

① 齐健主编：《走进高中历史教学现场》，北京：首都师范大学出版社，2012 年，第 137 页。

例 1：人教版高中历史《古代商业的发展》有三目：一、重农抑商下的古代商业；二、市的变迁和城市的发展；三、官府控制下的对外贸易。文本内容是按专题形式编排，学生学习时感觉内容混乱琐碎，无法清晰厘清课本知识，笔者在教学实践中，就尝试重新整合教材，按时间的先后顺序纵向整合教材，如表 1.9.1：

表 1.9.1 纵向整合教材简表

历史时期	概况
商朝	“商人”出现，商业由官府控制
春秋战国	商业繁荣，官府控制局面被打破
秦汉	商业初步发展，逐渐艰难；货币；西汉长安东西市“市坊”界线严格；开通了陆上和海上两条丝绸之路
隋唐	商业繁荣；邸店；唐东西市二市、市坊界线严格；广州（外贸港口）设市舶使
两宋	商业经济空前繁荣，商业环境相对宽松；交子；市坊的界限交易时间被打破；中国同东南亚、南亚、阿拉伯半岛以及非洲的几十个国家进行贸易
元朝	商业繁荣，国内外商品汇集；大都；泉州是重要的对外贸易港口
明清	城镇商业繁荣，“商帮”出现；中国对外贸易萎缩

通过这样的整合，学生可以整体了解一个朝代或一个历史阶段的商业发展概况，把握一个历史时期的阶段特征，符合高中历史学习的要求。

例 2：人教版高中历史《启蒙运动》，先让学生说出启蒙运动是什么时间、什么人在什么地方宣扬什么思想，理性主义什么意思，它与文艺复兴时期的人文主义有何异同？实际上就是先了解启蒙运动“是什么”的问题，再探究启蒙运动为何兴起于英国？高潮为什么在法国？由此归纳出启蒙运动兴起的背景，最后要求学生结合史实思考启蒙运动有何历史影响？谈谈启示。这样处理将看似零乱的教材系统化、条理化，关键是提升了学生思维，盘活了知识。再如人教版必修《近代经济结构的变动》一课。笔者在教学实践中就是按照中心问题的方式整合的：一、变之果；二、变之因；三、变之思。从三个环节进行教学，盘活了整个课堂。

总之，教材整合是新课程背景下教师提升课堂教学有效性的基本功之一。“同课异构”下的中学历史教材整合问题，是将教科书的内容和教科书以外的相关内容依据新课标的要求有机地增减取舍，重组再织。教材整合必须依据课程标准的学习要求，紧扣教材之“魂”，即围绕一课的中心（“一课一中心”）

进行有机整合，有很大的创新之处，使教学内容更贴近学生的知识结构、思想文化水平、心理发展规律、认知习惯和生活实际，促进学生成长，提高课堂教学的实效性。

3. 导入新课的有效性

导入新课是一节课的切入点和突破口，是指教师在课堂教学中处理新课导入这一教学环节时，利用各种教学媒体创设学习情境、激发学生学习兴趣、启迪学生思维、集中学生注意力，使其主动学习新知的一种教学行为方式。基于“同课异构”的角度，中学历史课的有效导入方式有如下几种：

（1）直白型导入。直白型导入是指教师在执教一节新课时，通过简单、直白的语言直接切入课堂教学主题，是目前教学过程中使用率最高的一种导入方式。例如，我们在讲解高中历史《甲午战争与八国联军侵华》时，有的教师走进教室，翻开教材对学生说：“今天，我们上第十二课《甲午战争与八国联军侵华》，首先我们来看看第一块内容：甲午战争。这场战争是如何爆发的呢？我们先来分析一下它的背景。”这就是一种典型的直白型导入方式，直奔主题，不重视是否能引起学生的兴趣，不在乎学生能否思考，也不需要学生与老师产生共鸣。通常地说，这种方式是填鸭式教学的典型案例，不讲究学生对课文的个体感受。

（2）牵连型导入。牵连型导入是指教师在导入新课时，通过各种手段、各种方式、各种素材的简单过渡，引领学生进入新课教学。牵连型导入新课没有固定的形式，在教学过程中有多种呈现形式，包括设置悬念导入法、历史故事（事件）导入法、比喻导入法、谈话导入法、名言典故导入法、历史图片导入法、音像歌曲导入法、乡土史导入法、联系时政导入法、文学作品欣赏法等。但是，任何一种牵连型导入新课的方式，都必须具备针对性和有效性。牵连型导入法侧重迂回包抄，以引起学生的学习兴趣，让学生在不知不觉中切入新课内容的学习，也易于使学生在不知不觉中进入相应的历史场景中。导入新课要善于运用启发式教学方法，启发学生思维，让学生由此及彼，思维活跃。导课更要有新颖性，要兼顾导入材料的趣味性、导入内容的新颖性和导入形式的多样化，以吸引学生的注意力，要出“奇”制胜。

（3）设置悬念导入法：“思源于疑”，教师精心设计疑问可以挑起学生的好奇心，使学生的求知欲由潜伏状态转入活跃状态，调动学生思维的积极性和主动性。如，用课件展示日本“五条誓文”“大陆政策”“国策基准”的有关史料，引导学生思考讨论。

（4）比喻导入法：比喻导入法是指授课教师通过一个恰如其分的比喻导入

新课，能够将一个复杂的问题说得透彻明了，深入浅出，有助于学生理解和学习新课。例如，我们可以从阶级矛盾下降、民族矛盾上升比喻导入分析全民族抗战原因，从而导入新课。

同一主题的课导入方式可以相同，“同课”可以“异构”，但评价好坏的标准确是趋同的，要能够使学生迅速进入课堂知识情境，为学生更好地掌握这些知识做最好的铺垫，也就是常说的有效性。

4 情境创设的有效性

历史本身是形象生动的，而表征它的语言文字则是抽象和简约的。在“同课异构”教研模式下，教师可以采用不同的方式创设情境，“既要为学生的学习提供认知停靠点，又要激发学生的学习心向”①。教师要在课堂上通过师生互动和生生互动的形式，创设对话式或者谈话式的情境，让学生走进历史、体验历史、感悟历史。

例 1：一位老师通过与学生的交流，从每个人都有自己的梦（投影“梦”的动画图片）、“中国梦”（宣传画）和“山姆大叔的全球大佬梦”，创设了一个与众不同的有效情境，逐步引导学生进入《两极世界的形成》一课。现摘录部分环节如下：

教师：每个人都有一个梦，梦常常寄托着我们的愿望和理想。同学们有自己的梦想吗?

学生：有!

教师：一个国家、一个民族也有自己的梦想。习近平同志担任总书记以来，提出要实现中华民族伟大复兴的“中国梦”。同学们想一想，中国崛起了，有别的国家震惊吗?

学生：美国。

教师：是的，实现中华民族伟大复兴的中国梦以及中国的和平崛起引起了“山姆大叔”的焦虑！在 2012 年 6 月 3 日闭幕的本年度香格里拉对话会上，美国国防部长帕内塔提出了美国“亚太再平衡战略”，指出美国将在 2020 年前向亚太地区转移一批海军战舰，届时将 60%的美国战舰部署在太平洋。本质上讲，是利用中国周边个别国家对中国发展的疑虑，来加固美国的全球战略地位。比如在钓鱼岛问题上，奥巴马偏向其盟友日

① 余文森：《一位教育学教授的听课评课与教学断想》，福州：福建教育出版社，2011 年，第 90 页。

本。在南海问题上，美国偏向菲律宾。那么，在20世纪四五十年代，山姆大叔的“全球大佬梦”，又遭遇怎么样的阻力？他的“全球大佬梦”又给世界形势带来怎样的影响呢？这就是我们今天这节课要学习的《两极世界的形成》。

例2：一位老师围绕“墙”的故事创设情境，课件以墙为底版来设计，把两极对峙格局形成的背景对应为“墙”的由来；把两极对峙格局的形成过程对应为“墙”的修建；把两极对峙的影响对应为“墙”的影响；把两极对峙格局的结束对应为“墙”的倒塌；把两极对峙格局对今天世界格局的影响对应为“墙”的延续。

两位老师通过创设的“梦”和“墙”的情境，有效引领学生步入课堂学习状态。这种情境创设模式，通过“主导”与“主体”（师生）、“主体”与“主体”（生生）相互讨论，相互切磋，让学生动脑、动口、动手、动面部表情，让历史课堂“活”起来。“学生的需求，是教学最大的需求；有效，应是检验历史课堂的唯一标准”，是情境创设是否有效的衡量标准 。教师能否创设出生动活泼、有学科价值且能够引导学生带着问题进入学习状态的情境，让历史课堂更生动、更深入、更有效，这是历史教师的基本功。

5. 问题预设与生成的有效性

苏霍姆林斯基曾经说：“学校里的学习不是毫无热情地把知识仅从一个头脑装进另一个头脑里，而是师生每时每刻都在进行心灵接触。”而问题是实现师生心灵接触的平台，是实现师生信息交流的渠道。问题预设是教师课前静态预设与学生课间动态生成的有机统一。“同课异构”基于一致的教学目标，针对同一教学要点，教师可以通过不同的设问方式来呈现丰富多彩的课堂教学。课堂教学设问的基本类型主要有直观性设问、激疑性设问、阶梯式提问等。

（1）直观性设问。直观性设问即直截了当、浅显明白地发问。其目的主要是要求学生对已学过的具体知识再现和再认。包括对历史事实、概念、理论等的回忆。这种提问往往会限制学生的独立思考，学生没有表达思想的机会。但这种提问对于督促学生掌握基础知识和技能是必不可少的。一般用在导入新课、复习课或对某一问题的论证过程中，起到承上启下的作用，使学生能回忆所学过的概念或事实等，为学习新的知识提供材料和思维基础。例如，一位老师上高中历史《世界多极化趋势的出现》一课时，结合本课主题内容和上一课的学习内容，他设计的问题如下：上节课我们学习了《两极世界的形成》一课，大家知道两极世界是怎样形成的吗？学生回答之后，他接着说：两极世界形成后会一成不变吗？20 世纪 50 年代中期两极世界形成后，到了 60 年代，伴随着西欧的联合、日本的崛起和第三世界的振兴，世界格局开始出现多极化的趋势。这就是今天这节课我们需要学习的内容。

（2）激疑性设问。孔子说过：“学起于思，思源于疑。”在教学实践中，学生对一些看似“浅显易懂”的内容不求甚解，轻易放过，这种思维惰性使一些学生对学习中的疑点、难点浅尝辄止，从而导致其思维表现出了较大的肤浅性。针对这种现象，教师在教学过程中如果能就这些“浅显易懂”的内容提出一些层层深入的问题，就能激起学生思维的波澜，启发其深入思考。例如，一位老师在执教《古代希腊民主政治》一课时，先投影展示了 2008 年第 29 届奥运会吉祥物五福娃，然后又介绍了 2004 年雅典奥运会的吉祥物费沃斯和雅典娜。他们的名字来源于古希腊传说中的人物，其中费沃斯是光明和音乐之神，通常也被称为太阳神；雅典娜则是智慧女神和雅典城的守护神。随后教师又展示了古代希腊建筑、哲学、艺术等领域的代表性成就，据此设疑：古代希腊文明是如何形成和发展的？以雅典为代表的古希腊民主政治对后世有何影响？这样的提问激发了学生的求知欲望，引导学生去思考，去寻求解决问题的答案，最终，使教学目标得以实现。

（3）阶梯式提问。将所要展示的内容设计为环环相扣、前后连贯、形同“阶梯”的问题，让学生登梯观史，登梯寻究。对同一史实，通过发散性提问引导学生进行多方位多层次的思维活动，既可以牢固掌握基础知识，又有利于培养从“了解”到进入“研究”的创造性思维能力。一般在一节完整的新课教学过程中，教师可以围绕教学重难点设计难度中等偏下的问题，层层递进，逐步突破，最后设计的问题可以是有挑战性的问题。例如，天津市第五十四中学刘娜在全国高中历史课堂教学竞赛中讲授《辛亥革命》一课的过程，层层递进，设计了如下几个问题：

·新课开始设计的问题：为什么 20 世纪初，以孙中山为代表的资产阶级革命派要掀起一场旨在推翻清政府、建立民国的辛亥革命？

·讲授《中华民国临时约法》时设计的问题：教师投影有关《中华民国临时约法》的第一至第六章的材料，让学生回答三个问题：（1）第一章的主权归属有何特点？与中国古代社会人们的认识有何不同？（2）第二章中体现了资产阶级民主革命思想的哪些观念？（3）第三、四、五、六章中的权力分工体现了什么思想？

·讲授辛亥革命的意义时，设计的问题：投影四段材料（分别为政治、经济、文化和社会生活领域的材料），要求学生据材料分析，辛亥革命在哪些方面推动了社会进步？

在完成了上述教学任务之后，刘娜老师设计的问题是：

【穿越时空】

情境：辛亥革命后，社会各阶层和各种政治力量都在经历着一次历史性巨变。假如我是……我的感受是……

角色：A. 工人；B. 实业家或资本家；C. 革命党人；D. 立宪派和投机政客；E. 帝国主义；F. 旧官僚（前清官员）；G. 其他

要求：请同学们结成讨论小组，每位同学任选一角色来谈“你”身边的变化和感受，注意小组内的成员角色不要重复，发言要有史实依据。

最后一个问题对于每个同学都具有一定的挑战性，学生需要有一定的知识储备才能进行回答。学生需要对辛亥革命的背景、过程、结果、意义等知识点有透彻的了解，才能真正去体验历史，感受辛亥革命带来的变化，从而实现教学目标的升华。需要注意的是，这一问题如果学生在课上完成不了，可以在课后继续进行。

诚然，设问方式可谓多种多样。教师的课堂提问是一门学问，又是一门艺术，没有固定的模式，只要不断实践，不断摸索，就会提高自己的教学水平，充分发挥提问的教学功能。“同课异构”给教师的课堂教学设问提供了广阔的舞台，教师可以灵活采用多样化的课堂设问，但是必须基于有效性。

6. 结课环节的有效性

课堂教学总结环节又称课堂小结或者结课环节，是每节课即将结束时，教师一般用三五分钟时间，对本节所学内容进行梳理、归纳、总结，理清知识脉络，构建知识框架结构，进行学法指导，深化、升华情感态度与价值观的过程。笔者从感受“同课异构”的角度，结合自己的实践经验谈谈对提高历史课堂教学结课环节有效性的几点看法。

结课环节的基本形式主要有如下几类：

（1）概括式结尾。概括式结尾是教师对知识结构、规律和方法的提炼，能将本节课所授知识加以归纳整理，理顺各个知识点间的关系，使学生对本节课的重难点一目了然，形成一定的知识框架。教师可根据三维目标的要求，按难易梯度呈现几个问题，不仅能引起学生的注意，明确本节课的重难点，还可以对学生进行必要的情感态度价值观的培养。

结语既可以着眼整体，简明扼要构建知识结构体系，能使教材中复杂的知识简约化，零散的知识系统化，有助于进一步完善学生的认知结构，同时使课堂教学效果得到深化，也可以渲染气氛，结合课文中的主要内容，激起共鸣，为后续的学习埋下伏笔。

（2）联系对照式结尾。联系对照式结尾是教师在课后总结时将一些性质相近的历史事件、历史知识加以对比，找出他们的相同点和不同点，可以使学生更加牢固地掌握这些知识。这样做可以避免因为内容增多、涉及面大而将一些相似的历史知识弄混淆。例如，高中历史《甲午中日战争和八国联军侵华》一课结束之后，笔者就引导学生把以前所学的几次战争的几个条约列出来予以对比：《南京条约》——中国半殖民地半封建社会的开端；《北京条约》——中国半殖民地半封建社会化程度进一步加深；《马关条约》——大大地加深了中国半殖民地半封建社会化程度；《辛丑条约》——中国完全沦为半殖民地半封建社会。并设计一道课后作业：请同学们比较各个条约的不同内容，以及其对中国造成的危害程度，来说明中国究竟是如何一步步完全沦为半殖民地半封建社会的。通过教师的总结和学生的课后探究，中国半殖民地半封建化的历史进程就比较直观形象地摆在了同学们面前。

（3）铺垫悬念式结尾。铺垫悬念式结尾是指在结尾环节中通过教师的精心设计，在下课前留下一个耐人寻味的问题，让学生去思考，为下次上课留下伏笔，使教学自然地过渡。或在下课前留下一个耐人寻味的问题，留给学生去思考，将课堂进行延伸。例如，一位老师在讲《工业革命》时的结尾：“从英国开始的工业革命创造了巨大的生产力，使社会面貌发生了翻天覆地的变化。工业革命以后，资本主义最终战胜了封建主义。那么，资本主义是如何最终战胜封建主义的，我们以后再学。”这种铺垫悬念式结尾既整理了所学内容，又导引出了后课，引起学生强烈的悬念，引发了学生继续带着问题学习新内容的兴趣，为以后的学习埋下了伏笔。

（4）情感渲染式结尾。感情渲染式结尾方式通过把课堂与现实联系起来，实现情感态度价值观的教学目标。例如，笔者在讲解人教版高中历史《新民主主义革命的崛起》一课时是这样结尾的：“面对内忧外患、灾难深重的旧中国，仁人志士们在苦苦求索：中国向何处去？中华民族向何处去？90 多年前的五四先驱们率先奋起，第一次燃起彻底地不妥协地反帝反封建的火炬，为救亡图存、振兴中华而奋不顾身地奔走呼号。正如《少年中国说》中所言：‘少年智则国智，少年富则国富，少年强则国强，少年独立则国独立，少年自由则国自由，少年进步则国进步，少年胜于欧洲，则国胜于欧洲，少年雄于地球，则国雄于地球。’青年是民族的未来，是时代的血脉，让我们记住五四的精神，以民族振兴为己任，将 21 世纪中华民族的伟大复兴坚持到底!”

由此可见，好的结束语，教师用饱含着情感的语言，营造一种特定的氛围，往往能将课堂气氛推向高潮，使情感态度进一步升华。

（5）问题探究式结尾。问题探究式结尾就是授课者在进行教学设计时，精心设计一个典型问题供学生在课堂独立思考，自主探究，或互相讨论、合作学习、探究和交流。通过对问题的探究，学生对本节课有一个高屋建瓴的认识与理解，设计的这一典型问题可以是人们在习惯认识上容易出现偏差的问题，也可以是史学研究中的一些观点，但问题不能很难。例如，一位老师在讲授完人教版高中历史《两极世界的形成》一课后，设计了这样的一个问题：雅尔塔体系、“冷战”、两极格局和美苏争霸四者是什么样的相互关系？后来是如何结束的？写一篇 200 字的小作文。

因为本课的历史事件、历史概念特别多，需要理清楚它们之间是怎样的关系，只有这样才能突破本课的教学重难点、实现教学主旨。这种问题探究式结尾能引导学生积极主动地参与教学过程，有利于培养学生探究解决问题的方法，使他们学会与他人合作学习。

总之，结课环节是对一节课或者一个章节的总结，对教师的能力要求很高，这就要求教师要有总揽全局的眼光，要有全面的判断能力和综合能力。这就要求我们在平时要刻苦钻研教材，吃透教材，凌驾于教材之上，要有“会当凌绝顶，一览众山小”的功夫。只要教师注重这方面的积累，努力提升自己的业务水平，才能进一步提高结课环节的有效性。

7. 历史价值观培育的有效性

培养学生做什么样的人，具有什么样的历史价值观，既是历史课程重要的目标，也是历史教育的主要内容。今天，我国正处于社会大变革、大发展的时代，需要我们具有更强的创新精神。中学历史课堂教学中的情感态度与价值观教育在改革开放尤其是全面深化改革的今天，主要表现为社会主义核心价值观的培育。中共十八大提出“倡导富强、民主、文明、和谐，倡导自由、平等、公正、法治，倡导爱国、敬业、诚信、友善”① 的社会主义核心价值观。分别是国家层面的价值目标、社会层面的价值取向和公民个人层面的价值准则。“广大教师……要用好课堂讲坛，用好校园阵地，用自己的行动倡导社会主义核心价值观，用自己的学识、阅历、经验点燃学生对真善美的向往，使社会主

① 胡锦涛：《坚定不移沿着中国特色社会主义道路前进 为全面建成小康社会而奋斗——在中国共产党第十八次全国代表大会上的报告》，《人民日报》，2012-11-18，第 1 版。

义核心价值观润物细无声地浸润学生们的心田、转化为日常行为，增强学生的价值判断能力、价值选择能力、价值塑造能力，引领学生健康成长。”[①] 社会主义核心价值观的教育和养成不仅可以促使学生在人生境界、人生态度、健全人格、坚强意志、团队精神、科学态度等方面的形成和完善，最终达到育人立人的目标，还可以使学生在对国家和民族的情感上，形成对民族的认同、祖国的热爱以及对祖国和民族的责任感，从而为实现中华民族伟大复兴中国梦传递正能量。要使学生真正理解、接受、领悟历史价值观，最好的办法就是创设历史情境，拉近历史与现实的距离，让学生在一个生动、逼真、开放的历史情境中感受情感的熏陶和思想的升华。在“同课异构”教研模式下，教师可以根据新课程标准的目标要求，“异构”不同的教学情境，采用有效教学方法，多元探究历史价值观教育的实现途径。

（1）教师通过改进历史课堂的语言讲述，适时点燃学生情感。历史具有过去性和不可逆性，学生无法直接感知、无法重复验证，两者的关系很疏远。教师在教学时，要根据教学目标，在课堂教学的导入新课、新课教学、课堂总结等环节，通过创设情境，激趣启情，缩短历史与学生的时空感，让学生充分经历感性认识活动，如观投影、看录像、听故事、赏歌曲等，使学生了解重大历史事件和历史人物产生的特定背景，激发学生探究特定历史情景下的历史事件和人物的强烈兴趣，从而产生学习的最佳状态。在课堂教学中通过改进历史课堂的语言讲述，适时点燃学生情感，不仅能拨动学生思想情感的琴弦，使之受到陶冶，产生共鸣，得到升华，还能化为他们奋发进取的动力。

（2）用比较法、联想法、辩证法等调动学生的情感。教师挑选恰当、鲜明、可比性强的内容进行比较，不仅可以吸引学生的注意力，点燃其灵感的火花，使他们主动参与，而且可通过引导学生的思维活动，促使学生积极情感、态度价值观的产生，以达到提高记忆能力、发展智力的目的。如通过对商鞅与张居正这两位古代改革家的比较，我们会认识到要成就事业，必须要有坚忍不拔的毅力和大刀阔斧的精神；通过对司马迁和司马光两位伟大的史学家编撰史书的情况的比较，我们要学习他们严谨勤奋的治学精神，树立正确的学习态度和价值观；通过对玄奘与鉴真的比较，我们一定会为他们不畏艰险的献身精神、坚持不懈的执着精神、百折不挠的进取精神和友好交往的国际主义精神所感染。

① 习近平：《做党和人民满意的好老师——同北京师范大学师生代表座谈时的讲话》，《人民日报》，2014－09－10，第2版。

（3）塑造丰满的历史人物形象，培养学生爱国主义情感。时代造就了无数历史人物，他们有的推动了历史的前进，成为千古功臣；有的开历史倒车，成为民族罪人。如何讲解历史人物，自然也就成了历史教学的重要组成部分。讲解古今中外历史人物，必须从突出不同历史人物的鲜明个性入手，刻画人物的性格和形象，凸显爱国主义教育的时代脉搏。爱国主义教育是历史教育的主旋律，正确的爱国主义教育有助于培养学生正确的世界观，陶冶学生高尚优美的情操。在课堂教学过程中，历史教师的语言表达要有感染力。例如孟子“富贵不能淫，贫贱不能移，威武不能屈”；顾炎武“天下兴亡，匹夫有责”；林则徐“苟利国家生死以，岂因祸福避趋之”；周文雍、赵铁军挺立在敌人的刑场上把反动派的枪声当作举行婚礼的礼炮；抗联战士八女投江……这些人物把个人的命运与民族、祖国的荣辱紧紧联系在一起的崇高的历史责任感，在爱国和气节方面为后人做出了榜样，很容易引起学生的共鸣，从而树立他们为建设有中国特色的社会主义事业奋斗终生的崇高理想。

（4）精用教学资源，联系时事实施教学。历史教材编写内容有相对滞后性，需要通过利用时事、开发课程资源来弥补这一不足。时事教育具有时效性、针对性，它对学生正确认识国内外形势，养成关心国家大事的习惯，逐步树立正确的政治观和价值观，有着十分重要的作用。例如，2011 年是辛亥革命 100 周年，笔者结合历史学科的特点，设计了如下活动：一是把学生分成几个学习小组，布置学生通过图书馆、网络查找大量有关辛亥革命及相关资料。二是走访本地参加过辛亥革命的历史当事人的后代，了解革命先辈的一些历史事迹。三是让各学习小组派一位代表发言，总结小组查阅资料的结果，介绍辛亥革命的原因、意义和我们今天纪念辛亥革命的现实意义。然后由学生自由发言，围绕新课标的情感目标，谈个人的体会感触。通过上述活动，不仅能够顺利地完成新课程标准中的情感态度价值观目标，也培养了学生的科学态度和团队精神，激发了他们对祖国历史和文化的自豪感，使他们理解和尊重各民族、各地区的文化传统，培育其家国情怀。

总之，基于“同课异构”培育学生的历史价值观，必须注重人文素养和科学精神的培养，把历史教育的社会教育功能与人的发展教育功能结合起来，这是一个过程，不能一蹴而就。“情感态度价值观渗透在历史学习的整个过程中，而非仅仅体现在历史课程学习的结果上。”[①] 这一点必须引起历史教师普遍而足够的重视。

① 杜芳主编：《新理念历史教学论》，北京：北京大学出版社，2009 年，第 19 页。

三、“同课异构”实践中存在的问题及对策

（一）“同课异构”实践中存在的问题

1. “同课异构”的案例选择不当

教师在“同课异构”实践中，有时会出现选题不当的问题，主要原因有几点：一是没有依据任教学校的进度，把后面的内容提到前面来上，导致教学无法衔接；或者把已经上过的课“炒冷饭”，不利于培养学生的历史思维，学生也没有兴趣；二是课题不具有典型性，导致可供授课教师选择、挖掘的课程资源少。例如有的历史课教学内容比较生硬呆板的，不利于教师“异构”，就不宜作为公开课的选题。公开课“要么反映了教改探索的成果，要么体现了素质教育的精神，要么展示出了教师的教学水平和教学风格”①。有的教师思维严谨逻辑性强，适合上概念性或者应用类的课题。有的教师性格活泼喜欢现场发挥，适合上知识类课题。

2. “同课异构”观课评课无主题或者主题不明

笔者曾经多次参加“同课异构”培训实践活动，参训学员在观课评课时，与参加一般的常态化教研活动没有区别，观课就变成了一种常态化的“听课”，评课存在一种“程式化”“八股化”的倾向。一些教师将观课评课用一定的所谓“公式”来套，主要评教学目标合理性和达成度、评教材内容处理的特色和深度、评教学程序是否紧凑合理、评教学方法和手段先进性、评教师的教学基本功和课堂语言艺术性、评师生互动融洽度、评学生参与度和教师学法指导、评课堂教学效果和气氛等。此种全方位观课评课，没有原则错误，对于评价刚走上讲台的新教师的授课、帮助他们形成教学规范也无可厚非。但是作为“同课异构”实践培训的评课，没有依托某一主题，就显得没有重点，就连上课的教师往往也觉得要改进的问题太多，模糊一片，不得要领。还有的教师的评课发言是预先写好的，这样的评课尽管准备充分，但从教育理念的根本处可以窥视出这样的评课以预设为上、无视课堂生成的部分，课还没听就有评课稿件，大大束缚了评课教师的思想，很难保证教师在听课过程中能充分捕捉课堂细节，极易忽视学生在课堂上的主体地位和课堂教学本身的不可预测性，其实是

① 余文森：《一位教育学教授的听课评课与教学断想》，福州：福建教育出版社，2011 年，第 3 页。

一种不当的评课习惯。

3.“同课异构”点评时专家把持话语权，学员参与度不够

在笔者曾经参加的一些“同课异构”教研活动中，在评课环节，主办方为了提升活动的档次，“撑门面”，评课环节由培训专家（中学一线特优教师、教研员或学科教育专家）主讲，评课成了“一言堂”，培训专家怎么说学员随着附和。笔者曾参加一次跨省区高中经济史“同课异构”教学研讨活动，听取了三位教师体现“同课异构”的公开课《近代中国社会经济结构的变动》之后，当地的教研员从“主题鲜明”“细节之美”和“价值观引导”三个方面进行了评课，主办方没有安排其他教师发言。这种形式主义的听评课自然是低效的。我们认为，在“同课异构”培训实践中，培训专家和每一位学员都是平等的参与者，应该一样有思想交流碰撞的机会。

4.“同课异构”无学生参与评课

在“同课异构”培训课后举行的评课交流环节，往往只有培训学员的评课，没有关注课堂的另一个主体——学生。随着新课程理念的渗透，听评课活动的重心也在逐渐地由关注教师的“教”转移到了关注学生的“学”。我们在培训“同课异构”听评课过程中经常发现，一节历史公开课，授课教师讲课头头是道、逻辑严密，说课也是思路清晰、逻辑性很强，得到了听课者的一致认可和好评，但从教学效果来看，却不尽如人意。通过了解发现，由于缺乏学生这一主体的系统参与，听评者很难获悉教学的真实状况，只是通过讲课教师的一时表演就做出结论，从而使听说评课带有强烈的主观性和盲目性。以学生为本，就应该倾听学生的意见，在评课环节，学生同样不能缺席。

（二）“同课异构”实践中存在问题的对策

鉴于上述问题，笔者建议在开展“同课异构”实践培训的过程中，需要注意如下几个方面：

1. 精选“同课异构”教学案例

“同课异构”培训实践课，是作为一种展示课、示范课以及提供研究课例的，一定要恰当选题，课型不同，选题时需要考虑的因素也不同。示范课具有示范、引领作用。选题一般应注意以下几点：

第一，从内容上讲是教学中的重点难点，具有普遍性，是广大教师普遍感到困惑、需要引领的问题。

第二，要体现出创新性、先进性和成熟性。通过示范课，能真正反映出讲

课教师在教学理念、模式、策略方法、课堂管理等方面的创新和先进之处，对于解决教学中的重点难点有良好的效果。

第三，选择的课题要有挑战性，能够有利于充分展示教师个人教学水平，发挥教师个人的专业优势。

第四，选择的课题要有利于教师挖掘不同的历史课程资源，使听课教师通过对比，探究两种不同课堂教学模式的特点。例如，2015 年至 2016 年，由著名的历史特级教师赵剑峰（安徽省淮北市实验高级中学）、沈为慧（江苏省昆山中学）等老师策划，先后在天津、江苏昆山、山西太原、安徽滁州等地举办的跨省市高中历史“同课异构”观摩研讨活动，他们选择的课题分别是“启蒙运动”“古代中国的发明与发现”“近代中国经济结构的变动”和“鸦片战争”，产生了较大的影响。

2. 巧设“同课异构”活动主题

基于“同课异构”培训实践课的基础，巧妙设计活动主题，开展主题式研讨活动，可以把研讨引向深入。所谓主题式研讨活动，是以某一个主题为中心对所观察的教学案例展开的理论和实际相结合的评价和讨论的教学研究活动。主要表现在以下几点：一是主题明朗。通过捕捉听课的细节，归纳出一个最主要的，能起提纲挈领作用的中心词句作为主题，评课的内容紧紧围绕这个主题。二是评论深刻。理论和实际相结合，引用的理论先进而科学，听课时捕捉最突出的一个主题下的课堂细节，评课有成效、有指导意义、有启发空间。

主题式研讨对于评课教师提出了更高、更深的要求，主要体现在：一是要有丰富先进的理论修养。要想评课观点深刻、具有说服力和指导意义，平时的理论修养十分重要。二要仔细聆听并记录授课过程，评课教师听课时应注意力高度集中，关注细节，不断思考，在课堂将近尾声的时候能提炼出最有价值的信息，为主题词乃至评课稿标题的拟定做准备，设计找出每个与主题有关的细节背后的教育意义，以便提出新的、有价值和针对性的问题。三要多方面立体地阐述具体生动、具有指导意义的观点。

3. 提升“同课异构”评课参与度

结合近年来各类“同课异构”的培训实践，笔者认为，要避免评课环节的形式化、程式化，真正发挥此类活动提升教师专业素养、提高教师执教能力、促进教师专业成长的目的，就必须做到“参训学员深度参与”“专家引领”和“学生不缺席”三个方面的有机结合。而学生参与听评课，则是当下“同课异构”教研活动最为缺乏的，值得思考和研究。

“参训学员深度参与”指的是，接受“同课异构”实践培训的学员积极参与听课与评课。“听课评课要听出特点，抓住实质，评出水平，发挥出听课评课的多项功能，并非是件易事。”[①] 现场发言的老师要珍惜发言机会，没有现场发言的老师可以撰写听课观课（观摩）的心得体会，还可以争取整理成文章发表。

“专家引领”分为教研专家引领和学术专家引领两方面。受专业视野、教学经验等方面的限制，参训学员的评课往往可以在深度、广度、高度等方面进一步拓展延伸，这就需要专家的引领。特级教师、教研员、高校教材教法专家等可以从教学法的角度进行引领；学术专家可以从学术专业的角度进行引领。其目的都是为了将“同课异构”研讨向纵深方向发展，真正让参训学员有所思、有所获。在这一方面，高校、地方教研部门可以鼎力合作，整合资源，合力搭建有效平台。

“学生不缺席”指的是评课环节增加学生的参与。近年来，评价的重点从注重教师的维度转移到了关注学生是否得到发展上来。这不仅符合新课程标准所倡导的“以学生为本”的教育理念，而且符合现代教学“以学定教”的教育思想。听评课活动重心由“教师”转向“学生”，“学生评课，确是对当前常见的无学生参与评课模式的颠覆……呼唤评价能回归教育根本——学生的健康成长”[②]。实践证明，评课环节“学生不缺席”可以使听评课活动更有实效。“以学评教”是新型课堂评价观的核心，我们既不能仅仅看重教师在课堂上“发挥”得如何，也不能被课堂上学生“精湛的演技”所迷惑。学生是学习的主体，理应是评课的主体之一。我们评价一节课的成功与否，要关注评价的主体，实施多元化评课。但最终还是要通过学生真正的收获和自身的发展来衡量。

学生参与评课可以采用现场采访、师生座谈和问卷调查等几种方法。现场采访是在教学公开课结束之后，可以由上课教师或者其他评课人员以“现场采访”的方式随机地向学生询问。另外，启发式的“询问”方式，可以有效地避免学生因为羞怯或者不知道如何评价而表达不清。当然，因为受年龄、阅历和认知水平的限制，学生表达的意见有时不够成熟、全面，教师可以权作参考。师生座谈是评课活动最为常见的方式。评课人员可以按照学生的学号顺序“随

---

① 朱汉国、陈辉主编：《高中历史教师专业能力必修》，重庆：西南师范大学出版社，2012 年，第 155 页。

② 任鹏杰、唐琴：《探索与争鸣：评课，学生不能缺席》，《中学历史教学参考》，2016 年第 5 期，第 13 页。

机"地邀请学生参与评课活动。教师与学生平等地对话，这本身就是对学生的尊重，是以学生为本的具体体现。这样做更加有利于教师了解学生的学习习惯和兴趣，调整教学策略和教学方式，进而提高课堂教学的有效性。问卷调查是为了能够详细了解学生在教学公开课中取得的收获和发展，可以在公开课后向学生发放调查问卷，教师精心设计一些学生容易判别和回答的问题，让学生全面、细致地评价一节课的各个方面，尤其是评价通过本节课自己学到了什么、学习兴趣是否得到激发、课堂教学活动的互动性以及自己的想法和要求等方面。这种参与评课的方式减轻了学生当面交谈的心理压力，能够更加真实地反映出学生对一节课的感受和看法。

实践证明，通过学生参与评课这种方式，教师可以真正了解课堂教学的效果，让学生明白这节课我应该"学什么""怎么学"和"学得怎么样"，从而也找出教师教学中的成功之处和存在的不足，一定程度上提高了这一教研形式的效率，从而使评课活动更有实际价值。"倘若学生现场评课成为常态，'以学论教'一定会倒推着教师'以学定教'，优化'教学的排练'，促进教学的转化，达成历史教学连接'学生'和'价值'的教育诉求。"[①] 但是需要注意的是，学生由于年龄以及阅历等方面的限制，身心尚未成熟，个人价值观也还未成形，所以对学生的回答、课堂的延伸要有所限定。评课可以吸收学生的参与，却不能过于标新立异、哗众取宠。例如，我们常见一些教师在准备公开课时想方设法让学生"动起来"，设计了各种各样的课堂教学活动，既有小组合作探究，又有角色扮演等师生互动活动。一节课下来，学生的评课可能会"享受其中"。但是如果对照教学目标深入问一下学生学到了什么，他们竟然只能记得"活跃的课堂气氛"或者"有趣的表演"等以"牺牲"教学目标为代价去换取的"互动效果"。学生参与评课目前尚处于教改实践的探索阶段，还亟待完善。

总之，"同课异构"实践培训的评课环节，需要参训学员深度参与，需要专家引领，同样也需要学生参与评课，只有三者的良性互动，方能实现课堂教学效益的最优化。

诚然，目前对于"同课异构"实践培训的研究还停留在浅层的表面，有关"同课异构"的本质、根本依据、衡量标准、"同课"与"异构""求异"与"存异"的关系、"同课异构"与中学历史教师的专业发展、"同课异构"与中学历史课堂有效教学基本模式的构建、"同课异构"与中学历史课程资源开发

---

① 唐琴：《在教学转化中对接"学生"和"价值"——从学生评课说起》，《中学历史教学参考》，2016 年第 3 期，第 31 页。

等问题，有待进一步深化研究，更需要将其运用到教育教学和科研工作的过程中去，不断反思、检验和总结，形成有说服力的实证性成果和具备可操作的教研模式。在此基础上，我们可以构建一种积极向上、奋发有为的学校教研文化、区域教研氛围，让校本教研、教师培训真正成为一种推动教师专业成长、推动教育事业发展的动力。

基于培训者的历史课堂观察的听评课策略

（赵剑峰，深圳外国语学校龙华校区正高级教师、特级教师）

听评课，是教师专业发展必须掌握的主要技能，是教师参与课堂研究的重要方式，是学校常规管理的重要业务活动，也是国培历史教师培训中最主要的培训任务之一。自1952年教研组在我国产生之日起，听评课便作为我国中小学普遍采用的教研方式一直活跃于基础教育领域。[①] 我国学校规定教师一学期的听课节数一般在10至20节之间，并需要递交听课笔记以备检查。[②] 听评课已然成为我国中小学教师一项重要的教研活动，并对课堂教学质量的提升、教师专业发展的促进以及学校教研文化的丰富都起到了一定的推动作用。

那么，什么是听评课？传统的听评课存在什么问题？

一、传统的听评课存在什么问题

《中国教育百科全书》认为，听课就是“指领导对课堂教学进行监督、检查、指导的重要形式，是教学管理的必要环节之一”[③]。从这一定义可以看出，传统的听课仅仅指领导对教师的教学工作进行检查和指导。在这种理念引领下，上课者往往处于被动应答的状态，其余的听课教师则处于“陪听”状态。“评”本义是议论是非高下，我们使用“评”的时候往往是对课的好坏下结论、做判断。[④] “评者”高高在上，“被评者”俯首帖耳；“评者”是权威，“被评者”是等待宣判的“罪犯”；“评者”大权在握，“被评者”胆战心惊，怕被揭“伤疤”。在这样一种规范下，大家又怎能展开平等的对话？[⑤] 虽然国家层面没

---

① 方洁：《我国听评课研究二十年：回顾与反思》，《西北师大学报》，2014年第3期，第104页。

② 崔允漷、沈毅、吴江林等：《课堂观察：走向专业的听评课 2》，上海：华东师范大学出版社，2013年，第24页。

③ 张念宏：《中国教育百科全书》，北京：海洋出版社，1991年，第54页。转引自朱汉国、何成钢：《历史课堂观察的方法与策略》，北京：北京师范大学出版社，2013年，第21页。

④ 吴传刚、左瑞红：《听评课理念的转变》，《黑龙江教育学院学报》，2011年第4期，第39页。

⑤ 夏雪梅：《以学习为中心的课堂观察》，北京：教育科学出版社，2012年，第209页。

有明确的听评课制度，但当前中小学内部却已形成了较为详细的听评课制度，用以保障听评课活动的顺利实施。然而，很多学校关于听评课的制度仅仅停留在规定每个教师每学期的听评课数量，对其他方面则无要求。这就使得大部分教师把听评课当成任务，听评课流于形式。[①] 于是，听评课出现一系列“怪现象”：只听课，不评议；听课评议成了表扬奉承大会；评课跟着领导意思走。评课过程形式化，评课内容表面化，评课结论两极化，评课效果零散化。

传统的听评课制度存在着简单处理、任务取向、不合而作等许多问题，一些地方长期以来更多地把它当作一种对教师的单项考核、一种要完成的任务，有时甚至成了教师的“难关”。[②] 传统的听评课制度主要针对教师的教学设计能力、重难点突破能力和课堂组织能力进行评价、探讨、反思和学习。研究成分比较少，随意性较大，太过于依赖个体的主观感受。不够精细，指导性和针对性不强，在实践中难以有效地促进教师的专业发展。

基于传统的听评课存在的问题，在教师培训实践中，培训者要转变观念、改进形式，在课堂观察的基础上听评课。

二、什么是基于课堂观察的听评课

（一）“课堂观察”的概念

课堂观察源于西方的科学主义思潮，作为一种研究课堂的方法，发展于20世纪五六十年代[③]，20世纪90年代传入我国。那么，到底什么是课堂观察呢？目前学界采用的课堂观察定义大抵来自两处：陈瑶在2002年的著作《课堂观察指导》中将课堂观察方法界定为“研究者或观察者带着明确的目的，凭借自身感官（如眼、耳等）及相关辅助工具（观察表、录音录像设备等），直接或间接从课堂情境中收集资料，并依据资料作相应研究的一种教育科学研究方法”[④]。崔允漷等学者则将其表述为“通过观察对课堂的运行状况进行记录、分析和研究，并在此基础上谋求学生课堂学习的改善、促进教师发展的专业活动。作为专业活动的观察与一般的观察活动相比，它要求观察者带着明确的目

① 周坤亮：《指向课堂教学改进的听评课》，《教育理论与实践》，2011年第26期，第52页。

② 尤炜：《听评课的现存问题和范式转型——崔允漷教授答记者问》，《当代教育科学》，2007年第24期，第3页。

③ 沈毅、崔允漷：《课堂观察：走向专业的听评课》，上海：华东师范大学出版社，2008年，第73页。

④ 陈瑶：《课堂观察指导》，北京：教育科学出版社，2002年，第1—2页。

的，凭借自身感官及有关辅助工具（观察表、录音录像设备），直接（或间接）从课堂上收集资料，并依据资料做相应的分析、研究。它是教师日常专业生活必不可少的组成部分，是教师专业学习的重要内容”①。这两种概念在对课堂观察基本性状的描述上基本一致，只是前者更多地指向教育研究，视课堂观察为教育研究的方法和工具，而后者则侧重教育实践取向，将课堂观察作为一种教育研究活动。②

（二）“传统的听评课”与“基于课堂观察的听评课”的对比

传统的听评课，“听”是观察的一种手段，主要指向声音。听课活动中，“听”的对象主要是师生在教学活动中的有声语言，所以听课者往往坐在教室后面。③ 基于课堂观察的听评课，既要用耳朵，更强调运用多种感官（包括一定的观察工具）收集课堂信息。在多种感官中，“眼睛是心灵的窗户”，透过眼睛的观察，追求用心灵感受课堂，体悟课堂。④

传统的听评课，有评课的老师，也有被评的老师，有“主”“客”之分。基于课堂观察的听评课，则是参与者围绕共同的话题平等交流，要超越“谁说了算”的争论，要改变一线教师在评课活动中的“被评”地位和失语现状，强调彼此是平等的参与主体，都有自我表达的权利和倾听、理解对方的义务。传统的听评课，“评”课需要在综合全面分析课堂信息的基础上，根据预先确定的统一标准，提出教学的主要优点和不足。基于课堂观察的听评课，则反对面面俱到，浅尝辄止，它要求集中话题，关注焦点，超越现象，深入对话，探讨更有效教学的多种可能。⑤

课堂观察是一种科学的观察方法，从课堂上收集资料，并依据资料做相应研究；课堂观察是一种日常专业生活，旨在一起探讨一些具体的课程教学方面的问题；课堂观察是一种专业学习活动，旨在提供一些符合发展实际的建议，从职业走向专业；课堂观察是一种合作研究活动，旨在经历一种合作、对话、探究的专业体验，从管理走向学术。课堂观察不是居高临下，不是行政活动，而是双方地位平等，是学术探讨活动，是非奖惩性的；课堂观察不是为了完成

---

① 沈毅、崔允漷：《课堂观察：走向专业的听评课》，上海：华东师范大学出版社，2008年，第74页。

② 崔允漷、沈毅、吴江林等：《课堂观察：走向专业的听评课 2》，上海：华东师范大学出版社，2013年，第10页。

③ 陈大伟：《怎样观课议课》，成都：四川教育出版社，2006年，第13页。

④ 陈大伟：《怎样观课议课》，成都：四川教育出版社，2006年，第14页。

⑤ 陈大伟：《怎样观课议课》，成都：四川教育出版社，2006年，第14—15页。

"听课"任务，而是为了专业发展，是发展性的；课堂观察不是为评价教学，面向过去，而是改进教学、追求内在价值，面向未来，是建设性的；课堂观察不是单向输入，而是共同探讨，观察的收益是双向的，是互惠性的。

（三）课堂观察框架

浙江省余杭高级中学在崔允漷等教授指导下研制的课堂观察框架，为新课程背景下中学课堂行为研究提供了一个观察、理解、描述、反省的支架；为自我反思、同伴互助、教研组活动、课堂文化创造提供了一个话语体系。课堂观察框架共分为4个维度、20个视角、68个观察点。

表1.10.1 课堂观察框架①

维度一：学生学习	
视角	观察点举例
准备	·课前准备了什么？有多少学生作了准备？ ·怎样准备的（指导/独立/合作）？学优生、学困生的准备习惯怎样？ ·任务完成得怎样（数量/深度/正确率）？
倾听	·有多少学生倾听老师的讲课？倾听多少时间？ ·有多少学生倾听同学的发言？能复述或用自己的话表达同学的发言吗？ ·倾听时，学生有哪些辅助行为（记笔记/查阅/回应）？有多少学生发生这些行为？
互动	·有哪些互动/合作行为？有哪些行为直接针对目标的达成？ ·参与提问/回答的人数、时间、对象、过程、结果怎样？ ·参与小组讨论的人数、时间、对象、过程、结果怎样？ ·参与课堂活动（小组/全班）的人数、时间、对象、过程、结果怎样？ ·互动/合作习惯怎样？出现了怎样的情感行为？
自主	·自主学习的时间有多少？有多少人参与？学困生的参与情况怎样？ ·自主学习形式（探究/记笔记/阅读/思考/练习）有哪些？各有多少人？ ·自主学习有序吗？学优生、学困生情况怎样？
达成	·学生清楚这节课的学习目标吗？多少人清楚？ ·课中有哪些证据（观点/作业/表情/板演/演示）证明目标的达成？ ·课后抽测有多少人达成目标？发现了哪些问题？

① 沈毅、崔允漷：《课堂观察：走向专业的听评课》，上海：华东师范大学出版社，2008年，第104—106页。

续表

维度二：教师教学	
视角	观察点举例
环节	·教学环节是怎样构成（依据/逻辑关系/时间分配）的？ ·教学环节是怎样围绕目标展开的？怎样促进学生学习的？ ·有哪些证据（活动/衔接/步骤/创意）证明该教学设计是有特色的？
呈现	·讲解效度（清晰/结构/契合主题/简洁/语速/音量/节奏）怎样？有哪些辅助行为？ ·板书呈现了什么？怎样促进学生学习？ ·媒体呈现了什么？怎样呈现的？是否适当？ ·动作（实验/制作/示范动作）呈现了什么？怎样呈现的？体现了哪些规范？
对话	·提问的时机、对象、次数和问题的类型、结构、认知难度怎样？ ·候答时间多少？理答方式、内容怎样？有哪些辅助方式？ ·有哪些话题？话题与学习目标的关系怎样？
指导	·怎样指导学生自主学习（读图/读文/作业/活动）？结果怎样？ ·怎样指导学生合作学习（分工/讨论/活动/作业）？结果怎样？ ·怎样指导学生探究学习（实验/课题研究/作业）？结果怎样？
机智	·教学设计有哪些调整？结果怎样？ ·如何处理来自学生或情境的突发事件？结果怎样？ ·呈现哪些非言语行为（表情/移动/体态语/沉默）？结果怎样？
维度三：课程性质	
视角	观察点举例
目标	·预设的教学目标是怎样呈现的？目标陈述体现了哪些规范？ ·目标是根据什么（课程标准/学生/教材）预设的？适合该班学生的水平吗？ ·课堂有无生成新的学习目标？怎样处理新生成的目标的？
内容	·怎样处理教材的？采用了哪些策略（增/删/换/合/立）？ ·怎样凸显本学科的特点、思想、核心技能以及逻辑关系？ ·容量适合该班学生吗？如何满足不同学生的需求？ ·课堂中生成了哪些内容？怎样处理的？
实施	·预设哪些方法（讲授/讨论/活动/探究/活动）？与学习目标适合吗？ ·怎样体现本学科特点？有没有关注学习方法的指导？ ·创设什么样的情境？结果怎样？
评价	·检测学习目标所采用的主要评价方式有哪些？ ·如何获取教/学过程中的评价信息（回答/作业/表情）？ ·如何利用所获得的评价信息（解释/反馈/改进建议）？
资源	·预设哪些资源（师生/文本/实物与模型/实验/多媒体），怎样利用？ ·生成哪些资源（错误/回答/作业/作品）？怎样利用？ ·向学生推荐哪些课外资源？可得到程度怎样？

续表

维度四：课堂文化	
视角	观察点举例
思考	·学习目标怎样体现高级认知技能（解释/解决/迁移/综合/评价）？ ·怎样以问题驱动教学？怎样指导学生独立思考？怎样对待学生思考中的错误？ ·学生思考的习惯（时间/回答/提问/作业/笔记/人数）怎样？ ·课堂/班级规则中有哪些条目体现或支持学生的思考行为？
民主	·课堂话语（数量/时间/对象/措辞/插话）是怎样的？怎样处理不同意见？ ·学生课堂参与情况（人数/时间/结构/程度/感受）是怎样的？ ·师生行为（情景设置/叫答机会/座位安排）怎样？师生/学生间的关系怎样？ ·课堂/班级规则中有哪些条目体现或支持学生的民主行为？
创新	·教学设计、情景创设与资源利用是怎样体现创新的？ ·课堂有哪些奇思妙想？学生如何表达和对待？教师如何激发和保护？ ·课堂环境布置（空间安排/座位安排/板报/功能区）是怎样体现创新的？ ·课堂/班级规则中有哪些条目体现或支持学生的创新行为？
关爱	·学习目标怎样面向全体学生？怎样关注不同学生的需求？ ·怎样关注特殊（学习困难/残障/疾病）学生的学习需求？ ·课堂话语（数量/时间/对象/措辞/插话）、行为（叫答机会/座位安排）怎样？ ·课堂/班级规则中有哪些条目体现或支持学生的关爱行为？
特质	·在哪些方面（环节安排/教材处理/导入/教学策略/学习指导/对话）体现特色？ ·教师体现了哪些优势（语言/学识/技能/思维/敏感性/幽默/机智/情感/表演）？ ·师生/学生关系（对话/话语/行为/结构）体现了哪些特征（平等/和谐/民主）？

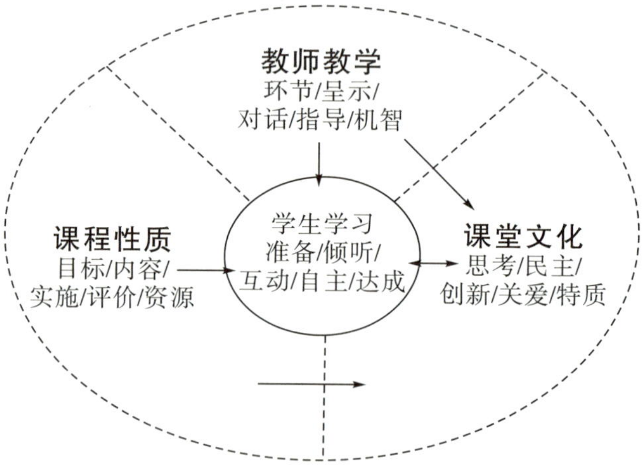

图 1.10.1　课堂观察框架简图①

① 沈毅、崔允漷：《课堂观察：走向专业的听评课》，上海：华东师范大学出版社，2008 年，第 107 页。

三、怎样进行基于观察“学生的学”的听评课

目前，在历史教师培训实践中，基于课堂观察的听评课主要采用三种方式：基于观察“教师的教”的听评课、基于观察“目标的设计与达成”的听评课、基于观察“学生的学”的听评课。下面我们就基于观察“学生的学”的听评课详加论述。

基于课堂观察的听评课与传统听评课最大的区别在于它将主要的关注点投射在学生的学习上。即使确立的观察点不是学生，也最终需要通过学生如何学、会不会学、学得如何来验证。[①] 在以往的听课中，我们往往侧重于教师的仪态仪表如何、怎么设计教案、怎么复习、怎么导入课文、怎么讲解新知识、怎么板书、怎么提问、怎么布置作业、怎么运用教学手段和方法、怎么突出知识的重点和难点以及怎么把握教学节奏等，却常常忽略了课程教学中最重要的因素——学生。[②] 我们现在的教学主要还是立足于把学生教会，特别是在公开课上，教师更是把重点放在“教”上。教师潜意识里还是希望展示自己教的思路、水平、特点和风格。所以，课堂上很难看到学生“原生态”的学习，即学生是怎样通过阅读、思考、质疑、交流等活动学会“课文”的。真正的好课，不是老师出彩，而是学生出彩。简而言之，教学出彩要出在学生的学上。[③] 学生的学才是课堂的核心。教是“为了”学生的学习，即为了学生更想学、更会学以及学得更好。[④]

（一）课堂教学的主体学生在哪里

对此，笔者列举两个案例加以说明。

例 1：学生现在在哪里？

换句话说，就是上课之前的学情分析。我们一直强调教学要吃透两头，一头是教材，一头是学生。关于教材的分析，教师们通常都能做到得心应手，但学生的分析一直是一个薄弱环节。我们现在最缺乏、最需要的教学知识是关于“学生”的知识，教师要舍得花大量的时间去了解学生的知识基础、个性特点

---

① 崔允漷、周文叶：《课堂观察：为何与何为》，《上海教育科研》，2008 年第 6 期，第 52 页。

② 夏雪梅：《以学习为中心的课堂观察》，北京：教育科学出版社，2012 年，第 4 页。

③ 余文森：《一位教育学教授的听课评课与教学断想》，福州：福建教育出版社，2011 年，第 2 页。

④ 夏雪梅：《以学习为中心的课堂观察》，北京：教育科学出版社，2012 年，第 2 页。

等。学生需要什么，教师就应该满足他们什么，把新知识与已有知识之间、教与学之间潜藏的断层与错位的可能性降到最低点，而不是无视学生学习需求的个体差异，不管学生要不要，只用教师自己的“一套”办法，去主宰“多个”活生生的生命。“‘以学论教’是现代课堂教学评价的指导思想……把学生作为课堂教学评价的主体，把学生在课堂教学中的行为、态度和学习结果作为主要的评价内容，以此来衡量课堂教学效果”①。因此，课堂教学首先应当重视学情分析，把学情分析作为提高课堂效率的重要前提。

下面以《美国联邦政府的建立》一课为例：

一是可以通过习题测试摸清学情。

例如，某班课前测试结果及分析。

①（2015 年上海卷第 15 题）人类历史上第一个阐明资产阶级民主共和国原则的政治纲领是

A.《权利法案》　B.《王位继承法》

C.《独立宣言》　D.《人权宣言》

答案：C

难度系数：0.412

选项分布：A—31%、B—0.7%、C—41.2%、D—27.1%

②（2015 年广东卷第 20 题）“这份文献在当时是极其进步的，对西方君主制和共和制都适用。”下列文献中，符合这一评价的是

A.《大抗议书》　B.《权利法案》

C.1787 年美国宪法　D.《人权宣言》

答案：D

难度系数：0.358

选项分布：A—3.3%、B—34.1%、C—26.8%、D—35.8%

③（2009 年全国卷第 21 题）1787 年费城会议制定的《美利坚合众国宪法》规定：合众国不得授予贵族爵位。反映了美国宪法的主要原则是

A. 民主主义　B. 平等主义

C. 自由主义　D. 共和主义

答案：D

① 翟霄宇：《基于标准的历史课堂教学评价问题研究》，温州大学 2014 年硕士论文，第 29—30 页。

难度系数：0.352

选项分布：A—5.6％、B—55.6％、C—3.7％、D—35.2％

通过习题测试以及测试后的分析，尤其是对于选项分布的分析，可以探知学生学习的软肋、学生错误的前概念、学生的知识误区和理解陷阱，便于未雨绸缪，有的放矢，有针对性地设置教学目标组织教学。

二是可以通过“问题单”了解学情。课前预习时，要求每位学生自主提出三个以上有困惑的问题，提交个人问题单；小组讨论，形成本课小组问题单；课代表汇总后交给任课教师；任课教师再结合课程标准、考试大纲的要求及个人的教学经验，形成本课的教学目标；在教学目标的指导下选取史料，设计问题，直接指向学生困惑问题的解决。

例如，有学生困惑：邦联就一无是处吗？邦联只是一个“丑角”吗？这是我们原来教学时过分简单的二元对立式的分析给学生造成的困惑。这一困惑具有非常重要的教学价值，我们可以贴着学生的困惑设计课堂教学问题，以便从根本上解决学生的困惑。

问题一：新生的美利坚合众国好不容易摆脱英国的殖民统治，所以对于英国的政体会有一种本能的“排斥感”。美国的开国元勋们排斥的是英国政体中的什么弊端呢？为此，他们进行了怎样的制度设计？

问题二：在当时的美国人看来，北美独立战争是一场反抗中央权力为主的战争。既然如此，绝不能在赶走英王之后，再建立一个集权的中央政府。怎么办？国家最高权力多大才合适？邦联制矫枉过正了，怎么办？联邦制就是中央集权吗？如何在州权和中央权力之间寻找一个最佳平衡点？

通过问题探究，学生们认识到：邦联是战时联盟的延续和独立的产物，是特定时代人权理想的顶层设计，是独立邦国搭建而成的松散联盟。追根溯源，澄清认识，有利于学生们更深刻地理解美国1787年宪法的特点。

这里只是借助一个例子，指明一种方法。“学”是“教”的根据，学习者“学什么、怎样学、学得怎样”，是教师设计、实施、检验“教什么、怎样教、教得怎样”的主要依据。我们过多地把精力用在自己教的设计上，而忽略甚至淡忘了教是为学服务的。我们应当在上课前，通过习题测试、问题搜集等各种手段，尽可能全面准确地把学生的问题把握到位，了然于胸，以此来确定本节课的教学目标、核心重难点。正如吴非老师所说：“你试着把自己变成一个学生，如果你能用学生的眼光揣摩自己的教学，可能就会感到新奇了。”①

例 2：“一个无法忘却的眼神。”

那是 2008 年在安徽某校举办的一次省级初中历史优质课比赛，有位女老师整堂课上得非常出彩，和学生的配合互动也几乎天衣无缝，快下课时她顺势给学生布置了课后作业。可就在下课后这位女老师被几个同事围着兴高采烈地聊天时，班里的历史课代表——一个可爱的小女孩走过去问老师刚才布置的作业交到哪里，那位女老师很惊讶地大笑着说：“作业？只是随便布置一下而已，你们还真以为要交呀？”说完便转过身去继续聊天了。这时小女孩脸涨得通红，纯真的眼神中透着惊讶、困惑和些许的愤怒，两行泪水哗地一下流了出来，但女老师却再也没有顾得上看她一眼。而这一切全被站在旁边的某老师看到了，并让他终生难忘。他说：“我去过不少地方上公开课，或是竞赛评比，一般不会布置作业，但只要我布置了作业，不管是不是我熟悉的学生，我都会留下自己的联系方式和邮箱号码，只要有同学来信都会一一耐心交流回复，我觉得这是最起码的尊重，对别人也是对自己！”

教学活动是由一个一个的细节构成的。所谓教学细节就是指课堂教学过程中所发生的很细小的环节或情节，或是一个细小的片段，它短小精悍，便于教师钻研和突破。它或许只是一句话、一个眼神、一个表情、一个错误，但表现的却是教学过程的变化、灵动和创造。教学细节形成于特定的教学情境中，蕴涵独立的教学价值和意义。可以说，细节虽小，却能透射出教育的大理念、大智慧。成功的教学必定离不开精彩的细节。而“一滴水可映出太阳的光辉”，欣赏细节、把玩细节，又可以使我们不断领悟课堂，理解课堂。②

（二）如何贴着学生进行教学设计

下面笔者举一个案例对此加以说明。

针对学生错误的前概念设计教学目标

建构主义者认为，学生不是空着脑袋进入教室的。学生在学习之前，在其脑海里已形成了对一些事物或某些现象的观点和看法，这就是所谓的前概念。这些前概念有些是正确的，有些是模糊的，有些甚至是错误的，而那些错误的

① 吴非：《课堂上究竟发生了什么》，北京：中国人民大学出版社，2015 年，第 225 页。
② 陈大伟：《怎样观课议课》，成都：四川教育出版社，2006 年，第 126 页。

前概念恰恰是最难改变的。[①] 错误的前概念能激发学生的心理矛盾，探究意识，促进学生认知、情感和价值观的发展变化。基于学生错误前概念的教学才是最接近学生认知水平的教学。教师在教学过程中若能够及时发现、利用学生学习中的错误前概念，将会使课堂充满生命的气息与探究的活力。不要害怕学生出现错误，更不要回避学生的错误，教学的主要任务就是引导学生暴露出错误的前概念，把它作为产生和孕育科学概念的“生长点”，并据此采取相应恰当的教学策略进行概念转变教学，形成新的科学概念。

例如：美国是总统共和制，那么，到底什么是共和制？英国是共和制吗？

我们平时为了方便学生记忆，还专门编了顺口溜：“共和就是非君主。”英国有君主，所以我们通常认为英国绝对不可能是共和制。那么，到底什么是共和制？英国是共和制吗？要弄清共和的概念，首先必须了解理想型的共和有以下三条基本准绳：（1）公。共和的根本原则是天下为公。这意味着共和政体应是公平、公正的政体，能够实现正义的政体。（2）共。国家权力是公有物，国家的治理是所有公民的共同事业。（3）和。即用和平的方式参与和处理政治事务和政治纠纷。[②] “与共和制对立的是专制君主制，而不是君主立宪制，后者属于共和制的一种；君主立宪制与议会制、总统制的区别，只是共和制内部的区别。”[③] 英国就是一个“特殊的”有君主的共和国。在保留君主制的前提下，英国通过立宪，具备了“天下为公、共同治理、和平参与”的共和制的核心特点，实现了实质上的共和主义理想。英国是典型的共和制国家！

类似的问题还有北美独立战争爆发的原因到底是什么？与后来的邦联、联邦有什么关系？1787 年宪法仅仅是“为了加强中央政府的权力”吗？分权制衡仅仅指立法行政司法三权分立吗？

课堂教学中为什么要特别关注错误的前概念，因为集体误读处往往成为高考命题最集中的区域之一，2013 年全国卷“胡佛反危机”题就是一个极为明显的例证。所以我们一定要在课前对学生的错误前概念有所把握，我们要让进我们课堂的学生和出我们课堂的学生有所不同，尤其是对于错误概念的理解不同，只有这样我们才能真正提高课堂教学的有效性。

---

① 孔云峰：《认识学生前概念，提高科学教学有效性》，《科学教育》，2011 年第 1 期，第 27—29 页。

② 刘军宁：《共和·民主·宪政——自由主义思想研究》，上海：上海三联书店，1998 年，第 105—106 页。

③ 王加丰：《西方历史上的共和制与共和思想》，《历史教学》，2015 年第 1 期，第 6 页。

每节课之前，都要先确立清晰明确的教学目标，让学生知道自己的起点在哪里，要达到的目标在哪里。“当学生对学习的目标和内容有比较清晰的认知时，他就能对自己的行为做出预判，并选择合适的路径向目标靠拢，一步步逼近目标的过程，也让学生和教师对学习的进程有了更多的期待。”①

（三）如何让学生真正融入课堂中

以下为笔者《物质生活与习俗的变迁》一课的教学片段设计：

“历史不是对僵尸的临摹，而是对生命活力的鉴赏。”历史教学本来就不该是为“历史而历史”，否则，不但会使学生失去学习历史的兴趣，而且无法完成历史学科本身的任务，所以教师在教学的过程中应不断提高历史课堂的教学效率，尽可能地激活历史课堂教学，从而激发学生学习历史的兴趣。历史本来是所有学科里最有趣的，是我们历史教师把它教得无趣了。为什么不能把课设计得有趣点？谁说提高能力和兴趣是相斥相悖的？上课本来就是分享快乐，分享阅读的感受，分享你花了一个半月收集一张照片的狂喜，学生们更应当分享他们的心得体会。上课不是演戏，真正的好课，应当是心与心的碰撞和交流。

材料　清朝传统汉族女子服装上衣下裙（图略）

问题设计：清朝被推翻了，怎么汉族女子反倒穿起了旗袍？民国时流行的旗袍和原来的旗袍在样式上有什么区别？为什么？

材料　传统旗袍和民国初年改良旗袍（图略）

学生回答，教师总结：清朝被推翻后汉族女子穿的旗袍和传统旗袍有很大的区别，从宽松肥大到称身适体、短袍窄袖。当时有人写诗云：衣裳时样年来瘦，渐仿洋装显细腰。（观棋道人《京华俗咏》）这种变化反映折射的时代信息是随着戊戌变法、辛亥革命、新文化运动的开展，封建伦理道德受到冲击，人们思想渐趋解放。

设计意图：社会生活变迁最根本的动力是生产力的发展，以及由此而产生的生产关系的变革。引导学生理解在工业文明下，随着生活节奏的加快，过有效率的生活的必要性。从生产关系而言，民主、平等、反封建、开放等观念在社会生活的方方面面得到体现。

案例选取了部分典型老照片，引导学生对这些照片上的历史信息进行提

---

① 常生龙：《读书是教师最好的修行》，北京：教育科学出版社，2015年，第24页。

炼，并分析照片背后所反映的历史巨变及其成因。这样，既能够调动、激发学生学习的积极性和主动性，也可以“活化”教材中的学习内容，“佐证”教材中的历史结论，加深学生对历史资源的理解，还能够培养学生开发学习资源、独立探究历史问题的意识和能力。①

综上所述，在历史教师培训实践中，追寻理想的听评课方式，应基于课堂观察的听评课模式，尤其要注重在培训实践中探索基于观察“学生的学”的听评课。

① 王生：《整合课程资源的方式和原则——以人民版〈物质生活与社会习俗的变迁〉一课为例》，《历史教学》，2009年第5期，第25—27页。

借历史新课改培训东风促进教师专业成长

（赖蓉辉，成都市教育科学研究院特级教师、历史教研员）

2003 年，成都市的初中进入新课改；2010 年，成都市的高中进入新课改，新课改为成都教育的发展提供了机遇。作为中学历史教研机构，成都市教育科学研究院也正是利用了新课改这一有利时机，组织了丰富多彩的教学研究活动，以促进全市中学历史教师的成长。

一、全员培训，观念先行

教师的教学行为是由教师的教学思想与教学观念所决定的。因此，要确保新课改顺利推进，更新教师的教学思想与教学观念是当务之急。为了让教师们尽快了解高中新课改的要求，成都市教育科学研究院历史学科组遵循成都市高中新课程改革办公室和成都市教科院的统筹安排，对高中历史教师进行了各级各类的新课改上岗培训。2010—2013 年，我们先后派出三批成都市高中历史骨干教师，参加了每年 7 月初举行的全省高中历史新课改骨干教师先期培训，点燃了高中历史新课改的星星之火。8 月底，在已完成全省远程视频培训的基础上，我们对所有新上岗的成都市高中一、二年级的历史教师、教研员进行了全员上岗培训。成都市的培训不仅注重课改实验区的专家、学者带来的新课改理念的传递和先期进行新课改地区经验的介绍，而且还注重在新课程理念的指导下，带领教师去解读教材、研究学生。

例如，2010 年 8 月，《中学历史教学参考》特约研究员、国家级远程培训历史团队专家、来自广东东莞的历史教研员夏辉辉老师给我们带来了广东省课程改革的先进经验。夏辉辉老师以《新课程背景下的历史教学设计》为题的专题讲座，对新课程背景下的高中历史教学设计进行了深刻的理论背景分析，并用大量的实例对教学设计的具体实施提出了合理的建议，让教师们感知了“教教材”和“用教材教”的区别，对教师们进一步了解新课程，实施新课程改革提供了崭新的思路。

2012 年 11 月，全国知名课改专家、江苏省特级教师、教授级高级教师、镇江市历史教研员束鹏芳老师给我们带来了题为《结构的力量与运营的韧性——人民版教材的理解与运用》的专题讲座。束鹏芳老师主要从人民版课标教材的结构特征、核心内容、课标的解读、概念的阐释、资料图片的应用等方面与成都市第三批进入新课改的高一教师们进行了交流。束老师的讲座高屋建瓴、理论与实践相结合，开阔了老师们的视野，提供了教学的新思路，对于高一历史教师转变教学观念，重视课标，正确使用人民版课标教材都起到了很好的引领作用。四川省特级教师、成都市树德中学郭子其老师进行的题为《高中历史新课程教学模式的探索与变革 》的主题发言。发言从影响教学模式的因素、教学模式的特点、教学模式的种类，基于思想价值的深度问题教学，课程整合式教学，基于史料的新情境教学等方面探讨了高中新课改背景下课堂教学方式的变革，给教师们以极大的启发。

2013 年 8 月，全国知名课改专家、浙江嘉兴教育学院、特级教师戴加平老师给参培教师带来了题为《以专业眼光解读课程标准及其条目》的专题讲座。戴老师从“课程标准的地位”“对课程标准的再认识”“六年实验遭遇的现行历史课程标准及其条目的若干情况”等方面，使老师们认识到《课程标准》本来就给各方自主理解与处理条目预留了较大空间；《课程标准》及其条目本身具有实验性质，远未成熟，在新《课程标准》正式推出以前，高中历史教师有责任、也有权利根据教学实际的需要、根据对相关知识点所蕴含价值的判断，对《课标标准》中的相关条目做出适当的调整，而不能画地为牢地囿于《课程标准》。学术的问题只能用学术的方法、通过学术的途径来解决。教师应当言之有据、言之有理地向学生阐释历史事实及其认识，为此，历史教师要自觉加快自身的专业发展，适应新形势的要求。戴老师的讲座给老师们耳目一新的感觉，开阔了老师们的学术视野，对老师们更好地认识和把握课标起到了重要的作用。

参加了四川省先期培训的高中新课改骨干教师在市级高中历史教师全员培训中发挥了积极的引领作用，他们为教师们提供了经过自己思考和研究、各具特色、操作性强、能够有效地实现教学目标的教学设计方案，阐发了自己对《普通高中历史课程标准》（实验稿）（以下简称《课标》）和新课标教材的理解，引起了参培教师的共鸣。例如，成都市树德中学陆焱老师的《〈历史〉必修（Ⅰ）教材处理“123”》、成都市彭州中学秦怡老师的《高中历史必修（Ⅰ）专题一的教学设计》、华西中学张方琦老师的《必修三专题一“中国传统文化主流思想的演变”的教学设计》、成都市西北中学张明星老师的《基于课堂观察的历史教学设计》的专题报告、成都市西北中学刘莉华老师的《〈历史〉必修（Ⅰ）（中国历史部分）的课标分析与解读》、成都市树德中学宋廷飞老师《〈历史〉必修（Ⅰ）（世界历史部分）的课标分析与解读》、成都市双流中学特级教师胡克芹的《理性进行史料教学》的讲座等，都给老师们提出了许多合理的操作性强的建议，使参培教师颇受启发。

“新课改带来许多新问题、新困惑，但如果把新课改视为一次挑战，它也为我们提供了新机遇和发展的新平台。直面困难，上下求索，新课改逼着我们再次成长。”西南交通大学附中王元英老师发自肺腑的感慨代表了成都市高中历史教师共同的心声，面对困难，我们选择了“在学中做，从做中学，在探索中前进”。

二、多种形式，跟进培训

教师教学观念的转变不是通过几次培训就可以实现的。教师观念的转变除需要通过理论培训提高认识之外，更重要的是要在自己的教学中去实践、去体验、去感悟，通过在实践中的真实感受去不断强化。因此，在省、市全员培训之后，历史学科又相继开展了一系列的跟进培训，让教师们在学中做，在做中学。

（一）“以赛代培”显成效

高中新课改实施以来，成都市在高中三个年级分别开展了多次“以赛代培”的活动，强调教师通过理论培训及一段时间的新课程教学实践之后，结合一个具体的课题开展教学研究与实践，体现了同伴互助、相互借鉴、取长补短的特点，实际上是一次新课改教学实践成果的汇报与研讨。“以赛代培”，使许多中青年教师脱颖而出，成为新课改的积极分子。

（二）“同课异构”促交流

除了“以赛代培”的培训活动以外，成都市历史学科组还开展了形式多样的培训和教学研讨活动。例如，针对高中不同年级教学进度而开展的“《普通高中历史课程标准》解读及专题教学设计交流”系列活动、“同课异构”系列活动、活动课展示活动等，这些活动都受到了教师们的普遍欢迎，特别是“同课异构”活动，成为成都市历史学科高中新课改培训的一大特色。

表 1.11.1　2010 年 9 月—2013 年 12 月成都市高中历史学科“同课异构”活动统计表

时间	地点	授课教师	课题
2010—11—12	成都 17 中	成都市实验外国语学校彭玉珍 成都市华西中学徐晓川	高一《历史》必修一专题七第 1 课《英国代议制的确立和完善》
2010—11—19	成都市西北中学	成都市西北中学施英 四川大学附中阙庶	高一《历史》必修一专题七第 3 课《民主政治的扩展》
2010—12—10	成都市玉林中学	成都市玉林中学魏娟、但菊芬	高一《历史》必修一专题九第 1 课《美苏争锋》
2011—3—11	成都市石室中学	成都市石室中学伍陵 成都市石室中学（北湖校区）帅瑶	高一《历史》必修二专题四第 2 课《物质生活和社会习俗的变迁》
2011—5—6	树德中学光华校区	成都市树德中学李继 成都市双流棠湖中学江楠	高一《历史》必修二专题八第 1 课《二战后资本主义世界经济体系的形成》
2011—10—28	四川师范大学附中	四川师范大学附中李致远 成都市盐道街中学董亚伟	高二《历史》必修三专题四第 1 课《孙中山的三民主义》
2011—11—18	成都市 37 中	成都市 37 中王秋平、陈蔺	高一《历史》必修一专题六第 2 课《卓尔不群的雅典》
2011—11—25	四川大学附中	四川大学附中袁小琴 成都市外国语学校刘小芳	高二《历史》必修三专题六第 1 课《蒙昧中的觉醒》
2012—3—2	成都七中实验学校	成都市七中实验学校华黄来 成都市温江中学的杨福星	高二《历史》选修一专题五第 2 课《欧洲各国的宗教改革》
2012—3—9	成都市中和中学	成都市中和中学李俊林 成都市石室天府中学李兴虹	高一《历史》必修二专题三第 3 课《社会主义建设在探索中曲折发展》
2012—10—19	成都市田家炳中学	成都市田家炳中学夏清 成都市盐道街中学朱文	高二《历史》必修三专题三第 1 课《顺乎世界之潮流》
2013—11—9	成都七中	成都七中周鑫、赵东琳	高一《历史》必修一专题七第 2 课《美国 1787 年宪法》
2013—12—14	成都市华阳中学	成都市华阳中学顾俊梅 成都市双流中学（永安校区）成霞	高一《历史》必修一专题九第 1 课《美苏争锋》

在“同课异构”活动中，同一课题下的两堂研究课风格迥异，个性鲜明，体现了不同学校（或同一所学校的不同校区）对新的教学理念和课标的理解，展现了教师对新的课程资源的开发和利用情况，也是各校正在推行的新课改背景下不同的教学研究模式的展示。在课堂呈现的背后，凝聚着学校历史教研组的集体智慧。这些课例为新课改的具体实施提供了研究的范例。承担授课任务的青年教师们也在活动中得到了锻炼，不仅提升了自身的学科专业素养，而且在灵活处理课堂生成资源、创造和谐民主的课堂氛围等教学机智方面取得了长足的进步。

（三）主题式教研明方向

随着新课程改革的推进，成都市历史学科组尝试开展了一些“主题式教研活动”，采取了“研究课+专题讲座”的形式来进行，收到了很好的效果。例如：“高中文科历史高效课堂研究”；“关注课标，整合必修与选修内容，提高选修课有效性”；“从历史图表材料中提取有效信息策略研究”；“二元导学教学模式研讨”；“初中历史智慧课堂构建研究活动”；“践行问题教学，打造有效课堂”；“重视细节拓展，创造灵动课堂”；“微格教学、精细教研”；“初高中历史课衔接研讨”；“学讲练”；“书中自有问题在——推荐与导读”等系列主题式教研活动，聚焦课堂教学的问题，主题明确，既有实际操作，也有理论提升，对教师的帮助具有更强的针对性。

（四）新课程高考研究出重拳

在新课改背景下如何应对高考，一直是师生们最关心的话题。为此，成都市依托高三中心组的教师，做了扎实的有针对性的研究和探索。每年 10 月，成都市都要组织成都市高三历史学科复习教学研讨会，重点研究四川省历史学科新课程高考的命题特点、发展趋势和备考方向，指导高三教师在高三复习备考中如何融入新课改的理念和要求，开展有针对性的复习教学，收到了良好的效果。

成都市还以专题研讨课的形式，对新课改背景下的高考进行研究，为高三教师们呈现了主题鲜明、设计新颖实用、利于操作和推广的热点专题复习课。例如，2011 年 4 月 15 日，成都市树德中学陆焱老师和赵进老师分别为教师们奉献了《经济发展与民生幸福》和《浩荡潮流，幸福人生——20 世纪中国三次巨变中的人》两堂精彩的高三专题复习课。他们的教学设计都注重以时政热点为核心，选择新材料，设置新情境，精心设计问题链，构建相关知识体系，着力于学生能力的培养与提升。同时，考虑不同层次学生的需要，强调学生在课堂上的主体地位，以学生的探究活动为主，较好地渗透了新课改的理念。2012 年 2 月 17 日，成都市树德中学的张雷老师和万世芬老师，再次为我们奉献了《人的幸福与社会发展》和《顺应潮流，自强之路》两堂专题复习课，得到了教师们的充分肯定。

除了热点专题以外，根据新课改与新课改背景下的高考注重过程与方法目标的要求，成都市在方法类专题复习课方面也做了一些探索。例如，2011 年 4 月 20 日，成都市外国语学校的宋廷飞老师，从试卷的评讲入手，帮助学生找出考试中解答非选择题时出现的问题，对学生进行解题方法的归纳和指导，为教师们呈现了一堂主题鲜明、目标明确、高效实用的高三《解题方法类》专题复习课。2012 年 3 月 16 日，成都市实验外国语学校的彭玉珍老师，经过精心准备，以高考试题为范例，为高三教师展示了《高三历史图表材料题的解题方法》专题研究课，赢得了广泛好评。2013 年 4 月 19 日，成都市石室中学伍陵老师为全市高三教师奉献了一堂颇有研究价值的《史学方法类》专题复习课，契合了新课改背景下高考的新要求，给了老师们极大的启发。

面对四川省高中新课改后的首轮高考，成都市在沿袭传统做法的基础上，还专门组织了针对《普通高校招生新课标 2013 年四川高考历史学科考试说明》（以下简称《考试说明》）的研讨活动。2013 年 4 月 19 日，成都市邀请四川省普通高中课程改革专家指导组成员、四川省高中新课程骨干教师、四川师范大学附中的刘松柏老师对《考试说明》进行解读，帮助高三教师更好地领会四川省历史学科高考的要求，提高复习备考的针对性。2013 年，成都市高考取得了五年以来的最好成绩，全市本科上线率达到了 56.77%，超过四川省全省本科上线率二十几个百分点。

三、借助名师引领，助推教师成长

发挥名师的专业引领作用，是促进教师快速成长和新课改顺利推进的一个重要手段。成都市各区（市）县依托特级教师的“名师工作室”，在培养青年教师，研究新课改方面做了许多有益的探索。例如，成都市大邑县成立了“田明名师工作室”，部分中青年教师在特级教师田明的带领下，研究新课改中发现的突出问题，并将研究成果及时传递到各个学校。比如工作室的研究成果“让学生自主评卷、合作评卷”不仅在县内推广，还在全市进行了交流，工作室的市级教育科研课题“高中历史学科几类课型的实践与探索”也已经取得阶段性成果。而工作室的成员，并非仅限于田明老师所在的大邑中学，而是来自大邑县三个高中。因此，田明老师的名师工作室，在青年教师的培养和新课改工作的推进中，发挥了十分重要的引领和辐射作用。

成都市双流县“胡克芹名师工作室”已经招收和培养了三期以青年教师为主体的学员，他们通过理论学习、读书活动、相互交流和课堂实战等活动，在双流县的新课改中崭露头角，尤其是第一期优秀学员双流艺体中学的晏酶老师已经成为该校历史学科备课组长。

“田明工作室”和“胡克芹工作室”还相互走访，对新课程改革下高中历史教学的实践进行交流。

成都市龙泉驿区近30位高中历史教师，在该区特级教师罗光火和唐先义为核心的“名师工作室”和区教研员的引领下，自编了供高三年级复习教学使用的《中国通史》和《世界通史》教材，并编写了与此配套的学案和多媒体课件，弥补了高中历史新课程模块教学中学生时序混乱、通史意识差的缺陷，也为该区的校本课程研究提供了范例。

四、搭建对话平台，促进研讨交流

随着高中课程改革的深入推进，关注课堂教学质量，关注学生的可持续发展成为必然的趋势和要求。成都市教育科学研究院按照市领导和市教育局的要求，为扎实推进城乡教育均衡化，落实学科均衡和质量均衡，结合全市高中学校的实际需求，确立了建立学科专家团队、深入课堂调研、与一线教师深度交流与探讨的教研思路，力求给学校教师以切实的指导和帮扶。2012年下半年开始，我们按照与此相关的工作要求，逐步组建起由成都市高中历史骨干教师和教研员组成的学科教学指导小组，深入不同圈层、不同层次的学校，进行学科教学研究和指导，搭建起了与一线教师直接对话交流的平台，收到了良好的效果。

成都市还借助网络平台，加强教师间的研讨交流。教师们教学任务繁重，经常集中到一起交流是不现实的，因此我们建立了可容纳千人以上的“成都市历史教师交流群”（QQ群），选出热心、负责的青年教师担任群主，经常将各种教学资源上传到群共享中供教师们免费下载。教师们也充分利用这一对话交流的平台，随时随地探讨教学中遇到的问题。同时，各级教研员也经常与中心组成员一起，深入高中历史课堂，与教师互相学习、平等对话，共同研究怎么解决实践中的难题。

与此同时，成都市还采用座谈会和书面总结等多种形式，随时收集教师们在新课改中遇到的困难和问题，虚心地听取教师们的意见和建议，及时地优化新课改培训和教学研究活动，取得了可喜的成效。例如，2011 年 5 月 20 日，成都市特邀四川师范大学历史文化与旅游学院的陈辉教授，一起组织部分成都市高一历史教师进行座谈，了解各校高中新课改实施情况，并探讨新课程实施过程中遇到的问题和解决策略，收获颇丰。

形式多样、讲求实效的培训，不仅缩小了理论与实践之间的距离，更重要的是增强了教师参与培训的主动性，提升了培训的效果。广大高中历史教师在学中做，从做中学，逐渐深化对高中新课改的理解，并将新的理念付诸教学实践活动，将高中历史新课改不断地向前推进。

五、教有所长，学有所得

课改的关键环节是课程实施的改革，而课程实施的基本途径是教学，于是教学改革成为本次新课改的重点和难点。通过各级各类新课改的培训和学习，教师们的教学思想、观念和行为都发生了极大的变化，大多数教师自觉、主动、积极地在教学实践中进行新课改的探索，使成都市高中历史课堂教学面貌发生了深刻的变化，出现了“教有所长，学有所得”的可喜局面。

（一）教师的教学观念和教学行为发生了变化

“以人为本”“以学生发展为本”这一新课改的核心理念得到了教师们广泛的认同，并影响着教师的教学行为。教学设计中“以学定教”的意识显著增强，从学生的学习水平和能力出发，制定教学目标，设计适合学生的学习活动；从学生的现实生活中选择学习内容、整合课程资源；从学生的心理特征和身心发展的需要出发，设计富有趣味性、探究性的教学任务，激发学生的内驱力，增强学生的学习动机，受到了教师们的普遍关注。在课堂教学中，鼓励学生多思考、多发问、多沟通、多协作、多参与、多尝试、多体验，努力为学生创造出轻松、活泼、愉悦的课堂氛围，不仅关注学习的结果，更加关注学生的课堂生活质量成为教师们的普遍共识。在教学评价中，尊重学生的人格、承认学生的个体差异，注重评价对学生发展的激励作用；通过评价分析每个学生发展中存在的问题，肯定其主流，寻找和发现闪光点，在批评、帮助和指出不足的基础之上，树立学生发展的信心和改正缺点的勇气，指明进一步发展的方向。新课改所提倡的这些教学评价方式在更多的课堂上得到了较好落实。

成都市各校高中历史教师在“以学生为本”的教学理念引领下，在课堂上根据学生的实际情况，采用多种教学模式，师生互动，讲练结合，课堂氛围民主而和谐，师生均表现出了良好的精神面貌。例如，成都市双流棠湖中学探索出“三段式”教学模式，通过课前自主预习，课中展示、交流、探究合作等方式，课后的延伸、拓展、落实，把新课程理念与学校教学模式充分结合起来。成都市华阳中学推行了“三维七段式教学”，“三维”即新课程所要求的“知识与技能、过程与方法、情感态度和价值观”，“七段”是指“学习引导、先学自研、互助探讨、点拨讲解、训练内化、诊断反思、辅导提升”。这种教学模式灵活、机动，教师可以根据课堂教学内容和学生的不同情况，选择性地加以运用，目的是使学生在自己原有的基础上有所收获，充分体现了新课程背景下“因材施教、以学为主”的理念。成都市高新实验中学推行的“高效成功课堂”模式，努力将“成功”体现在每堂课上，其最终目标在于改变学生学习状态，实现学习效益最大化，让学生乐学、会学、学会，逐步培养学生学会发现问题、分析问题、解决问题、表达问题的能力，切实提高课堂的教学质量。正如一位教师所说：“要想让学生在课堂上不睡觉，课堂上必须活起来、动起来。既然是育人目标下的高效成功课堂，那么就应该抓住‘课堂’来做文章。好的课堂思维应该是自由的，‘动’起来的课堂才会精彩。课对了，教育就对了。”

（二）教师专业素养得到提升，团队合作意识不断增强

高中新课改实施以来，成都市大部分学校历史学科都推行了“学案”教学。这种教学方式在合理安排教与学的时间，引导学生自主学习、合作探究等方面发挥了重要的作用，是解决新课改之后，教学内容多、教学任务重、教学时间不足等难题的有效办法。为了准确地把握《课标》要求，更好地整合各种教学资源，进行新颖而有实效的教学设计，提高学案编写质量，教师们查阅了大量的资料，阅读了许多关于高中新课改和历史学科的专业书籍，提高了自身的理论水平和学科专业素养。

同时，新课改也激发了教师们强烈的学习欲望，团队合作意识不断增强。针对新课改中遇到的困难和问题，成都市各学校的历史教研组或备课组坚持集体备课，体现出团队合作的精神，形成了浓厚的教研氛围。从 2012 年下半年起，成都市对不同圈层、不同层次的学校进行了高中历史学科的调研。在调研中，我们发现成都市大邑中学、成都市龙泉中学、成都市彭州中学、成都市大邑安仁中学、成都市温江中学等学校都以年级备课组为单位，进行分工合作，在教材的处理、教学素材的收集和运用、学案的编写以及教学设计等方面实现

了资源共享。在自己的课堂上，教师可以根据实际情况对集体备课的学案和教学设计进行自主选择，既发挥了集体智慧的优势，也体现了因材施教的特点。彭州市要求高中历史教师坚持集体写教学日记，让教师们养成善于反思、及时总结、勤于动笔的好习惯，做到在失败中反思，在反思中探索，在探索中进步，在进步中成熟。

（三）学生的学习方式和课堂生活状况发生了变化

过去的历史学习以接受学习、死记硬背、机械训练为基本特征，而新课程强调学生主动参与、乐于探究、勤于动手，强调培养学生探究历史问题的能力和实事求是的科学态度，要求提高学生的创新意识和实践能力。在高中新课改推行的过程中，新课程所倡导的自主学习、合作学习和探究学习等学习方式得到了师生的普遍认可，并被自觉地践行。

在传统的封闭式课堂教学中，教师是在上课时才公布上课的内容，剥夺了学生的课前知情权，使学生在课堂上往往显得很被动。而新课改提倡的开放式教学，教师先让学生了解将要学习的知识，动员和指导学生去查找相关资料，必要时还要进行社会实践调查。学生在课前的学习活动中，可以了解到许多课本上没有的历史知识，并且还可以将所知道的知识进行充分交流，实现初级资源共享。这样，在教授新课之前，学生不再是“零”起点。课堂上，教师能够给学生更多的展示机会，提高学生参与的积极性，全面锻炼学生的能力。例如，新津华润中学坚持采取学生分小组合作学习的方式，在课堂上让小组成员轮流作为本组代表发言，既展示了合作学习的成果，也解决了学生想表现但没胆量、知道答案不想说、根本不想参与课堂学习等现象。在高中历史课堂上，我们惊喜地发现敢于对权威观点提出质疑和批评的学生多了；主动举手发表自己见解的学生多了；乐于与同伴合作交流的学生多了；真诚地为同伴的精彩发言鼓掌的学生多了……这意味着课堂上我们的学生正在悄然地发生着变化。

现行高中历史课标教材，每册教科书除了常规课以外，还设置了两课“学习与探究”课，即我们通常所说的“活动课”，希望通过学生的参与，倡导学生主动学习，在活动中提高学生实践能力、创新意识和历史学习的兴趣。这种设计也为学生的自主学习、合作学习和探究学习提供了空间。为此，成都市在全市范围内也推出了高中历史学科“活动课”研讨活动（如表 1.11.2），受到了师生的欢迎。

表 1.11.2　2010 年 9 月—2012 年 12 月成都市高中历史学科“活动课”研讨活动统计表

时间	地点	指导教师	课题
2010—10—29	成都市嘉祥外国语学校	成都市嘉祥外国语学校何俊	《模拟古罗马法庭》
2010—12—24	成都市铁路中学	成都市铁路中学杨文鸿	《欧美主要资本主义国家的社会巨变》
2012—4—27	成都市郫县一中	成都市郫县一中吴林	《图说宋代经济》

活动课的准备不仅仅是物质上的准备，还包括知识准备、能力准备等。准备和展示的过程也就是学生学习知识、提高能力、掌握方法的过程，也是新课改背景下学生学习方式和课堂生活状况变化的集中体现。

成都市很多学校严格按照《高中历史新课程标准》要求，在高中各学年、各学段开设必修课程、选修课程的同时，还开发和设置了包括博览群书、百家讲坛、文科讲座、外出参观、暑假调查、研究性学习、历史兴趣小组等各种形式的校本选修课程，旨在开阔学生视野，为学生的成长、成才奠定坚实的基础。例如，棠湖中学从高一开始就以 4—6 人为一组，将同一班级的学生按成绩、能力、性格诸方面的差异组建成若干个最优化的“同组异质、组间同质”的历史兴趣学习小组，组织学生进行文科知识竞赛、人文素养知识竞赛等，提高学生的学习积极性和历史学科素养。双流中学历史组每学年都指导学生开展研究性学习，在开题前组织学生听取报告《怎样发现和选择适合自己研究的课题》，要求学生明确课题研究的目的，结合自身兴趣爱好拟定研究题目，选择合适的研究方法和步骤，在积极查找资料、深入思考的基础上形成自己独特的观点，再整理出思路，撰写成研究报告。如胡克芹老师指导的《农耕文化的发源地——双流》，匡世国老师指导编撰的乡土教材《双流历史》等就是比较优秀的成果。

（四）青年教师茁壮成长、骨干教师队伍不断壮大

与新课改同行、伴新课改而成长，既是教师的期望，也是成都市新课改工作要实现的一项重要目标。三年来，省、市级的新课改培训，尤其是学校开展的一系列校本研修活动，不仅提高了教师的教育、教学理论水平，加深了教师对新课程教学理念的理解，更为教师尝试、改进、探索教学方式，提高课堂教学效果提供了契机，创造了机会。

新课改也为广大的青年教师和骨干教师创造和搭建了更多崭露头角的机会

和平台，让一批青年教师脱颖而出并成为校、县、市级的学科教学骨干。在省、市、区、校各级各类的培训活动中，他们勇于承担各项培训和研究任务。在任务的驱动下，他们主动学习、积极探索、不断反思、带头示范，既为当地的课改起到了示范和引领作用，又促进了自身的发展。为配合全国各地区新课改工作的推进，全国、全省每年或每两年都会举行一次教师赛课活动。这一活动既是促进教师实施课堂教学改革的激励手段，又是检验和展示各地区新课改成效与课堂教学水平高低的重要指标。进入高中新课改之后，2010—2014 年成都市先后有多人次在全省和全国的历史优质课比赛中获奖（见表 1.11.3、1.11.4）。

表 1.11.3　成都市青年教师 2010—2013 年在四川省历史赛课中的获奖情况

时间	学校	教师姓名	全省赛课获奖情况
2010 年	成都市列五中学	何艳妮	一等奖
	成都市外国语学校	刘小芳	一等奖
2011 年	四川师范大学附中	杨雪芹	一等奖（高中组第一名）
	成都七中育才学校	叶德元	一等奖（初中组第一名）
	成都七中嘉祥外国语学校	何俊	二等奖
	成都市树德实验中学	曾庆沙	二等奖
2013 年	成都市西北中学	李敏	一等奖（初中组第一名）
	成都七中	丁海山	一等奖
	成都七中万达学校	杨福星	一等奖（高中组第一名）
	成都市郫县一中	吴林	一等奖

表 1.11.4　成都市青年教师 2010—2014 年在全国历史赛课中的获奖情况

时间	学校	教师姓名	全国赛课获奖情况
2010 年	成都市外国语学校	刘小芳	一等奖
	成都七中育才学校	何玉明	一等奖
	成都市列五中学	何艳妮	二等奖
2012 年	四川师范大学附中	杨雪芹	一等奖
	成都七中育才学校	叶德元	一等奖

续表

时间	学校	教师姓名	全国赛课获奖情况
2013 年	四川大学附中	杨培江	一等奖
	成都市温江中学	张渝阳	一等奖
2014 年	成都市西北中学	李敏	一等奖
	成都七中	丁海山	二等奖
	成都七中万达学校	杨福星	一等奖（入选全国十节示范课）

2015—2020 年，成都市在全国、全省历史优质课比赛中多人获奖。此外，成都市石室中学伍陵老师的《近代物质生活的变迁》、帅瑶老师的《罗斯福新政》，成都市外国语学校刘小芳老师的《蒙昧中的觉醒》，四川师范大学附中邱袁老师的《英国代议制的确立和发展》、杨雪芹老师的《罗马人的法律》以及成都市盐道街中学董亚伟老师《责任意识·理性质疑·多元视野——重回戊戌变法历史现场》等都在四川省高中新课程远程培训中作为示范课进行了展示，获得了普遍认同。

除此之外，成都市石室中学的赖兵、帅必成和伍陵老师；四川师范大学附中的刘松柏和梁晓东老师；成都七中的饶琳老师；成都市树德中学的郭子其和高建文老师；成都市玉林中学的邓兴国老师；成都市十七中的宋克林老师等都先后多次举办四川省高中新课程远程培训的讲座，获得了一致好评。这些培训讲座和优质课例在一定程度上代表了新课改以来，成都市历史学科教学研究与改革的成效与水平。

与此同时，在成都市教育科学研究院特级教师、历史教研员赖蓉辉老师的推荐下，成都市石室中学的帅必成和伍陵老师；四川师范大学附中的刘松柏和梁晓东老师；成都市十七中的宋克林老师；成都市树德中学的陆焱老师；成都市龙泉驿区历史教研员江亨华老师等还参与了《四川省高中历史新课程教学基本要求》和《四川省普通高中历史学科学业水平考试要求及说明》的编写和审定工作，为四川省的高中历史新课改出谋划策，充分体现了成都市在全省新课改中的龙头作用。

2012 年 11 月，成都市举行了历史学科“蜀都杯”赛课活动，这次赛课有来自成都市 20 个区（市）县和市属学校的 26 位年轻教师参与角逐，比赛分预赛和决赛两个阶段，竞争异常激烈。赛场上，参赛选手八仙过海，各显神通，为全市高中历史教师带来了难得的视觉和听觉盛宴。这次比赛，让我们真切地感受到新课程教学的理念已经逐步深入教师的内心世界。参赛选手的教学设计注重三维目标的内生性，强调整体性与生成性；注重自主合作与探究的学习方式与学生的主动建构，强调主体对话性；注重教学资源的开发与整合，强调教学的创生性；注重人的发展，强调教学的人本性，充分彰显了新课程理念。这次比赛让我们看到了成都市青年教师的茁壮成长和高中历史新课改焕发出的蓬勃生机。

我们有理由相信，新课改为成都市中学历史教师的专业成长搭建了良好的平台，只要做一个有心人，愿意学习，乐于思考，勇于实践，通向成功的道路会越走越宽广。

培训专题与讲座荟萃

我国中学历史教育的研究历程及其主要课题

（赵亚夫，首都师范大学教授、博士生导师）

今天很高兴来到四川师大和国培高校历史班的学员交流有关我国中学历史教学演变的几个议题。受陈辉教授的邀请，我几乎每年都来这里给国培班的老师们讲点什么。今年面对的听课对象和要讲的课题与往年不一样：一是在座的各位大多数是在大学从事“历史教学法”研究和教学的教师（还有部分地区的教研员），你们看问题的视角和培训需求跟一线教师不同；二是陈教授给我的这个“命题作文”，既是本次培训的一个重点，也有助于大家的“专业提升”。本题目的范围是新中国“中学历史教学法”的回顾与展望，我定位为近六十年来中学历史教育的学术史。这个题目我自 2005 年起在各地、各种场合讲了若干次，但面对大学的历史教学法教师讲，还是第一次。首先要感谢陈教授为培训所做的周密计划，也感谢他给我机会和大家交流这个有趣又很有必要的话题。

目前学界对学校历史教育学术史的研究依然薄弱，尽管从表面看相关的研究好像足够多，较好的成果也有一些，但就整体而言，还不能算成熟，滥竽充数的作品仍很多。因为做的人多了，又处在一个混沌的研究期——学术标准尚待确认，谁都可以说自己做得最好（其实，谁这样认为谁就在学术上没开窍）；加之有些“研究”本身就是特定任务、利益或权威的产物，很难公允地对待学术问题，故当它受到批判、指责时，就自然而然地把问题扯到立场等政治方面的问题上去，有时还被掺入个人恩怨之类的因素。这些年，我对此课题做得多，也在适当场合讲讲，但写得少，为的是不招惹麻烦。但愿今天的讲座，也是一个阐发个人见解的合适场合，内容仅供各位参考，其中若有错误和偏见敬请大家批评。

陈教授找我来讲这个题目，有比较充分的理由：其一，一个学科是否达到了成熟的程度，要着眼它的学术史；其二，确认学科要研究什么问题抑或是它理应解决怎样的问题，有必要着眼它的学术史；其三，研究学术史——特别是在学术史研究的萌芽时期——如果能够得力于创生者的“活资源”的方便，则比单纯的文献研究来得更加真实；其四，对于资料的收集和整理须有相当的心得；其五，研究者本身最好就是实践者，“在历史教育中看历史教学”与“就历史学看历史教学”还是不同的。

前两个理由是我们的共识，下面我会着重进行阐述。第三个理由，若考察近六十年来的中学历史教学的话，我作为一个“七八级”的大学生，可谓相当的幸运。比如，新中国以后从事中学历史教学法研究的知名前辈，我几乎都交往过，于友西、周发增、赵恒烈、苏寿桐、李纯武、宋毓真、时宗本诸先生还是业师；对于教学、教材的变化过程，我是间接的经历者；近十余年的课程改革，我则参与其中，既是见证者也是推进者。第四个理由，主要完成在最近十年，仅以我个人的研究为例，已经整理了民国时期的相关资料数百万字，近六十年的研究著书百余部、文章数几万计。也就是说，对于我国百年来的学校历史教育史，在线索和轮廓上是理清楚了，其发展中的主要成绩和问题，也基本上是能够把握的。至于第五个理由，我和你们一样，既是研究者也是实践者，身份上是彼此认同的。不同的是，我比你们早若干年进入历史教学界，至今已有 32 年的教龄，而且借北京的地域优势，有更多的学习和借鉴机会。所以，我有向晚辈同行介绍中学历史教育历程的义务。

我把历史教育史视为一个演变过程，看中的是其中所记录的各式各样的研究课题和实践经验。因此，尽可能回避了“发展”这个词。为什么呢？较真地说：（1）历史教育研究本身缺少真正自觉的时候，我们的“发展”主要依赖政治环境；（2）近六十年的中学历史教育史，很难从严格的学术史（诸如已有的成果）方面将其定位为“发展史”；（3）即便是今天，对已有理论和实践的定性的和定量的研究，还处在幼稚阶段，说其“发展”只是用粗疏的研究思路梳理演变或经历的线索而已。因此，我只能为大家提供考察视角，仅是起抛砖引玉的作用。

一、中学历史课程的回顾与展望

（一）关于中学历史课程的研究范围问题

我今天讲的内容，在习惯上被叫作“新中国的中学历史教育”，即 1949 年中华人民共和国成立至今的中学历史教育。同时，也限定了对象——严格讲是——“中学的历史教学”，包括初中和高中。不做限定的是其所涉及的内容，“教育”比课程、教学、教法、教材都宽泛，实际上是从一个整体视野讲一些重要的看问题的视角和研究课题。

过去的“中学历史教学法”脱胎于“中学历史教材教法”。民国时期的问题略复杂一些，这里不赘述，大家可参考我的《为了历史教育的明天》（《历史教学》，2013 年第 4 期）和《民国历史教育研究遗产与我们的任务》（《历史教学》，2013 年第 5 期）两篇文章，以及若干讲座的 PPT。这六十年的情况实质性的东西没有超越民国时期，仍是“教学法”和“教材教法”混同。否则，为什么现在的师范院校的主流授业还是教材教法；“新课改”难以奏效的一个学术瓶颈，还是超越教材教法。大家会说，教学法或教材教法对教学说得清楚，也很实用！我也觉得是这样。拿现在出版的“历史教育学”“历史课程与教学论”专著和“教学法”作品比较，的确模糊的地方不少。比如，一部“历史教育学”“历史课程与教学论”，如果你不熟悉那个作品，就不知道它的研究对象。照理说，“历史教育学”或“历史课程与教学论”这个名称乃至概念，包括了小学、初中、高中和社会的历史教育。目前，除周发增等人的《历史教育学新论》（广东教育出版社，1993 年）在“历史大教育观”指导下是这样组织内容外，其他极少标明“中学”二字，都有名实不副的嫌疑。其实，即便是专门的中学历史教育研究，初中和高中也应不尽相同才对。初中历史是义务教育阶段的历史教育，不可忽略的是其“义教”性质。我们一再强调初、高中衔接，衔接什么呢？只看到“内容衔接”就不是讲教育了，顶多是在讲书本知识。这是大家今天碰到的第一个“教学法”解决不了的“学科教育”问题。所谓教学法说得清楚、实用的问题，也要针对学生需要习得的内容具体问题具体分析。

我也是由教学法打基础的，后来带职到中学教学（1984 年，北京 161 中学）一年，发现它只解决教学技术（不是今天教育技术学所指的技术，而是学科教学的“基本法则”=教学程序）问题，不解决教学观念问题，于是就想到把“教学”的层次提升到“教育”的层次。我真正接触和思考“课程”问题，是 1993 年在日本（三重大学教育学部，至 1994 年），到 1997 年参与“21 世纪基础教育走向分析”的课题时，算是在理论和实践两方面有了较彻底的转变，即我从“教学法”的视角转变为“学科教育”的视野，前后用了 10 多年。为此，我也“非主流”了很多年，现在也未必不是“非主流”。但不管怎么说，我从中落下一个毛病，就是习惯于从“学科教育”的视野看自己要解决的问题，包括“课程问题”。因为教学法不反映学科教育的根本性问题，而课程反映“学科应该做什么”这类本质性问题。有了“学科教育”的观念和认识，再认识和把握“学科课程”就会有不同于一般的视野和实践价值。比如，历史课程有若干层面，国家的、学科的（教材）、教学的和学生的。以教育视野看，即有理想的课程、实施的课程、习得的课程等，它们各有各的位置，却又相互影响，如果在实践中不加区分、完全割裂它们之间的关系、仅强调其中的一个层次或方面，教学要么乱套，要么井然有序但无实效。过去的教学法就有一叶障目的问题，看重“实操”，拾得芝麻丢了西瓜。

所以，现在讨论中学历史课程的研究范围问题，有必要强调从本学科教育的价值导入教育、教学以及有效性等一系列问题。也就是说，研究中学历史课程，一方面需要专业的课题规划，使之所解决的问题能够理论联系实践，而非理论仅作实践的标签；另一方面从整体的学校历史教育的角度处理好各学段的教育、教学功能和特色等更具有实质性、操作性的问题，比如，小学、初中、高中究竟该如何整合又该如何做好自身的定位。现在的“历史课程论”没有做到这一点，实践者也在糊涂着实践。

（二）关于六十余年来中学历史课程的分期问题

分期问题关乎对历史教育史的理解，也是学术史研究不能忽视的重点课题。我初次接触它是在 1985 年去苏寿桐老师家修“中国历史教材及其编纂”课，他大致按照“1949—1952 年”“1953—1957 年”“1958—1966 年”“1976—1980 年”的顺序讲授中国史教科书的编纂历程和问题。同年，还修李纯武老师的“世界历史教材及其编纂”课，他主要着眼世界史教科书的结构问题，也涉及不同时期教科书的特点，但没有苏老师说的那么具体。两位老师的授课内容，很快就发表了。如 1985 年人民教育出版社出的《中学历史教材和教法》收录了苏老师的《中学历史教材三十年》《中国历史教育的过去和现状》，收录了李老师的《体系·结果·重心——谈世界历史教材编写》《交流·渗透·时代特色——二谈世界历史教材编写》《分析·认识·借鉴——三谈世界历史教材编写》。现在大家去看苏老师的《史编拾遗》（人民教育出版社，1995 年）和李老师的《历史文稿选存》（人民教育出版社，1997 年），材料方面更完整一些。

最早且较为清晰的历史课程阶段划分是伴随着划分教材（含《教学大纲》）编写阶段而产生的，权威的成果当属苏寿桐老师的划分法。以后，还有赵恒烈的“四分法”：“学习苏联的得益和失误”（1949—1957）、“独立探索的成绩和问题”（1958—1976）、“‘文化大革命期间’的动乱和教训”（1966—1976）、“全面改革的成就和瞻望”（1977—1992）（《历史教学研究》，今日中国出版社，1993 年）。我在 1997 年出版的《中学历史教育学》（中国建材工业出版社）讲义里，结合教学目标和“课改”分了六个时期：“草创时期”（1949—1955）、

“初步定型时期”（1956—1962）、“确立性格时期”（1963—1966）、“拨乱反正时期”（1976—1985）、“改革时期”（1986—1991）、“发展时期”（1992—1996）。

分期看似简单，其实不然。即便到 20 世纪 90 年代，找齐材料也是不容易的事。比如，收齐《教学大纲》就是一个基本条件。苏老师说，1962 年基础教育逐渐回归正常，1963 年编了一个大家都觉得满意的《历史教学大纲》，而我得见其真容已是 1996 年了。其他一些必要的背景性材料同样很有限，只能知道个“大概”。再举一个相关的例子。20 世纪 80 年代末，我们要在小学阶段开设“社会课”（一门综合课程）。怎么做呢？讨论中各种意见和认识都有，但谁也说不清楚这是一门什么性质的课程，烦恼还有“综合的内容”怎么编。其实，人教社的书库里就存放着大量的民国时期的资料。那时，封闭到不仅外人不能借阅，连多数自己人也不知道。人教社的一位老领导后来对我说：“可惜！当时不知道我们存了这些宝贝，要不然不至于一开始就对这门课程稀里糊涂。”历史课程的情况或许好些，但也不会与之有天壤之别。我早年听苏老师、李老师的课觉得他们提及的材料很重要，自己也有研究的冲动，但是要自己去找相关材料则十分不易。所以，对前辈们发表的文章如获至宝。那时，一是思想封闭，思路想不到那里；二是觉得新教材体系已经建立，没必要再翻老账；三是研究视野普遍偏窄，只有零星的“教育史”研究；四是资料没有开放，研究环境不佳；五是在资料十分匮乏的情况下，一些学者有“藏宝”的习惯，谁有“独家秘籍”，谁就能保全自身的学术位置。

人教社把历次的《教学大纲》和《课程标准》结集出版是在 2001 年，这是一件大好事。我们这些从 30 年前一路走过来的“教法研究者”，尤其知道它的可贵。在数字化时代，做研究的方便性放在过去是无法想象的。所以，20 年前在分期这类基础性研究方面，大家不重视或许与材料缺乏有关，出来一个研究成果大家相互抄袭的现象也或可得到宽容，现在则不能容忍，道理不言自明。

再回到分期问题本身。我现在用四分法：“定型时期”（1950—1965）、“混乱时期”（1966—1976）、“调整时期”（1978—2000）、“探索时期”（2001—）。“定型时期”可以 1956 年、1963 年为标志分为两个阶段。前段推出了新中国第一套自编的《历史教学大纲》和教科书，后段是被老一代教科书编纂者和教学法研究者津津乐道的“建国后编制的最好的‘大纲’和教科书”。当然，这不意味着“发展”是直线式的。若细分的话，1950—1953 年、1954—1956 年、1958—1962 年、1963—1966 年，都各有说法，特别是影响学校历史教育的政治影响，能够让“分期”问题变得尤为复杂。所以，我主张分期问题不宜过于琐碎，要着眼大的方面。大的方面是确立了“以马克思主义、毛泽东思想、历史唯物主义为指导”的学校历史课程、教材和教学法。一切变化乃至其中的混乱，都是以此为前提，而且至今这些大的方面——历史作为意识形态学科的地位——没有变。“混乱时期”是极为不正常的时候。“调整时期”也可以再分，如 1977—1982 年、1983—1988 年、1989—1992 年、1993—2000 年，其理由我们在《20 世纪中国中小学课程标准·教学大纲汇编（历史卷）》可以清楚地看到。“探索时期”也可以说是“改革时期”。但是，“改革”二字还是不容易说清楚问题，因为历史上的“改革”太多，“停课闹革命”是“改革”，“复课闹革命”也是“改革”，“改革开放”后每次出台教育新政策都讲改革。用“探索”的概念，主要有三层意思：“改革”本身就是探索；“改革”还远未达到目标；越是朝着进步的方向发展越具有探索的性质。

（三）六十余年来学校历史课程的基本线索

我们习惯用“曲折发展”这四个字概括基础教育所走过的历程，这比“辉煌成就”更为实事求是。“发展”是从“大势”上说，笼统而无大错。“曲折”便是事实。“发展”包含了“成就”，“辉煌”则就夸大其词了。仅就历史课程看：

第一，就整个义务教育或基础教育“发展”的政治背景而言，历史课程所经历的大变革与其他学科课程没有什么不同。比如，为了“肃清封建的、买办的、法西斯主义的思想”的旧教育，所有学校课程的任务是一样的；教育要为无产阶级服务、以阶级斗争为纲，以及经历了一波又一波的政治型教育改革，所有学科课程概莫能外。

第二，因为历史被视为意识形态课程，其演变过程受政治环境的影响也非常突出。1949 年 9 月 29 日通过《共同纲领》（其中，第 41、42、44、46 条分别就学校教育的性质、目标、内容和方法做了明确规定）。同年底，首届全国教育工作会议召开，历史学科的任务和角色就被确定了。还有，课程的性质是由教科书的内容体现的。新中国成立不到一年（1950 年 8 月），政府颁布“教学计划”和《小学历史课程暂行标准（草案）》，表明确立以历史唯物主义为指导原则的课程与教材体系刻不容缓。

1956—1957 年共出了六个《教学大纲》：《小学历史教学大纲（草案）》（1956）；《初级中学中国历史教学大纲（草案）》（1956）；《初级中学世界历史教学大纲（草案）》（1956）；《高级中学世界近现代教学大纲（草案）》（1956）；《高级中学中国历史教学大纲（草案）》（1956）；《高级中学历史教学大纲（草案）（近代史部分）》（1957）。宣告采用马克思主义史学观、强调劳动人民是历史的创造者和中国共产党的革命实践的爱国主义的历史课程和教材已经确立。

这是学习苏联的结果，使旧教育大大改观。现在看，其中的盲目性显而易见，不过，要知道在当时没人认为那是盲目性，人们欢欣鼓舞的是自我诞生的革命成果。

1958—1962 年，政治波动大，课程与教材的变化也大。值得注意的是 1962 年制定的又一个十二年制教育计划。1963 年的《历史教学大纲》，既改正了以前“要求过高、分量过重、内容过深”的问题，又纠正了 1958 年大量缩减课时和该时期部分的“极左”影响。(1) 将初中、高中大纲合并为一；(2) 要求按照年代顺序叙述人类历史发展的具体过程，阐明人类历史发展规律；(3) 强调学校历史教学的目的是教给学生有关中国和世界历史的基本知识；(4) 反对堆砌史料以及没有理论观点的做法，要求材料和观点统一。可惜，《全日制小学历史教学大纲（草案）》和《全日制中学历史教学大纲（草案）》皆未正式实施。1964 年又提出“学制改革”；1965 年要求修订教材，并推迟到 1966 年使用。

1966—1976 年的“文化大革命”终结了前十七年的一切成果，包括 1963 年这套完整的中小学《历史教学大纲》所确认的内容体系。彻底否定“十七年”是“文革教改”的明确任务，其理由犹如 1971 年 8 月姚文元、张春桥在《全国教育工作会议纪要》中提出来的“两个估计”。

1978—1988 年是“拨乱反正”的时期。邓小平出来抓教育，提出“尊重知识，尊重人才”和“三个面向”。1978 年 3 月，教育部发出《关于中学历史教学大纲和教材中的几个原则性问题如何处理的初步意见》。1988 年，明确了历史教学的“基础知识”“思想教育”“能力培养”三大任务。尽管还坚持“阶级斗争是历史发展的直接动力”的观点，但是历史教学的面貌焕然一新。这期间颁布了《全日制十年制学校中学历史教学大纲（试行草案）》(1978)、《全日制十年制学校中学历史教学大纲》(1980)、《全日制小学历史教学大纲》(1986)、《全日制中学历史教学大纲》(1986)、《九年制义务教育全日制初级中学历史教学大纲（初审稿）》(1988)。

1990—2000 年，依然有波折。大家印象比较深的有两件事：加强中国近现代史教育和国情教育；教育“改革”逐渐热闹起来，到 2000 年终于酝酿成全国范围内的大课改。

从《全日制中学历史教学大纲（修订本）》(1990)、《中小学历史学科思想政治教育纲要》(1991)、《九年义务教育全日制初级中学历史教学大纲（试用）》(1991)、《九年义务教育全日制初级中学历史教学大纲（试用）》(1992)、《全日制普通高中历史教学大纲（供试验用）》(1996)、《九年义务教育初级中学历史教学大纲（试用修订版）》（2000）、《全日制普通高中历史教学大纲（试验修订版）》（2000）这些文件看，除了突出三项任务、承认历史是人文社会学科、强调历史价值外，还有就是对其政教功能的强化。

2000年推出的“新课程”，又对以前的课程做了什么呢？一是课程与教材体系发生的变化前所未有，主观上要构建面向21世纪、有中国特色的课程教材体系；二是重新界定基础教育的性质，强调“育人为本”“以学生发展为本”的理念，客观上适应全球化要求。初中历史课程采用“主题”结构，高中历史课程采用“模块+专题”结构，构建新课程的形式虽然有生硬之处，实际效果还是有所进步。2011年版的《历史课程标准》，不是修订版，而是折返，向《教学大纲》折返了。如果能够用“曲折发展”这个词概括六十年来中学历史课程史的话，我断定今天仍在“曲折”中。

（四）怎样看六十余年来中学历史课程的经验和教训

第一，看本质性的东西。影响中学历史教育或课程进步的因素很多，如果只盯住枝节的东西不放，研究就没有价值。中学的历史教育是“国办的”基础教育，首先要把握国家的大政方针，像政府（教育部）颁布的“教学计划”和学科“教学大纲”或“课程标准”这些具体文件。现在的“中长期发展规划”和“基础教育改革纲要”也属于这类文件。我们通常说的课程反映“国家意志”，都是由这些基本文件体现出来的。据此，我强调两点：一是六十年来“国家”为中学历史教育所定的主旨性内容没有变过，历史课程作为意识形态学科的地位也没有被动摇过；二是中学历史教育进步的总趋势，与协调好“国家意志”和“个人健全发展”之间的关系。中学历史教育研究，从来就不是单纯的学术研究，更不存在由纯粹的历史学定向教学的问题。如前所述，“曲折发展”，不仅用作表述一个事实，而且它还是一种措辞，隐喻了一些不便直说的东西。今后，我们希望不再出现这个晦暗不清的词，“丁是丁，卯是卯”，实现学术化的研究超越“国家意志”。

第二，确实需要研究一些学术性强的真问题。比如，学科发展究竟受制于何种原因，能否找到智慧的解决办法？何谓有价值的中学历史教育，能否把握时代性和先进性？学科健全发展需要怎样的环境，能否促进有效的学科教育教学？中学历史教育能给国民自信力吗，公民教育如何得以实施？等等。我仅提示三点：（1）此次课程改革的总目标是“为了每位学生的发展；为了中华民族的振兴”，具体落实的任务是“六个改变”。历史课程为此有可喜的成绩，也徒增了许多困惑，诸如因偏于“改变”而未慎重对待“过于”，招致了被颠覆的后果。本来“六个改变”都是用“改变……过于……”的语式，如“改变课程结构过于强调学科本位、科目过多和缺乏整合的现状”，并不是说，削弱学科应有的学习价值（针对知识和技能），否则“九年一贯整体设计课程门类和课时比例、设置综合课程、适应不同地区和学生发展的需求，体现课程结构的均衡性、综合性和选择性”很容易落空。但是，我们却过于看重任务的结果，忽略了课程的整体性、学科性特别是自身的人文性，到 2011 年就翻车了。（2）学科教育研究跟不上，在课程改革面前必然被动。比如，此次课改的特点，像课程标准试图体现素质教育精神，指向学生的健康成长与全面发展（定向人文素养）、课程内容试图超越学科中心，密切联系学生生活和社会实际（关注历史教育）、试图突出学习方式与教学方式的变革（多种教学模式探索）、试图注重过程性及发展性评价（从测量到评价）、试图为教材的多样化和教师教学的创造性提供较大的空间（使“用教材”而非“教教材”成为可能）等，我们反复地强调它们，写了那么多文章和书，可是一旦较起真来，我们又似乎什么也说不清楚。（3）正是由于历史教育研究滞后，不仅在课改中“研究成果”少有用武之地，而且研究方法相当粗糙。如对《教学大纲》和《课程标准》的研究和解读。我曾对“2001 版”《标准》中的行为动词（《从〈历史课程标准〉的行为动词看问题》，《历史教学》，2008 年第 4 期）做过分析，也对不同时期的《大纲》做过系统研究。比如，从其使用寿命方面看，1956—1963 年，有 6 个《大纲》，大致用了 7 年时间；1963—1964 年，没有实施也就没有使用；1966—1976 年，无正常的历史教学，忽略不计；1978—1988 年，1978—1980 年，1980—1986 年，1986—1988 年，大致两年变动一次；1990—2000 年，1990—1992 年，1992—1996 年，1996—2000 年，大致二到四年变动一次；2001—2011 年，实验了十年。每颁布一个《大纲》（《标准》），都有权威人士发表文章说它的进步性或深刻性。怎么可能呢？你单看一个《大纲》，在一个特定背景下，或许多少可以说些肯定的话，但是把它们串联起来看，问题就大了。哪有那么多的“发展”！有一点儿“进步”已属不易。我的意思是说，方法精细些更能够对得起前辈们的付出（包括珍视他们的研究成果），也更符合学术的要求。还有，方法和视野是相辅相成的，方法得当则视野开阔，视野开阔则方法精致。比如，六十年来政府正式颁布的《大纲》（《标准》）多有“草案”“试行”“试行草案”“供试验用”“试用修订版”“试验修订版”“实验”等字样，明摆着是“非正式”的。2011 年的《课程标准》统一为“2011 版”，意味着以后的《课程标准》以“版”为标志，承认其稳定性和权威性，这就是进步了，但很多人没有看到它，一个重要方面是学科研究方法和视野不足。

二、大学历史教学法课程的回顾与展望

大学的历史教学法研究几乎与中学历史课程和教学同步。大家或许知道，“教授法”和“教学法”都是舶来品。“教授法”这个词，直接从日语拿来即可，它原本就是汉字而且语义相同，讲教师如何有方法地教书。“教学法”的概念从美国引入，陶行知大加提倡并大力推介，在20世纪30年代流行起来。所以，读早期的历史教学文献，如梁启超、蒋梦麟、何炳松等都用“教授法”的概念，三四十年代就是“教学法”的天下了，即“不单研究教的法子还研究学的法子”。有趣的是，到了20世纪50年代，苏联人的“教学法”又回到了“教材教法”，我们学他们，“教学法”几乎就是“教材教法”；到70年代拨乱反正还是“教材教法”占了上风，以至于今天师范院校的主流仍是教材教法。

（一）怎样看历史教学法的传统问题

实事求是地说，至今大学历史教学法还是“跟着中学跑”的非学术学科，教学法教师没有学术地位，甚至教学法课程没有岗位（即学校不设专岗，由中学老师代课）。为此，我们抱怨得太久。可是，再看看我们为自己认定的任务、出产的成果以及在中学的实际影响和作用，有什么理由抱怨呢！前辈们说：“教学法是好汉子不愿做、赖汉子做不了的差使。”我说是：“姥姥不疼，舅舅不爱。”“好汉子”愿意做的事是针对史学研究而言，即能做史学研究的人谁也不愿意做教学法这一行，言外之意“那不是个（有研究内容的）东西”；“赖汉子”不行，是说这里还有些门道，需要知识面宽些，还要爱学生，而且知识底子、表达能力不能太差。“姥姥不疼，舅舅不爱。”一个指历史学，另一个指教育学，它们从不拿教学法当回事。久而久之，做大学的教学法教师，不跟着中学跑就没有出息。中学“应试教育”了，我们就研究考试；中学“课改”了，我们出各种解读；中学“玩微课”了，我们马上跟着翻转。当然，什么都不研究也是常态。你们怎么看“别人眼中的我们”，我不知道，不过，我是把别人的“看不起”当作鞭策和警示。其一，人家说的是事实，尽管你有特例说“不都是这样”；其二，至今，中学历史教育也没有形成独立的研究性格和系统，尽管教学法还有些用处；其三，大学历史教学研究不是中学教学研究的附庸，而事实上它是；其四，大学历史教育研究既不依附于历史学也不依附于教育学，而事实上它做不到。

我们还必须看到一点：中学历史教育研究的起点并不低。举几个例子：

(1) 民国时期，从初建近代学校历史教育体系到各时期政府出台《课程标准》、教科书，总有“学界的大人物”在其中，或作为参与者，或作为批判者。从主流看，双方常常是新锐对新锐。当然，有民国时期教育普及率不高，学者相对集中，给人以人才荟萃的感觉；或有教学过于松散，管理约束不力，反倒突出了思想活跃等因素。但是，我们只需看到学术活跃的主体是谁、提了哪些问题、论述问题的水平，以及他们引领的方向，就足够了解理应继承的传统了！(2) 吕思勉、顾颉刚、钱穆这些学者编纂历史教科书，初衷不同、风格各异，但皆成为编制教科书的范例，我们又该从中继承哪些传统，现在可以看得比较清楚！(3) 中学历史教学法研究的奠基者是徐则陵、何炳松等，当时都能与世界接轨且立足于本国，何况现在！(4) 在 20 世纪 50 年代编写第一套历史教学大纲和教科书、70 年代为拨乱反正编写新一套历史教学大纲和教科书，“学界大家”是起了积极作用的。(5) 1981 年成立全国历史教学研究会，会长是著名史学家白寿彝。三年后，北京历史教学研究会成立，会长是著名史学家戚国淦。

总之，我们有个传统，叫“重视开头”。这个开头包括 1976 年到 1990 年这十来年，大学教学法教研室的红火。仅以北京为例，北师院历史教学法教研室有黄一欧、于友西、叶小兵、程路宁和我，共 5 人。北师大是丁西玲、潘辑熙、孙恭恂、马卫东以及后来的张显传。其他，像华东师大、上海师院、天津师院、广西师院、南充师院、杭州师院等，专职教法教师的力量都不弱，如金相成、陆满堂、王铎全、卢士林、吴景贤、刘方义等齐刷刷的一批人，不能说别人不重视，也不能说我们都出身“赖汉子”。应该说，近三十年来的教学法研究基础就是这些人打下来的，他们形成了中学历史教学界的顶梁柱。像学会这样的事，既是由他们倡导组织的，也是由他们主导的。以后为什么不行了呢？原因很多，我只讲三点：(1) 政治风云变化大（包括院校调整等具体原因），介入历史教学界的史学家都是“临时工”，而且仅仅承包政治任务，教学法教师难以较长时间得其恩惠，说白了，就是没有权威帮我们在史学扎根。游离于史学边缘，且只在师范院校有历史教学法，“不被重视”是当然的事。即便有几个史学家重视，因其不在专业内，也多是说外行话，或是做了外行的指导。这个现象在今天依然存在。(2) 建立教学法的专职队伍是学苏联的。好处是，使教学研究专业化，我们有了一套教学的规矩。也就是大家今天仍坚守的东西。但是，它也“丢了专业”——历史学，使之顾此失彼，后遗症很严重。(3) 因为政治需要把教科书放在第一位以便统一思想，所以教材教法成为研究主流，20 世纪 80 年代中期以后，大学研究者主导下的教学法研究方式已开始转移。我主张大家破茧而出，不是不珍视传统，而是强调不要作茧自缚。事实也是，从以往的中学历史教学经验中淘点儿金沙子可以，但那不是金矿，金矿得我们自己去寻。

（二）大学历史教学法课程的设置及其走向

20世纪50年代，苏联的凯洛夫给我国带来一套新的教育学（人民教育出版社，1951年上下两册，1952年作为师范丛书，出合订本），与之一脉相承的中学历史教学法是卡尔曹夫的（《中学苏联历史教学法概论》，人民教育出版社，1955年）。我的恩师于友西说，“当时这本书影响最大”。大到什么程度呢？先生没有明确说。后来有机会问了一些前辈，不少人居然不知道这本书。想来，那时不像现在交通、信息和经济都比较发达，传播一个东西很快。当时，“一边倒”地学苏联，在教育学领域容易统一贯彻一本教材。大学的中学历史教学法课就未必了，我们能够确认的是全面学苏联的大背景。如，东北师大的薛虹老师在《历史教学法参考资料选辑》序言中说：“鉴于目前缺乏历史教学法的参考书……无论配合函授同学的学习及本科同学的学习特别是进行学年作业计，就几年来已译成中文的一些苏联中学历史教学的论文及经验选印成书，作为参考。”（1956年12月版）内容包括，《普希金教授对于中学历史教学的意见》《论历史课程中的苏维埃爱国主义教育》《我们所看到的苏联学校中的历史教学》《苏联旅顺一号中学的历史教学》等，共22篇。

如前所述，“教法”老师并非都是“赖汉子”，像陈辉教授的老师吴景贤，民国时期已经出名了。北师大的丁西玲、北师院的黄一欧则是“职业学生”（大学生中的地下党），于友西老师这一代则是大学里第一代专职的教学法教师（因品学兼优留校并从事专门的教学法教学和研究）。问题是，学苏联的经验到了不讲道理的程度，后来推翻苏联的经验同样不讲道理，以至于今天仍拖着半条苏联经验的尾巴自己又不认账，“赖汉子”的帽子摘不到底！

开始创建这门课程，真不知道怎么上，去苏联学也不现实。国家派出去学的，只能是自然科学等紧缺学科。于是，请苏联专家过来办“专家班”，教育学、历史学的都有。我们是“小儿科”，就跑到旅顺学（因是苏联基地等于“出国”了）。即便是这样，也只有北师大等极少数部委大学做得到。所以，北师大又成了二传手，大家去学它。“前十七年”我国的师范大学（含学院）不多，能够真正把教学法开出来而且有规矩地讲授者恐怕不多。真实状况究竟如何我不清楚，需要细致的调查研究，目前只能通过前辈学者的回忆知道个大概。现在的情况更复杂，大学增长得这么快，教师跟不上是可想而知的。比如，全国400余所师范院校，至少有上千名专业教师才对，达得到吗？还可以追问：（1）专职教师的学历、职称、研究能力等现状如何？（2）教学法的首批国家级“课程共享资源”有望在2015年建成，仅列“教学设计”“课程标准与教材研究”两门课，这是最重要的两门课吗？（3）1989年“历史教育学”专著已经出版，1990年我校就开设了“历史教育学”必修课，出了两本书《中学历史教育学》（1997）和《学科历史教育学》（1999），全国范围内的相关作品还要多一些。可是，到2008年还有外地学生写信给我，说他以“历史教育学”为题写毕业论文，指导教师居然说他是生造概念，这是个别现象吗？（4）历史教育研究可以不设专业教师岗位，但是请现任中学历史教师“代教”总不是办法，因为中学历史教师毕竟不是专职研究者。那么，现在全国有多少师范院校还是“代课制”？

据我了解，在师范院校开设“中学历史教学法”课大约有50年了（除去“文化大革命”十年），现在较普遍开设的课程还有“教学技能”“教材分析”等新课程。我们学校要求有8个学分的“学科教学专业课”，即至少是4门专业课，如果让学生选修的话，至少开6门专业课。应该说，随着“教师教育”被强化，学科的专业化水平也在不断提升，我们能否赶得上时代步伐，要看课程建设和研究水平。以往只当“教学法”是实践学科，而且还只能适应现有的“实践”，就一定是“赖汉子”干的活儿。

概括地说，历史教学研究的断层非常严重。“前十七年”培养的教学法专业教师如今在80岁左右；20世纪60年代完全中断；“新三届”（年龄上还包括工农兵大学生）出身的人已经退休或临界退休。另，近三十年，实际上只形成了两个“研究群体”，我的老师那一辈，像丁西玲、赵恒烈、周发增、于友西、金相成、陆满堂、白月桥、王铎全等是一个较为整齐的研究群体；姬秉新、李稚勇、聂幼犁、叶小兵、杨向阳、刘军、姚锦祥、陈辉、朱煜和我等是一个较为松散的研究群体。70后、80后的教学法学人，黄牧航、何成刚最为突出，作为一个研究群体还未出现。我们盼望它早日成形，但也不能着急，只要大家有把历史教育研究做大、做强的信念，一代胜过一代是自然的事，也是必然的事。

（三）大学历史教学法研究取向与作为

大学的历史教学法研究范式是由大学的研究者开创并定下的，中学历史教学法的研究水平也应该由大学的研究者体现。前三十年的研究成果不多，研究范围较窄，政治运动频繁，在积累和研究环境方面，不足以支撑一个“教学法研究”。比较普遍的学术性成果，是从 20 世纪 80 年代开始快速积累起来的，前面我列了一些代表性人物。应该说，后一个群体的研究成果是主要的，整体地看，其研究水平也超过前一个群体。

赵恒烈是北京教育学院的教授，其研究的面较宽，对学术前沿和新兴事物很敏感，是 20 世纪八九十年代相关研究的领军人物。他的研究与当时的研究取向最为切合，有些成果不仅是研究热点而且代表那个时期的研究水平，如历史思维能力研究、教学法研究。他的研究除直接用于培养教师外，也是一线教学研究的风向标。90 年代末、特别是“新课程”以来，我们的研究呈现多样化趋势，尽管研究水平参差不齐，但是还是显示了一些特色，其研究深度也高于前辈学者，这是不争的事实。

说到教学法的教学乃至影响力，自然是师范大学（学院）贡献最为突出，包括在座各位所付出的努力。（1）使中学历史教学规范化。从 1980 年四校合编的《中学历史教学法》（河南人民出版社）到 1988 年于友西主编的《中学历史教学法》（高等教育出版社）；高等教育出版社从 20 世纪 80 年代的“历史教学法”创新到 90 年代“历史教育学”（首部作品发表于 1989 年）的兴起。前者引领历史教学法研究不断深化，并带动了很多历史教学法著作的出版；后者整体提升了中学历史教学研究，在一定程度上将比较单一的教学、教材研究引向学科教育研究。

事例一　《中学历史教学法》编写组编：《中学历史教学法》，河南人民出版社，1981 年。

第一章　绪论；第二章 中学历史教学的任务；第三章 中学历史教学大纲、教科书和教学参考书；第四章 中学历史教学过程；第五章 历史概念的形成；第六章 历史课的课堂教学；第七章 怎样讲时间、地点和人物；第八章 怎样讲文化史方面的教材；第九章 考古材料、历史文献和文艺作品在历史教学中的运用；第十章 历史教学中的乡土教材；第十一章 历史教学手段的现代化；第十二章 历史课的复习和检查；第十三章 历史课的课外活动；第十四章 历史教师的备课；第十五章 历史教师的进修和教学经验的总结；第十六章 师范院校历史系学生的教育实习；后记。

说明：该书由北京师范大学、北京师范学院、天津师范学院历史系和北京教育学院历史组联合编写，又称“四校本”，是我国历史教学法著作的代表作。20 世纪 80 年代的多数作品尽管略有新意，但整体水平没有超越该书。如孙恭恂、丁西玲主编的《历史教学法》（河南人民出版社，1983 年）针对小学历史教学；茅蔚然的《中学历史教学法》（1982 年）涉及了智能培养；龚奇柱的《中学历史教学法概要》（陕西人民出版社，1983 年）关注到学生如何学的问题等。

事例二　于友西主编：《中学历史教学法》，高等教育出版社，1988 年。

第一章　绪论；第二章 中学历史教学的任务；第三章 中学教学计划、中学历史教学大纲和教科书；第四章 中学历史教学的过程及其本质；第五章 历史知识的特点和中学历史教学原则；第六章 中学历史课堂教学的类型和方法；第七章 怎样讲人物地点和时间；第八章 乡土史教学；第九章中学历史教学的现代化手段；第十章 中学历史课的课外教学活动；第十一章 历史知识的复习和检查；第十二章 中学历史教师的备课；第十三章 中学历史教师的进修；第十四章 中学历史教学中对学生学习历史方法的指导；附录。

说明：该书是 20 世纪 80 年代中学历史教学法研究集大成的作品，是高等师范院校使用率最高的教材，并荣获国家师范院校教材一等奖。附录 14 篇文章。以后出了二版、三版，内容变化较大。

事例三　赵恒烈：《历史教育学》，河北教育出版社，1989 年。

第一章　历史教育学研究的对象和方法；第二章 历史教育的哲学思考；第三章 我国历史教育的发展史；第四章 历史教育的功能；第五章 历史教育过程和教育原理；第六章 历史教育的内容和教材编纂；第七章 讲授专题教材的方法论；第八章 时空观念的形成；第九章 发展学生思维的途径；第十章 培养学生的自学能力和自我教育能力；第十一章 历史资料的功用；第十二章 历史课堂教学；第十三章 教学方法改革评述；第十四章 历史课外教育活动；第十五章 历史的复习和考试；第十六章 备课是教师创造性的活动。

说明：与其说该书创建了历史教育学体系，不如说该书思考了历史教育学的内容。虽然该书的教学法痕迹非常明显，体例也不够周全，但是作为第一本历史教育学专著，作者的思考深度还是为后来的历史教育学奠定了基础。

事例四　赵亚夫：《中学历史教育学》，中国建材工业出版社，1997 年。

第一章 总论；第二章 中学历史教育课程理论；第三章 中学历史教学理论；第四章 中学历史学习指导理论；第五章 中学历史教育的评价理论；第六章 中学历史教师理论；第七章 中日韩三国学校历史教育比较。

说明：该书把历史教育学定位于理论研究，并粗略地将历史教育学划分为历史原理、历史课程论、历史教学论、历史学习指导理论（或学习论）、历史教育评价论、历史教师论和比较历史教育等研究方向。该书着重于从历史教育而非历史教学、更非历史教学法的视角研究问题，何谓本领域的重要课堂，该书在每章的开头部分以提要的方式呈现。

事实证明，大学历史教育研究者是理论的提供者和实践的引领者，中学历史教育的研究和实践究竟往哪里走，主要是看大学出产怎样的研究成果或指示怎样的方向。我们现在面临的挑战比任何时候都严峻。大家知道，20 世纪 90 年代以后学界越来越活跃，大学历史教育研究者好像派不上用场；一线教学创新越来越活跃，大学历史教育研究者似多为看客；大学历史教育研究者的成果越出越多，能在中学产生影响的作品并不多见，等等。还有，（1）由出版社主导全国的历史教学（研究或教研）不是正常现象，而这种现象持续了 20 余年。（2）课改后，大学的“课改专家”都去编了教材，一样不是正常现象。（3）历史教育者在自己的研究领域缺位，更不是正常现象。（4）现在有些知名学者开始关注学校历史教育研究，并指导硕、博论文，本是好事。但是，他们自己却不关心当下的学校历史教育研究，以致文章（或论文）一旦脱离了民国资料，就显得苍白无力甚至连入门的功夫都不下，所谓“20 世纪”某某研究，实际本无整体研究。我们自己呢？有太多自我开脱的借口，走到极端者便孤芳自赏、对自己的成果沾沾自喜。殊不知，我们尚缺基本的学术规范；我们还没有能力解决理论问题；我们被教材教法捆着手脚；我们太过轻信流行的教育口号且热衷于随大流；我们不能超越经验而空谈为实际服务；我们不善合作且有山头主义作风。

只有克服了上述毛病，我们才能对教学法研究有所自觉。历史教学法的研究取向只能到历史教育原理中去找，它的真正作为也只能在历史教育的真价值中体现。概括地说，就是学校历史教育究竟是培养臣民还是公民，是以历史知识塑造思想品德还是养成健全的人格。

三、中学历史教育研究的基本课题

1978 年各师范院校恢复“历史教学法”课。没有大纲和教材，甚至不知道如何定位它，怎么讲！北师大的丁西玲老师认为，还是叫“教学法”好；北师院的齐世荣老师为我们敲定了“教材教法”。在当时的条件下，都在理，也由此分了两岔儿。1983 年，仓孝和时任北京师范学院院长（曾任北京育英学校校长、中国科学院自然科学史研究所所长），提出“把师院办成具有中国特色的新型高等师范院校”的目标，他认为“教学法”的研究思路窄了，应该与时俱进，研究“学科教育学”。1987 年，北京师范学院建立“学科教育学研究中心”。1988 年，该中心编写了《学科教育学初探》一书。同年，由北师院发起召开我国第一届学科教育研讨会。之后，在大连、长沙、福州、烟台、上海等地相继召开学术研讨会。20 世纪 90 年代初，国务院学位委员会根据北师院的建议，正式将学位学科名称“教材教法”更名为“学科教学论”（见首师大“学科建议学大系”丛书前言，首都师范大学出版社，1999 年）。接下来，首师大要和北师大联手申报“学科教学论”博士点。结果教育部批了“课程与教学论”的博士点，北师大自然得到，北师院则因教育系新建不久且非一级学科授予单位，不能获得“学科课程与教学论”博士点。至此，北师院的学科教育研究优势逐渐丧失，创建“学科教育学”的愿望不在，连“研究中心”也被解体，自己都不再坚持。

北师院是全国第一个“历史教学法”硕士点，申请人是齐世荣老师，他也是这个方向的第一个硕导。当时，全国有几所学校“有硕导没硕点”，所以毕业生要到北师院授学位。2014 年，首都师范大学终于成功申请到“历史教育学”博士点，同年招张汉林为第一个历史教育学博士。因此，理论上说，我们这个专业可以招两个专业方向的博士：教育学二级学科课程与教学论的历史课程与教学论研究方向；中国史历史教育学研究方向。也就是说，历史教育学博士点与断代史、国别史和史学理论相同。历史课程与教学论则从属于学科课程与教学论，实际上是三级学科了，而历史教育学不然。从历史教育学的博士培养方向看，其学科研究课题如图 2.1.1。

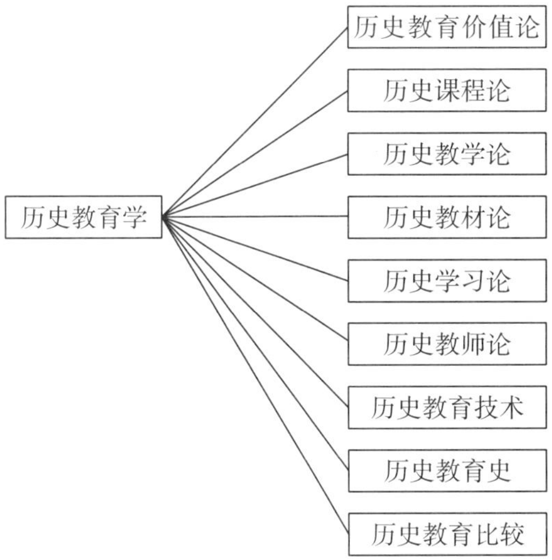

图 2.1.1　**历史教育学学科研究课题架构图**

显然，这个系统囊括了中学历史教育的所有课题，如历史教育价值论、历史教育技术等，像历史意识、历史思维、历史概念以及学科教育功能等，都是其子课题。历史教学法是历史教学论的下位课题，等等。总之，中学历史教育、教学研究有自身的体系，而且每个研究课题不仅有自己相对的“学理”位置，还必须顾及其在整个系统中发挥的作用。它不是贬斥过去的教学法，而是限制它无理地扩大范围（如目前教学法著作的内容），虚高而不实用，是还原了它应有的位置。

据此，在回顾最近三十年的研究课题，如对教学方法的探索、对历史教学社会功能的阐释、对历史思维能力研究，以及有关教科书、有效教学的争论等后，就容易看透其中该发扬和弥补的内容了。

（一）梳理本学科理论方面的研究课题

本学科理论方面的研究课题包括历史教学法（20世纪初至今）、历史教学论（20世纪80年代至今）、历史教育学（20世纪90年代初至今）、学科价值论（20世纪后期—）；比较历史教育学（20世纪80年代）、学科教育测量与评价（20世纪80年代—）等。要说明的是，历史教学法本是一个专门的研究范畴，即它也可以成为史学的一个研究门类。但是，我们有两个特殊性必须考虑：一是从苏联继承的教学法传统过于狭窄；二是教学法已经成为公民教育的绊脚石。

（二）梳理本学科研究的热点课题

本学科研究的热点课题包括教材分析（20世纪初至今）、考试研究（20世纪40年代至今）、课堂教学方式（20世纪90年代初至今）、教学设计（教育技术）（2005年以来）、有效教学（2006年以来）、课程标准研究（2000年以来）、学科比较教育研究（20世纪90年代以来）等。

（三）梳理本学科研究的重点人物和观念

本学科研究的重点人物和观念包括产生力推动说（刘宗绪、黄安年）、历史思维能力（赵恒烈、白月桥、叶小兵等）、大历史教育观（周发增、藏嵘等）、历史教材学（李纯武、藏嵘、朱煜、黄牧航等）、以人为本的历史教育（聂幼犁、赵亚夫、齐健、任鹏杰等）、公民教育和人格教育（赵亚夫等）、测量与评价（聂幼犁、黄牧航、姚锦祥等）、比较教育（赵亚夫、李稚勇、叶小兵等）、教学法（于友西、龚奇柱等）、历史教育学（赵恒烈、金相成、姬秉新、赵亚夫、聂幼犁等）、研究性学习（聂幼犁、陈辉等）、有效教学（赵亚夫、陈辉、齐健等）。

对教学方法的探索，最活跃的时期有两个：20世纪80年代，名师荟萃，教学法别具风格，很多地方都涌现出有全国影响力的名师，最有代表性的教师是包启昌、时宗本、宋毓真、陈毓秀、朱尔澄、李秉国、孔繁刚、龚奇柱等，名师以北京、上海的居多；21世纪前十年，青年教师尤其突出，如夏辉辉、钟红军等。从全国的影响力看，名师现在主要集中在江苏、上海、广东，最有代表性的教师是李惠军、郭富斌、王雄、束鹏芳、陈伟国、魏勇等。我的基本看法是，这些优秀的中学教师，在教学研究和专业功底方面高于大学教学法的平均水平，作为一个群体，数百上千人总是有的。前面说了，我们要自寻金矿，他们便是我们的金矿。

另一个研究群体也值得重视——博士研究生以及大量的具有研究生学历的教师。其中的佼佼者如何成刚等。他们经过较严格的学术训练，有做学问的热情和能力，关注并推介他们的课题和成果，也是我们分内的工作。特别是那些拿到博士学位并在大学从事历史教学研究的新人，他们的专业背景好、外语好，应该创造环境让他们早出成果、早成大器，最好是通过承担课题或合作研究的方式，使他们尽快脱颖而出，这是很急迫的任务。

（四）相关研究著作举要

内容参见《历史教育学著作提要》，载《中学历史教学参考》，2012 年第 4—9 期。（略）

（五）相关研究论文举要

（略）

四、从争论说改革

“前十七年”的中学历史教学界只有吐故纳新，没有争论。改革开放前 20 年从拨乱反正到与时俱进，也没有争论。

20 世纪 90 年代末，争论首先由北师大的黄安年教授质疑人教社的近代史教科书引发，具体内容见黄安年《评人教社〈世界近现代史〉（下册）新教材——130 例质疑引发的思考（1992 年版）》（《中学历史教学参考》，1999 年第 7—9 期），任史识《评黄安年先生“评人教社〈世界近代现代史〉（下册）新教材”一文——也谈“130 例”质疑引发的思考》（《中学历史教学参考》，2000 年第 3 期）。以后，还有人教社编审马执斌和华东师大聂幼犁教授之间就教材观问题发生的争论，见马执斌《树立新的历史教材观是当务之急》（《历史教学》，2005 年第 6 期）、聂幼犁《这是“新的历史教材观”吗》（《历史教学》，第 2005 年第 7 期），以及有关上海新版历史教科书成为“新中国教育史上最短命的教科书”的报道（张英、贺靓《沪版〈历史〉：短命的与速成的》，《南方周末》，2007 年 9 月 13 日第 21 版）和口诛笔伐等。最近的一次，是 2010 年由《历史教学》杂志社发起的关于“人造史料”的争论。

这里不详细阐述争论的内容和背景，仅提示作为中学历史教育、教学应有的研究角度。诸如，一线教师应关注哪些问题以及对其追究的深度；历史教学研究者和教材编纂者对中学历史教学是否存在不同的理解；中学历史教学研究究竟有多大作为；这些争论背景还有哪些深层原因我们没有注意；中学历史教学研究是否有可能超越自身的经验；等等。

（一）中学历史教育教学研究任重道远

从上述争论看，中学历史教学界存在着一个严格的圈子，控制者是谁大家都很清楚。本来史学家及其他专业人士，乃至中学教师和社会公众批评历史教科书是很正常的事，哪怕批评得不对或不那么专业。教科书尤其历史教科书，怎能权威到、正确到不出错或“极小错误”的程度！“错”与“不错”的标准是相对的，绝对正确的“标本”从来没有过。民国时期的学者批评教科书是常态。国外的历史教科书被人们（无论内行学者还是外行学者）抨击也是常态。“新中国”以来的历史教科书，自我否定也不是一次、两次，这都说明教科书不可能优秀到全无“大错”。事实是，它变来变去，是常态；至今我们还没有像样的历史教科书研究专著出来，靠什么标准（不只是政治的还有学术的）说某套教科书非常好或非常不好呢？我们有的是经验和想法，但确实少有学术的和科学的标准。你可以维护你的正确性和正当性，同时也应该允许别人指责你的学术性和科学性。尤其是中学历史教师发表的意见。长期以来，我们对教科书形成了一种只能学习甚至只讲钻研的习惯，这是极大的悲哀。

中学历史教科书不能轻易去碰（批评），对专业人士而言几乎是个铁律。历史教科书的“进步”有赖于政府给什么政策（政策不像法律、法规，是很容易变的）。20 世纪 90 年代开始实施“一纲多本”，教科书的“多本化”确实有一点不同于以往的进步。2001—2003 年实施“一标多本”，有了不同版本的味道。现在，又要做“示范本”，回到“一标一本”的思路。从政府的角度看，“一纲多本”和“一标多本”，都是为了提高教科书质量并满足学习者的不同需要。但是，教科书之间的差异是较大的，不是内容之间的差异，主要是质量上的差异。支持“多本化”的人们从不怀疑我们有执行教科书多样化的能力，但是事实摆在那里，已有的“多本化”教材质量参差不齐。因此大家就一套“影响最大”“质量最佳”“最具权威性”的教科书打笔仗，也的确在争论中有诸多难以表白的清晰性和明确性。

现在仍是以教科书为中心、以考试为中心的时代，超越传统不容易，没有相应的理论做根基，也无法实现超越。说今天的历史教育没有进步是假话，说今天的历史教育有很大进步也是假话。起码今天有关其是什么或不是什么、该怎样或不能怎样的争论，与八九十年前提出的问题及其争论没有太大区别，也不可能真正解决实际问题。正确面对争论，至多带来的是良好的研究氛围以及由此刺激出来真正的学术研究，没有后者——超越以教科书和考试为中心的历史教学研究——争论也显得多余（2005 年以来的争论对此已一览无余）。

（二）历史教育研究应有恰当的归位

历史教育研究本没有独立的“位置”，它名曰“历史”，却从属于“教育”。过去，人们用“学术的历史”和“教化的历史”区分历史学和历史教育。也就是说，该分法把历史教育排斥在历史学之外。作为“教化的历史”是教育学的分支，且地位较低。如前所述，按照国家现行的学位教育目录，它至多是个三级学科。如博士教育，一级是教育学，二级是课程与教学论，三级是学科课程与教学，历史课程与教学论不过是学科课程与教学论的一个方向。这样的话，历史课程与教学论很可能排斥自身的“教育性”。因为不在历史学的系统中，历史教育天生也不具有“历史学的学问性”。如果在教育学中又因为“学科的特殊性”而不能具有完整的教育性的话，事实上也不具有“教育学的学问性”。所以，长期以来，我们把它视为一种单纯的教学法或教材教法，如同传授和研究授业方法的专门技术。

“归位”即“归学术之位”。或历史学，或教育学。无论归在谁门下，它都是一门具有独立研究体系的专门学问。2010 年，我为此写了《历史教育学的学术归位与研究的学术化》一文，指明历史学下的历史教育学与教育学下的历史教育学，会形成两种研究取向，现在条件下这未必是件坏事。(1) 先归入学术系统使之具有学术性质和地位；(2) 依此规划和建设专业化的研究队伍，包括博士培养；(3) 明确历史学科教育研究的价值并展开相关的学科价值研究；(4) 赋予历史教育应有的批判性。

关于 (1)，须坚持新课程的基本立场；凸显“为了每位学生的发展”的课程改革理念，确立以人为本的教育追求；倡导新的知识观，精选课程内容，关注生活经验，注重过程体验，强调主动探究，遏制学生厌学、学业负担过重的局面；倡导教学方式和学习方式变革，引导学生学会独立思考、自由表达；倡导发展性评价理念，促进学生健康成长，个性化发展是评价改革的核心；倡导有效的课程对话，推动民主的、平等的、相互尊重的课堂文化。或许还有其他主张，或许对新课程有尖锐的批评，那又怎样呢，这是很正常的。关键是自己要知道做什么，不要热衷于追逐教育领域的时髦观点和权威人物，这是靠不住的。我个人对教育（学）领域的观点或理论向来有三个不信：一是主张或理论没有哲学基础者；二是主张或理论未经过真实的实验者；三是主张或理论的提倡者对学科教育无知者。我们需要教育理论，特别是能够引领学科实践的理论，问题是今天的教育理论家多是空头的理论家，一和二都做不到，反倒把学科教育专家指挥得提溜乱转。原因何在？“一级学科”作祟是也；掌握话语霸权是也；学科教育专家仅仅是教法专家而太少学问是也。

关于（2），我以为，就研究条件而言，现在是历史上最好的时期；就研究环境而言，教师专业化的制度已经开始起步，新技术将得到进一步的普及，学术环境会越来越开放，历史学界和教育学界比历史上的任何时候都关注历史教育界；就人才培养看，本科教育基数甚大，意味着可能成才的人数也多。研究生教育多样化的局面已经形成，全日制教育硕士、在职教育硕士普遍开花，硕士导师队伍想来也相当壮观。理论上说，历史课程与教学论的博士点在全国有十几个，实际招生的单位有华东师大、上海师大、西北师大、陕西师大、首都师大，而且首都师大于2014年率先招收了历史教育学博士。

关于（3），提示以下几点：按照历史学科特点教历史；历史教育不能回避教育价值问题；没有价值引领——理论导行——“求真求实”，历史教育就是伪命题；历史教育的价值追求，不是单纯的研究理论，它本身就是一种学科教育行动。我想就最后一点，结合自己的实践说两个问题。一个是历史教育研究不能再单干或以作坊的方式开工，因为历史教育的学问太庞杂，这两种方式做不出名堂（《中日历史教育学研究之我见》，《首都师范大学学报》，1996年第1期）。另一个与此相关，就是怎样合作的问题，靠什么样的合作达成什么样的成果。我主张建立自由的学术共同体（《教师专业发展与学术共同体的创立》，《中学历史教学参考》，2010年第12期），不受任何外在因素影响，包括政府和其他机构的干预。而且，这种合作不是单向的，如大学之间或中学之间，必须是全面的合作，包括大学、中学和教研部门，甚至包括小学和社会机构等多层面、多主体的合作。我反对任何形式的功利化组织和活动，包括各种劳民伤财的、唯利是图的、诱导名利的比赛活动。像学会这样的学术团体必须是学术性的、公益性的、服务性的组织，即必须以学术性凝聚研究者并形成良好的学术品质，必须以公益性吸引广泛的教育者投入历史教育研究并形成良好的学术氛围，必须以服务性帮助更多人认识并参与历史教育使之转向真正的公民教育。以我为例，本不想说得太多、写得太多、出头露面得太多，因为这意味着自己有更多可能留下过多不成熟的乃至荒唐的东西。早年，赵恒烈老师批评我“不看”他们的东西，我向他一一列举我看了多少他们的作品，他不解“为什么看了这么多而不反映出来（引用）？”我不能直说，“真的对我有用的东西不多”。那时年轻，或许轻狂了些。不过，我今天抱着一样的态度看自己的东西，对各位、对广大教师不会有更多“有用”的东西吧！尽管写每篇东西我都是认真的，大家能认其中的多少观点和内容呢？其实，作为一个有素养的研究者本不该关心这些东西，只认自己该做的事就好了。其一，这个学科的积累太少，需要更多的人为之努力，自己理应是个行动者；其二，正因为积累差、水平低，才需要建设，总要有些人为此付出，就是“打底儿”，当然包括“献丑”；其三，抛砖引玉，用自己的行动激励更多的人为之探索。总之，只要自己是认真做事，真诚地对待历史教育研究，我们即是铺路的石子。

关于（4），我们能不能在历史课上只讲故事？我们能不能把学生当成“小史学家”来培养？我们讲的是历史课还是政治课？国外历史教育的发展趋向究竟是什么？科学技术最终能给历史教育带来什么？这些问题可以用“历史教育的批判与批判的历史教育”这个题目来概括，它有两个最突出的专业性课题：历史意识的养成和批判性思维的培养。由于这两个课题的理论性强，其内涵复杂，方式多样，就不再展开说了。在此只强调一点，就是研究这类问题，目前依然缺少研究成果的出口，故研究者要耐得住寂寞。因为：（1）无论是史学，还是教育学，没有对口杂志发你的东西，越是核心刊物、权威杂志越如此——它们习惯了四平八稳的稿子；（2）无论是课题，还是出书，恐怕没有看懂你的东西，甚至审查者自身就不认为你有做它的必要；（3）必须承担突破传统的风险，哪怕别人仅仅是对你的学术存在偏见和误解。总之，历史教育研究的进一步发展，需要研究者拿出破天荒的勇气。

历史教育的基本出路：变“政治取向”的历史课程为“人文取向”的历史课程——使之求真；变“知识取向”的历史课程为“质量取向”的历史课程——使之求实；变“艺术取向”的历史教学为“科学取向”的历史教学——使之求信；变“思辨取向”的历史教学为“分析取向”的历史教学——使之求理。为此，我们还有很长的路要走。

将教学法提升为历史教育学是前辈学者们的主要贡献。尽管在我看来，目前的历史教育学研究还没有哪个研究方向是完全成熟的，诸如历史思维能力的研究、历史教材学的研究等，但是毕竟他们给我们划定了方向并夯实了若干研究基石，更何况教学法是在他们手中成熟的，其中的实践经验和研究方法对我们大有裨益。今天就讲这些，不对的地方请大家批评指正。谢谢各位！

《义务教育历史课程标准》(2011 年版）的继承与发展

（龚奇柱，重庆市教育科学研究院研究员、特级教师）

2011 年年底，教育部颁发了《义务教育历史课程标准》（2011 年版）［以下简称“课标（2011 年版）”］。课标（2011 年版）坚持了 2001 年版《义务教育历史课程标准》（实验稿）［以下简称“课标（实验稿）”］的改革方向，反映了在课标（实验稿）指导下十年历史课改的成功经验，反映了对十年历史课改的理性反思。根据时代发展的新需要，课标（2011 年版）与时俱进，倡导了新的课程理念，融入了党和国家的新要求，反映了史学研究和历史教学研究的新成果，在深化历史课程改革的方向上迈出了新的步伐。课标（2011 年版）是教科书编写的依据、教学的依据、教学评价的依据，是深化历史课程改革的指导性文件。认真学习 2011 年版课标，了解修订的背景、历程及 2011 年版课标的变化与特点，把握实施新课标的要求，对于深化历史课程改革，充分发挥历史课程育人功能、提高学生的人文素养、全面实现历史课程目标，有着重要的意义。

课标（实验稿）和课标（2011 年版）颁布前，都曾在全国广泛征求意见。笔者有幸先后于 2001 年 4 月、2003 年 10 月、2007 年 5 月、2010 年 10 月、2011 年 1 月参加对以上两个课标的研读和讨论，执笔撰写过对历史课标实验稿和修订稿的修订建议；加之笔者参与主编内地版初中历史大纲本教科书、川教版义务教育课标历史实验教科书及修订教科书，有机会更多地学习、研究和实践上述两个课程标准。本文拟从学习、研究、实践的角度，根据自身学习、研究、实践的体会，对课标（2011 年版）制订的背景、研制的历程、内容的主要变化和体现的特色做一些介绍，并对其再修订提出一些建议。

一、《义务教育历史课程标准》（实验稿）：为新世纪历史课程改革奠基

2001 年，在国务院领导下，教育部启动了新一轮基础教育课程改革（义

称第八次课改）。这次改革是在世纪之交经济全球化进程日益加快，国际竞争更加激烈的背景下，党中央、国务院为迎接知识经济时代的到来，应对日益激烈的国际竞争，立足于全面提高国民素质，提升综合国力做出的重大战略决策。因为基础教育是提高国民素质的奠基工程，而基础教育课程改革即教育内容的改革是教育改革的核心，所以从课程改革抓起。

1999 年，党中央和国务院召开第三次全国教育工作会议，2001 年国务院召开全国基础教育工作会，先后提出了转变人才培养模式、建立新的基础教育课程体系的建设任务。2001 年，在国务院副总理李岚清的直接领导下，颁发了《基础教育改革纲要（试行）》，颁布了包括历史学科在内的共 20 个学科的义务教育课程标准（实验稿）。为什么称“实验稿”？因为这次课改提出的工作原则是“先立后破”“先实验后推广”，所以以“实验稿”的形式下发课程计划和学科标准。这次课程改革提出了六大改革目标：改变课程过于注重知识传授的倾向，强调形成积极主动的学习态度，使获得基础知识与基本技能的过程同时成为学会学习和形成正确价值观的过程；改变课程结构过于强调学科本位、科目过多和缺乏整合的现状，整体设置九年一贯的课程门类和课时比例，并设置综合课程，以适应不同地区和学生发展的需求，体现课程结构的均衡性、综合性和选择性；改变课程内容“难、繁、偏、旧”和过于注重书本知识的现状，加强内容与学生生活以及现代社会和科技发展的联系，关注学生的学习兴趣和经验，精选终身学习必备的基础知识和技能；改变课程实施过于强调接受学习，死记硬背、机械训练的现状，倡导学生主动参与、善于探究、勤于动手，培养学生搜集和处理信息的能力、获取新知识的能力、分析和解决问题的能力，以及交流与合作的能力；改变课程评价过分强调甄选的功能，发挥评价促进学生发展、教师提高和改革教学实践的功能；改变课程管理过于集中的状况，实行国家、地方、学校三级课程管理，增强课程对地方、学校及学生的适应性。

国务院颁布的《基础教育课程改革纲要（试行）》和教育部制订的课标（实验稿），是指导新一轮历史课程改革的纲领性文件。它以全新的课程理念诠释历史课程的性质、任务、设计思路，提出教材编写、教学评价、课程资源开发与利用的建议，体现了改革的精神。课标（实验稿）的主要特点如下：

第一，课标（实验稿）从公民教育和义务教育的性质出发，提出历史课程应突出体现普及性、基础性和发展性，面向全体学生，为学生进入社会和接受高一级学校教育打下基础。明确指出历史课程是义务教育阶段提高学生人文素养的必修课，从而规定了历史课程的性质和地位。

第二，创新课程目标，以知识与能力、过程与方法、情感态度与价值观目标代替知识、能力、思想教育目标，这是对50多年历史课程目标的突破。课标（实验稿）首次提出了过程与方法目标，指出“历史学习是一个从感知历史到积累历史知识、从积累历史知识到理解历史的过程”，强调探究式学习、合作学习。课标（实验稿）以情感态度与价值观目标代替单纯的思想教育目标，强调人文精神、科学精神的培养，使德育的内涵更加丰富。课标（实验稿）除提出历史课程“三维”总体目标外，在“内容标准”部分还规定学生“三维”应达到的具体目标，将历史知识与能力按了解、理解、运用三个层次，用“列举”“知道”“了解”“说出”“讲述”“简述”“复述”“概述”“理解”“说明”“阐明”“归纳”“分析”“评价”“比较”“探讨”“讨论”等不同的行为动词，提出不同的学习要求，具有操作性。

第三，强调课程内容的选择应体现时代性，符合学生的心理特征和认知水平。增加贴近学生生活、贴近社会的内容，减少艰深的历史理论和概念，力求避免专业化、成人化倾向，不刻意追求历史学科体系的完整，克服“难、繁、偏、旧”现象。在教学方式和学习方式上，倡导教师转变教学方式，学生转变学习方式，激发学生学习历史的兴趣。

第四，课程内容采用“学习板块加学习主题”的呈现方式，有助于突出学习重点，有助于学生理解不同历史阶段的时代特征。其中中国现代史采用按时序与学习主题相结合的方式，符合中国现代历史的实际。

此外，课标（实验稿）还提出了以课标为依据、以学生为中心的教学评价的建议，强调评价方法的科学性、灵活性和实践性。

正因为课标（实验稿）具有上述特点，所以它成为十多年来初中历史课改指导性的文件。

二、《义务教育历史课程标准》（实验稿）指导下的十年历史课改：初中历史教学的可喜变化

义务教育历史新课程改革从2001年秋季开始，首先在全国38个国家级课改实验区进行，然后滚动发展，到2005年秋季，全国各地区基本上进入新课程实验。这十年是在国务院和各级教育行政部门领导下，在课标（实验稿）指导下历史课程改革取得丰硕成果、初中历史教学发生可喜变化的十年，是广大历史教育工作者不断学习、更新教育观念，与学生共同发展的十年。

这次课改不仅初步明确了历史课程的性质，提高了历史学科的地位，更在

课程目标上有重大突破。广大教师在课改实践中逐步把握历史课程三维目标的内涵，增强了课程目标意识。

这次课改的又一收获是，在“一标多本”政策下，中学历史教材改革取得显著成绩，我国编写出版了多套经国家审定的历史教材，真正意义上实现了从“一纲一本”到“一纲多本”的历史跨越。新中国成立后，在很长一段时期，我国中小学教科书实行国家编写制，即“一纲一本”的教科书政策。教材由一家出版社出版。应当肯定的是，人教社为我国中小学教科书的建设做出了不可磨灭的贡献。随着教育的普及和提高，随着经济体制改革的深入和发展，随着对外开放的扩大，“一纲一本”政策的局限性愈加明显。经过20世纪80年代末至90年代的第七次课改，在教材多样化方针的指导下，我国实际编写出版了由原国家教委统一规划的6套初中历史教材，除上海市按自编教学大纲编写和浙江省进行“社会”综合课的实验外，经全国中小学教材审定委员会审查通过、供全国选用的初中历史教材实际只有4种，即：人教版（主编王宏志、严志梁）、北师大版（青岛出版社出版，主编孙恭恂）、沿海版（广东教育出版社出版，主编陈周棠）、内地版（先由西南师范大学出版社出版，1993年秋起改由四川教育出版社出版，主编杨光彦、龚奇柱）。虽有4个版本的国家教材，但真正在全国使用的仍只是人教版教材，其他版本的历史教材使用面窄，在艰难中生存。在新一轮课改中，课标（实验稿）倡导教材多样化，鼓励“历史教科书建设朝着丰富性和可选择性的方向发展”，对教材的编写提出了明确的要求。依据课标（实验稿）的要求编写，并经全国中小学教材审定委员会初审通过的义务教育课程标准历史教材共8套，包括人教版、北师大版、川教版、岳麓版、华东师大版、中图版、中华版和河北人民版。各套教材在竞争中提高了质量，从内容到呈现方式体现了一定的特色，受到实验区师生的欢迎。教材改革促进了广大教师转变教材观念，提高了筛选、整合、改编教材的能力，成功实现了对教科书的再创造。广大教师不再把教材视为“圣经”，而只是将其视为一种供学生学习、教师教学的材料。重视教材，研究教材，合理使用教材，决不囿于教材。新教材的使用为教研员和广大历史教师提供了学习提高的多种平台和展示才华的广阔舞台，有力地促进了教研员和教师的专业发展。教师专业发展突出表现为教育观念的更新、教学方式的转变，表现为教育教学能力的提高，这些年表现为教育教学研究能力的提高。在全国中学历史教学专委会组织的一系列教学大赛中，一批优秀教师崭露头角，获得大奖。广大历史教研员扮演了历史课程的研究者、开发者和历史课程实施指导者的重要角色，对新教材的使用进行了有效的指导，在研究、指导中与一线教师一起发展，研究能力有很大的提高。以已故的江苏省徐州市教研室陈伟国老师为例，他连续出版的《来自历史课堂的智慧》《反思与超越》《问教》等专著，都是研究课标、研究教材、研究教学形成的成果。

课标（实验稿）指导下的历史课程改革，还扩大了我国中学历史教材的国际影响，受到国外学者的赞誉。日本财团法人教科书研究中心顾问、原日本文部省历史教育主任调查官、帝京大学教授星村平和，日本国外教科书调查研究会研究员、中央大学教授森茂岳雄等，于2003年8月专程到北京、上海、重庆、成都访问，同有关出版社人员和教科书编者座谈，了解教材编写情况。日本学者回国后，对我国的人教版、北师大版、华东师大版、川教版4个版本新教材进行了比较研究，形成了报告文集。2004年4月，在华东师大举行的中德历史教科书国际学术研讨会上，也展示了我国新一轮历史课程改革的成绩。对新课程的实验教材，教育部基础教育课程教材发展中心负责人是这样评价的："新课程实验教材是不完美的，但它是实践素质教育大胆进行改革的成果，是中国基础教育教材进一步发展的基础，是这一轮新课程改革的里程碑。"

新一轮课程改革带来的最大变化是，在课标（实验稿）指导下，历史教师的教学方式和学生的学习方式开始更新，历史课堂发生了可喜的变化。课改以来，广大教师对学生开始有了正确的认识：承认学生是发展中的人，是有巨大潜力的人，是具有主体地位的人，是有个性差异的人，从而开始树立以人为本、以学生为本的思想，开始从历史知识的传授者向学生学习的组织者、合作者、引导者、参与者和指导者的角色转变，开始实现由教师的教向学生的学的转化。各地在教学中创造了有利于促进学生主动学习、合作学习、探究学习的多种教学模式，现代教育技术开始在历史课堂上得到广泛应用，教师一讲到底、学生死记硬背的状况大有改变，学生学习历史的兴趣有较大的提高，历史课堂出现了多年未有的生动活泼的局面。

课标（实验稿）对"历史课程资源的开发与利用"做了明确规定，促使历史课程资源的开发与利用朝着更加丰富的方向发展。各套实验教材还基本形成了以教科书为核心的教材系列，丰富了历史课程资源。包括与教科书同步的历史教师教学用书、历史教学软件、历史教学案例及点评、历史地图册、历史填充图册等。广大历史教师充分利用各种与历史学习有关的计算机教学辅助软件、多媒体课件、互联网提供的历史教育网站、文献纪录片、比较接近历史实际的影视作品的音视频资料等，从多种渠道获取历史课程资源。特别是开发和利用乡土历史教材，让历史课程内容更加贴近社会、贴近学生生活，更有利于丰富历史课程内容、激发历史学习兴趣、发挥历史课程的育人功能。

在课标（实验稿）指导下，我国历史教学评价改革也艰难起步，除开始采用课标（实验稿）提出的多种评价方式外，对考试命题也普遍进行了改革。教材多样化背景下的考试命题，不再是以某种教材、而是以课标为依据，倡导和推行依据材料、探究材料、质疑创新的能力考查。

三、《义务教育历史课程标准》（实验稿）修订的重要背景：对《义务教育历史课程标准》（实验稿）的理性反思

十年课改取得了瞩目成就，历史课标（实验稿）倡导的课程理念、规定的课程内容，在历史课改实践中得到广大历史教育工作者的基本认同。教育部于2003年、2007年、2010年在全国开展大规模的调研，征求对课标（实验稿）的意见，在此过程中历史教师普遍反映课标（实验稿）还存在一些不足。对课标（实验稿）的理性反思，成为此次修订的重要背景。

课标（实验稿）构建的学习板块加学习主题的课程体系，本意是不刻意追求历史学科体系的完整性，改变教材传统的呈现方式，但也带来一些问题。一是忽视历史学科时序性、系统性的特点，有的内容跳跃性大，影响学生把握历史发展的基本线索。重视时序性、系统性是历史学科的一个重要特点。课标（实验稿）对此却有所忽视。以中国近代史板块为例，课标（实验稿）为突出“主题式”的呈现方式，将1840年鸦片战争至1919年五四运动前发生的重大历史事件，分别组成“列强的侵略与中国人民的抗争”“近代化的起步”两个主题，打乱了鸦片战争—第二次鸦片战争—洋务运动—甲午中日战争—戊戌变法—八国联军侵华战争—辛亥革命—新文化运动这一历史发展顺序。如课标（实验稿）为了将洋务运动纳入“近代化的起步”这一学习主题，将本应置于第二次鸦片战争后的19世纪60年代开始的洋务运动置于1900年八国联军侵华战争之后。二是有的主题过大，主题下面的知识内容难以使主题得到充分的支撑。如在“列强的侵略与中国人民的抗争”主题下，列强的侵略却不包括近代日本先后发动九一八事变、卢沟桥事变，挑起全面侵华战争的内容，中国人民的抗争却不包括孙中山领导的辛亥革命。三是有的内容结合显得有些生硬，难以建立基于时间和空间关系上的因果关系，或造成内容的重复。如世界古代史的“中古亚欧文明”这一主题，将“了解大化改新的基本内容，讲述穆罕默德的主要活动”这二者并无联系的历史内容组合在一起，而穆罕默德建立伊斯兰教的内容又与后面“科学技术与思想文化”这一主题下的“了解佛教、基督教和伊斯兰教的产生与传播”相重复。

课标《实验稿》还存在的另一突出问题：一些重大历史事件、重要历史人物在课程内容中缺失。课标（实验稿）提出的“历史课程应避免专业化、成人化倾向，克服重知识、轻能力的弊端，不刻意追求历史学科体系的完整性”这一课程理念无疑是正确的，但符合初中学生认知特点的历史课程体系的建构仍是必需的。就课程内容而言，重大历史事件、重要历史人物和历史现象以及历史发展的基本线索等历史基础知识，本应为这一课程体系的重要支撑。然而对历史发展有重要影响的文景之治、赤壁之战、安史之乱、李自成起义、太平天国运动、义和团运动、袁世凯的独裁统治、遵义会议、第二次国共合作、西欧庄园、麦哲伦的环球航行、彼得一世改革、土耳其革命等历史内容及相关历史人物却在课标（实验稿）中缺失；对反映中国古代历史发展基本线索的秦的灭亡、西汉的建立、东汉的建立、南北朝更替、隋的统一与灭亡、唐朝的灭亡、北宋的建立、元朝的统一、满族入主中原等内容在课标（实验稿）中也无反映。

历史教科书的编写要以课标为依据，课标制约着教科书的编写。历史课标存在的问题，必然也会成为教科书的主要问题。尽管有的版本历史教科书在课标允许的范围内对课标的不足做了一些弥补，但并不能从根本上解决问题。针对教科书存在的问题，从2002年下半年起，《历史教学》开展了“中学历史教科书应怎样编写”的讨论，许多专家发表了要重视历史基础知识等意见。

此外，课标（实验稿）有关课程的基本理念、课程目标、实施建议等方面的内容，体现历史学科特点显得不够，有的操作性不够强。

四、十年磨一剑：《义务教育历史课程标准》（实验稿）修订的历程

从2003年至2011年，课标（实验稿）共经历了三次修订，可谓“十年磨一剑”。

（一）第一次修订（2003—2004年）

为了解课标（实验稿）实施的情况，2002年，在教育部组织下，有关人员在福建厦门、四川郫县、重庆北碚区等全国19个课改实验区进行问卷调查，做课标修订的前期工作。2003年10月18—19日，历史课标组在南京举行“义务教育历史课程标准修订工作研讨会暨历史教材实验交流会”，进一步征求对课标（实验稿）的意见。

2004年2月9—12日，历史课标组召开修订工作会，在坚持课标（实验稿）构建的学习板块加学习主题的课程体系的前提下，对课标《实验稿》中的课程性质、课程理念的表述以及课程内容等方面共作了31处修订。如将义务教育历史课程定性为“通过阐释人类历史发展过程和规律，初步培养学生的历史意识，提高学生的人文素质和人文素养，促进学生全面发展的基础课程，是义务教育阶段的必修课”。又如强调历史课程的三维目标“是一个有机整体”，“在实验过程中不应分割和偏废”。在课程的设计思路中强调，“学习主题的确定，应兼顾历史发展的时序性与学习内容的内在联系”。针对课标（实验稿）一些重要内容的缺失，此次增加了光武中兴、隋的统一、航天技术的发展等内容，还将“知道太平军抗击洋枪队的事迹”改为“知道太平天国抗击外来侵略的史实”。

应当说，这个修订稿较实验稿还是前进了一步，可惜未能及时颁布实行。

（二）第二次修订（2007年4月—2008年12月）

2007年4月6—7日，教育部在北京召开“义务教育课程标准修订工作会”，在2005年首先启动义务教育数学学科课程标准修订的基础上，全面启动义务教育所有学科课程标准的修订。2007年4—6月，教育部组织全国29个省级教育行政部门和42个国家级课程改革实验区，就义务教育各学科课程标准（实验稿）实施情况进行全面调研，在此基础上，分别整理出了各学科的修改意见和建议。大规模的调研，为课标修订的科学性、针对性奠定了基础。

历史课标（实验稿）的修订比其他学科更受到各方面的高度重视。这是因为继2006年6月《中国青年报》发表《现代化与历史教科书》一文引起的历史教科书风波尚未平息，2006年9月1日，美国《纽约时报》记者发表《毛去哪了？中国修改历史教科书》的文章，对上海编写的高中历史教科书作了歪曲报道，从而引发了更大的历史教科书风波。历史教科书的编写、历史课标的修订，引起党和国家的高度重视。在教育部的领导下，成立了以齐世荣教授为总顾问、由国内知名专家组成的历史课标修订组。

课标修订组曾将修订课标的初稿在全国一些地区征求意见。后又经过多次修改，形成2008年12月报送教育部的送审稿。送审稿反映了课标修订组长达两年辛勤劳动的成果。送审稿的内容与2011年版课标的重要相同之处，是改变学习板块加学习主题的呈现方式，体现历史学科的时序性和系统性。但也有一些不同之处。以课程的“内容标准”为例，每个学习板块的学习内容虽然也是采用“点—线”结合的呈现方式，但对内容要求的表述是完全不一样的。首先，送审稿列出了板块内容的课题，如中国近代史列出了林则徐禁烟、鸦片战争、第二次鸦片战争、太平天国、洋务运动、中日甲午战争、戊戌变法、抗击八国联军、革命先行者孙中山、辛亥革命、中华民国的创建、北洋政府的黑暗统治、新文化运动、五四运动、中国共产党诞生、北伐战争、经济和社会生活的变化、文学艺术的成就与我国出版业的发展、毛泽东开辟井冈山道路、工农红军长征、九一八事变与西安事变、七七事变与全民族抗战、正面战场的抗战、敌后战场的抗战、抗日战争的胜利、内战爆发、人民解放战争的胜利等共27 个课题（相当于 27 课）。再在每个课题列出“内容要点”和“认知提示”。“内容要点”是学生必须掌握的基础知识，是对学习内容的基本规范。“认知提示”提出教学应重点解决的问题。在一些课题中还列有“教学延伸”，是引导学生进一步研究的问题，是教学内容的拓展。以“鸦片战争”课题为例，课标送审稿“内容标准”的表述是：

鸦片战争

内容要点：战争的爆发；关天培等人的抗战；《南京条约》的主要内容。

认知提示：理解鸦片战争和《南京条约》对中国社会的深远影响。

教学延伸：初步分析战败的原因。

这种表述方式从课标角度规范了基础知识要求和重点内容、拓展内容要求，便于教材编写和教师的教学，优点十分明显。但在征求意见中也有同志认为这种表述方式有过去历史教学大纲的痕迹，没有给教科书的编写和教师的教学留下足够的空间。

（三）第三次修订（2010 年—2011 年）

2007 年，党的十七大提出“优先发展教育，建设人力资源强国”的要求，强调学校要“坚持育人为本，德育为先，实施素质教育”。根据党的十七大精神，2010 年，国家颁发了《国家中长期教育改革和发展规划纲要（2010—2020 年）》，按照我国 2020 年“进入人力资源强国”的战略目标，对加强基础教育课程教材建设，提高教育质量提出了重要任务，强调坚持德育为先、能力为重、全面发展，要求“调整教材内容，科学设计课程难度”，“深入研究、确定不同教育阶段学生必须掌握的核心内容”。这就要求对包括历史学科在内的义务教育阶段各学科课程标准进行重新审视，认真修订。

为贯彻党的十七大精神，落实《国家中长期教育改革和发展规划纲要

（2010—2020年）》，历史课标修订组在2010年对课标进行了多次修改，这一年10月，教育部将历史课标修订稿下发部分省（市），有关省（市）组织专家和一线教研人员、教师研读，并形成了修改建议。2010年年底，教育部再次将历史课标修订稿向全国部分省市和教育部16所大学的基础教育课程中心、部分出版社和教材编写者征求意见。不少建设性意见为课标修订组采纳吸收。2011年1月，教育部召开包括历史学科在内的“义务教育课标修订汇报会”，陈小娅副部长对课标的进一步完善做了重要指示。2011年3月，教育部委托基础教育课程与教材专家委员会对课标修订稿进行审议，受到专家委员会的肯定。课标修订稿于2011年年底由教育部正式颁布，2012年1月，由北京师范大学出版社出版。

五、继承、完善与发展：《义务教育历史课程标准》（2011年版）的变化与特点

将课标（2011年版）的目录与课标（实验稿）目录做一比较，可以看出，两者的框架结构几乎一致，只是第四部分“实施建议”四个方面的前后顺序略有变化。但认真学习后我们会发现，新课标坚持了十年历史课改的基本经验，弥补了课标（实验稿）的缺失，在继承课标（实验稿）基本理念的基础上又有新的发展，在深化历史课改的道路上迈出了新的步伐。

（一）课标（2011年版）的变化

1. 第一部分“前言”的变化

（1）进一步完善和发展了历史课程的总目标，确立了历史课程的目标价值取向，凸显了历史课程的重要地位。

课标（2011年版）前言从“培育具有社会主义核心价值观的公民”的时代要求出发，确立了历史课程的总目标，即在唯物史观指导下，弘扬民族精神、时代精神，传承人类文明的优秀传统，“初步学会从历史的角度观察和思考社会与人生，从历史中汲取智慧，逐步树立正确的世界观、人生观和价值观”。这一课程总目标充分说明义务教育阶段的历史课程在提高学生的人文素养和培育具有社会主义核心价值观的公民方面的重要作用，充分说明历史课程对学生全面发展、终身发展的重要意义，也凸显了历史课程的重要地位。

（2）明确指出义务教育阶段的历史课程所具有的思想性、基础性、人文性、综合性四大特性，并对每一特性作了具体的诠释。

历史课程的思想性表现在历史教科书的编者和历史教师要坚持用马克思主义的唯物史观解释历史，增强学生对伟大祖国的认同，对中华民族的认同，对中华民族优秀文化的认同，对中国特色社会主义道路的认同，逐步树立正确的世界观和人生观。

历史课程的基础性表现在义务教育阶段的历史课程是以普及历史常识为主，也就是给学生以基本的、重要的中国历史、世界历史的知识和学习历史的技能，逐步形成正确的历史意识，从而为学生进入高一级学校继续学习和步入社会打下基础。这里说的历史意识是指对历史的态度和认识，对历史的记忆和理性思考。学生学习历史课程后，不仅了解一些历史知识，还要牢记历史，反思历史，总结历史的经验教训，吸取历史的智慧，对历史进行理性的思考，增强历史责任感。

历史学属于人文科学的范畴，历史知识是人文知识的一部分。历史课程的人文性表现为通过历史学习，以人类优秀的文化陶冶学生心灵，丰富人文知识，培养人文精神，提高人文素养，从而正确理解人与社会、人与自然的关系，以适应社会发展的需要。

历史是一门综合性的学科，包括政治、经济、文化、军事、科技等方方面面，作为义务教育阶段的历史课程内容具有综合性的特点。历史教师在教学中要注重人类历史政治、经济、文化等不同领域发展的相互联系，关注历史与现实的联系，使学生能综合运用所学知识，正确认识历史、认识社会。

（3）融入了“育人为本”“以普及历史常识为基础”“将正确的价值判断融入对历史的叙述和评判中”和“鼓励自主、合作、探究式学习，倡导教师教学方式和教学评价方式的创新”等新的课程理念。

（4）对课程设计思路作了重大调整，弱化学习板块中的学习主题，按历史发展的时序、采用“点—线”结合的方式呈现历史内容，体现历史学科科学性、系统性的特点。课标（2011 年版）在保持课标（实验稿）的总体框架即中国古代史、中国近代史、中国现代史、世界古代史、世界近代史、世界现代史 6 大板块的同时，在每一个板块的内容设计上，采用“点—线”结合的呈现方式。“点”是具体、生动的历史事实，“线”是历史发展的基本线索。以“线”穿“点”，以“点”连“线”，通过“点”与“点”之间的联系来理解“线”，使学习内容依据历史的发展线索循序渐进地展开，使学生在掌握历史事实的基础上理解历史发展的过程。

课标（2011 年版）的课程内容贴近时代、贴近社会、贴近学生生活，重视与高中历史教学的衔接，重视增强课程的开放性和弹性，为教材编写和乡土历史教学留有余地。

2. 第二部分“课程目标”的变化

（1）知识与能力目标更具体，更体现历史学科的特点。知识与能力目标既有联系又有区别。课标（2011 年版）对知识与能力的要求是结合在一起表述的。如果要将知识与能力目标分别表述的话，课标（2011 年版）规定的知识目标：了解多种历史呈现方式，知道重要的历史事件、历史人物、历史现象、基于历史时序的历史发展的基本线索及人类主要文明成果。课标（2011 年版）规定的能力目标：初步学会在具体时空条件下考查历史事物的能力；初步学会从历史发展的进程中认识历史人物、历史事件的地位和作用的能力；提高历史的阅读能力和观察能力以及对历史情景的想象力；初步形成重证据的历史意识和处理历史信息的能力；逐步提高对历史的理解分析能力和解决历史问题的能力；提高用口头与书面等方式陈述历史的表达与交流的能力。

（2）过程与方法目标内涵清晰、目标明确、要求具体。这里的“过程”，是指学生学习历史的过程。历史学习是一个从感知历史到积累历史知识、从积累历史知识到理解历史、从理解历史到运用历史知识的过程。

课标（2011 年版）“过程与方法”目标的第 1、2、3 点是讲过程目标：学会通过分析、综合、概括、比较等思维过程形成历史概念，认识历史发展的时代特征和基本趋势；逐步学会运用原因与结果、动机与后果等概念对历史事实进行理解和判断；逐步学会发现问题、提出问题，尝试体验探究历史问题的过程。

课标（2011 年版）“过程与方法”目标的第 4、5 点是讲方法目标，即：逐步掌握计算历史年代的方法、阅读教科书及有关历史读物的方法；逐步掌握识别和运用历史地图和图表的方法；逐步掌握查找和收集历史信息的方法；逐步掌握运用材料具体分析研究历史问题的方法；初步掌握解释历史问题的方法；学会表达与交流学习体会的方法。

（3）情感、态度与价值观目标增加了体现中国国情和时代特点的新内容。同课标（实验稿）相比，课标（2011 年版）从我国国情和时代特点出发，增加了“认识在漫长的历史进程中，我国各族人民密切交往、相互依存、休戚与共，形成了中华民族多元一体的格局，共同推动了国家发展和社会进步”；“继承和弘扬以爱国主义为核心的民族精神，认识到国家统一、民族团结和社会稳定是中国强盛的重要保证”；“感悟近现代中国人民为救亡图存和实现中华民族伟大复兴而进行的英勇奋斗和艰苦探索，认识中国共产党在中国革命、建设和改革事业中的决定作用，树立中国特色社会主义理想信念”；“从历史的演变中认识合理开发和利用资源、生态环境保护的重要性，初步形成可持续发展的观念”；“初步理解个人与群体、个人与社会的关系，提高对是与非、善与恶、美与丑的识别判断力”等内容。

3. 第三部分“课程内容”的变化

“课程内容”按中国古代史、中国近代史、中国现代史、世界古代史、世界近代史、世界现代史 6 个板块分别叙述。每一学习板块由板块概述、课程内容、教学活动建议三部分构成。板块概述用高度概括的文字叙述该板块历史发展的基本线索和阶段特征，勾勒重大历史事件、重要历史现象、重要人物活动及评价，提出学习该板块历史内容的三维目标。每一板块的“课程内容”，是按历史内容的先后顺序，列出学习要点（学习的主要内容）及学习水平（要求达到的程度，包括了解、理解、应用三级水平）。

课标（2011 年版），对“课程内容”的陈述，一般是在具体的知识前面分别使用“了解”“知道”“列举”“说出”“简述”“讲述”（以上为“了解”水平），“归纳”“概述”“理解”“说明”“认识”（以上为“理解”水平），“比较”“分析”“简析”“探讨”“评价”（以上为“应用”水平）等行为动词，用准确的行为动词表达学习的结果；有时采用的行为动词是体验性的、过程性的，如“感悟”“感受”“体会”“认识”“认同”“树立”等。它反映的是过程与方法，情感、态度与价值观目标。

与“课程内容”相对应的是“教学活动的建议”。教学活动包括搜集资料（文字、图片）、观察历史地图、识读历史年表、阅读文献材料、讲述历史故事、编辑历史板报、欣赏文艺作品、绘制历史地图、填图填表、观看历史影视作品、考察历史遗迹遗址、访问历史见证人、举办历史歌曲演唱会、开展社会调查、举办专题讲座、小组讨论、列表比较异同、辩论、演讲等近 20 种，旨在倡导多种教学方式、学习方式，让学生主动感知、理解和探究，使学习内容更加贴近时代、贴近社会、贴近生活。

课标（2011 年版）的课程内容较为鲜明地反映了每一板块历史发展的主线：中国古代史以中华优秀文化与从未中断的独特文明为主线，并反映统一的多民族国家的形成与发展和中外经济文化的交流；中国近代史以反抗列强侵略和国内专制独裁统治的救亡图存为主线，兼顾近代社会经济和文化的发展；中国现代史以中国共产党领导下社会主义革命和社会主义现代化建设的伟大成就以及国际地位的提高为主线；世界古代史以世界文化的多元性和历史发展的多样性为主线，反映世界各地区、各民族共同推动了人类文明的进步；世界近代史以资本主义的发生、发展历程和马克思主义的诞生及殖民地人民的反殖民扩张为主线，并反映资本主义世界市场的扩大、世界各地区联系的加强；世界现代史以社会主义、资本主义和第三世界的发展进程为主线，反映世界日益成为不可分割的整体，形成世界各国相互依存、相互竞争的复杂局面。

第一，课标（2011 年版）的课程内容，注意精选最基本、最重要的史事，降低难度，减轻学生负担。

据初步统计，共增加了 82 个知识点，减少了 76 个知识点，内容总量基本持平。笔者这里说的是“内容总量”而不是“知识点”。知识点涉及的范围有大有小，内容有多有少，如“两晋南北朝的更替”这一知识点涉及范围大、内容多，“北宋的建立”涉及的范围小，内容相对较少；“隋朝的统一和灭亡”在教科书里可能是一课的内容，而“唐朝的灭亡”这一知识点在教科书里最多是一个子目的内容；至于“中国特色社会主义理论体系”这一知识点，包含了邓小平理论、“三个代表”的重要思想和科学发展观等重要内容及这些理论提出的历史背景，其内容总量至少不少于一课时的内容。因此，用课标中“知识点”的多少来说明内容的多少、学生负担的增减是不科学的。此外，增加的内容不少是为了弥补课标（实验稿）时序性、系统性的不足，并未增加难度。需要特别说明的是，课标（实验稿）和课标（2011 年版）对有的相同内容的知识点在表述上有一些差异，如课标（实验稿）有“列宁在社会主义建设方面所做的探索”和“复兴产业法”的知识点，课标（2011 年版）虽没有上述文字表述，但有“新经济政策”和“罗斯福新政”的知识点。新经济政策是列宁在社会主义建设方面进行有益探索的具体表现，而“复兴产业法”是罗斯福新政的重要内容，是最重要的反危机措施，因而我们不能将“列宁在社会主义建设方面的探索”和“复兴产业法”视为课标（2011 年版）减少的知识点。这里将各板块知识点增减情况列表如下：

表 2.2.1　中国古代史增减内容

增加内容（共 28 个知识点）	减少内容（共 10 个知识点）
老子、秦朝的灭亡、西汉的建立、“文景之治”、东汉的建立、外戚宦官专权、赤壁之战、两晋南北朝的更替、北方农业技术的成熟、农历、隋朝统一和灭亡、盛唐的社会气象、安史之乱、唐朝灭亡、五代十国局面、北宋的建立、宋朝重文轻武、宣政院管辖西藏、元曲、明朝的建立、北京城、《农政全书》、李自成起义推翻明朝、满族入主中原、清朝前期经济的发展、清朝前期人口的增长、清朝中期的腐败、京剧	元谋人、尧舜禹的传说、禅让制与世袭制、金文小篆隶书等字体及汉字的演变、《九章算术》、《水经注》、武则天、《资治通鉴》、遣唐使、赵州桥

表 2.2.2 中国近代史增减内容

增加内容（共 17 个知识点）	减少内容（共 8 个知识点）
洪秀全、太平天国运动的兴衰、甲午中日战争的主要战役、义和团运动、义和团抗击八国联军侵华的史实、中华民国成立、袁世凯独裁统治和复辟帝制、北洋军阀混战、李大钊传播马克思主义、第一次国共合作、遵义会议、第二次国共合作、日本投降的史实、解放区的土地改革、国民党南京政权的覆亡、茅盾、齐白石	太平军抗击洋枪队、左宗棠收复新疆、邓世昌的主要事迹、轮船火车电报照相和电影等在中国出现的史实、魏源、严复、詹天佑、侯德榜及其在科学技术上的成就

表 2.2.3 中国现代史增减内容

增加内容（共 10 个知识点）	减少内容（共 15 个知识点）
中国 1956 年进入社会主义初级阶段、人民代表大会制度、政治协商会议制度、雷锋、社会主义市场经济体制的建立和完善、中国特色社会主义理论体系的重要性、中共十六大以来我国取得的新成就、科学发展、社会和谐、北京奥运会	西藏和平解放、黄继光和邱少云英雄事迹、1954 年宪法、国有企业改革、《中华人民共和国民法通则》、《中华人民共和国刑法》、人民海军和人民空军的建立、“亚太经合组织”、计算机网络技术、“863 计划”、教育、文艺、体育、就业制度、医疗保险制度

表 2.2.4 世界古代史增减内容

增加内容（共 10 个知识点）	减少内容（共 17 个知识点）
希腊城邦、罗马城邦、希腊罗马建筑艺术、公历、法兰克王国、西欧庄园生活、巴黎大学和牛津大学的兴起、基督教在欧洲中世纪历史发展中的作用、《查士丁尼法典》、阿拉伯帝国在文化上的贡献	人类起源、三大人种、该亚与厄瑞斯忒的传说、母系氏族社会与父系氏族社会的形成、布匿战争、查理·马特改革、丕平献土、西欧封建等级制度、琅城起义、君士坦丁堡陷落、希波战争、马可·波罗来华、象形文字、楔形文字、《荷马史诗》、阿基米德、麦加清真寺和巴黎圣母院等建筑特点

表 2.2.5 世界近代史增减内容

增加内容（共 7 个知识点）	减少内容（共 14 个知识点）
手工工场、租地农场、麦哲伦环球航行、彼得一世改革、美国 1787 年宪法、现代工厂制度、工业革命带来的社会问题	《权利法案》、《人权宣言》、“旅行者号”机车的发明、“五月流血周”、创作国际歌的主要过程、克莱武在印度掠夺、章西女王领导的反殖民斗争、林肯在南北战争中的主要活动、宪章运动、伏尔泰、爱因斯坦、托尔斯泰、《最后的晚餐》、《向日葵》

表 2.2.6　世界现代史增减内容

增加内容（共 10 个知识点）	减少内容（共 13 个知识点）
第一次世界大战爆发的原因、甘地领导的印度非暴力不合作运动、凯末尔领导的土耳其革命、“二战”主要进程、德国分裂、社会保障制度的建立、苏联社会主义模式的推广、联合国、世界贸易组织、生态与人口问题。	国会纵火案、反犹暴行、慕尼黑会议和绥靖政策、“二战”后美国经济的特点、东欧社会主义国家的改革、印度独立、中东战争、科索沃战争、生物工程技术、德莱赛、毕加索、爵士乐、好莱坞

第二，难度有增有降，总体降低了难度。

课标（实验稿）的知识点中属运用层次的共有 12 处，而课标（2011 年版）的知识点属运用层次的只有 3 处。现将中国史的难度增降情况列表如下：

表 2.2.7　中国古代史内容难度增降列举

板块	知识点	实验稿要求	2011 年版要求	难度
中古史	北京人	了解中国境内原始人类的文化遗存	知道北京人的特征，了解北京人发现的意义。知道化石是研究人类起源的主要证据	增加
中古史	汉武帝	列举汉武帝大一统的主要史实，评价汉武帝	知道汉武帝巩固“大一统”王朝	降低

表 2.2.8　中国近代史内容难度增降列举

板块	知识点	实验稿要求	2011 年版要求	难度
中近史	太平天国	知道太平军抗击洋枪队的事迹	知道洪秀全、了解太平天国运动的兴衰	增加
中近史	戊戌变法	知道“百日维新”的主要内容，认识戊戌变法对中国近代社会的影响	了解“百日维新”的主要史实	降低

表 2.2.9　中国现代史内容难度增降列举

板块	知识点	实验稿要求	2011 年版要求	难度
中现史	社会主义市场经济体制	无	了解社会主义市场经济体制的建立与完善	增加
中现史	十一届三中全会	认识中国共产党十一届三中全会是我国社会主义现代化建设史上的伟大转折	了解中国共产党十一届三中全会	降低

续表

板块	知识点	实验稿要求	2011 年版要求	难度
中现史	邓小平理论	认识邓小平理论是改革开放和社会主义现代化建设的指导思想	认识中国特色社会主义理论体系的重要性	增加

表 2.2.10　世界史内容难度增降列举

板块	知识点	实验稿要求	2011 年版要求	难度
世古史	亚历山大帝国	说出……亚历山大大帝东征等基本史实	初步了解亚历山大帝国对东西方文化交流的作用	增加
世近史	华盛顿	讲述华盛顿的主要活动，评价资产阶级政治家的历史作用	通过华盛顿、《独立宣言》、1787 年宪法，理解美国革命对美国历史发展的影响	降低
世现史	罗斯福新政	以“产业复兴法”为例，评价罗斯福新政在资本主义发展史上的作用	了解罗斯福新政，理解国家干预政策对西方经济发展的影响	降低

第三，吸收史学研究新成果，反映国家政策的新表述和社会发展进步的新成就。

此次修订，吸收了改革开放以来史学研究的新成果。如将世界现代史的开端定在 20 世纪初，将第一次世界大战列入世界现代史板块。中共中央党史研究室编写的《中国共产党历史》第一卷（上、下册）、第二卷（上、下册）代表了党史研究的最新成果，中国近、现代史课程的若干内容，都融入了其中的一些新成果。

我国是一个以汉族为主体的由 56 个民族组成的统一的多民族国家。在长期的历史发展过程中，各族人民密切交往、相互依存，形成了多元一体的格局。课标修订者为避免人们在民族关系上产生误解，此次将中国古代史上“民族融合”这一传统的表述，改为“交往、交流、交融”，以突出其相互性。

课标（2011 年版）还反映了近十年来中国和世界的新变化。中国现代史有关建国 60 周年庆典阅兵式上展出的武器装备所反映的国防建设的成就，党的十六大以来的新成就，中国特色社会主义理论体系以及科学发展、社会和谐，世界现代史有关现代人类社会发展及面临的挑战等内容，无不体现鲜明的时代性。

第四，“课程内容”与“教学活动建议”用双栏表格形成排列（如表 2.2.11），一目了然，便于教师使用。

表 2.2.11 “课程内容”与“教学活动建议”列举

课程内容	教学活动建议
●讲述林则徐虎门销烟的故事…… ●了解洋务派为“自强”“求富”而创办的主要军事工业和民用工业，初步认识洋务运动的作用和局限性	●有条件的地区，可以观看《林则徐》等影片，感受中国人民反抗侵略的斗争精神 ●采取小组合作方式，收集洋务运动的有关资料，谈谈对洋务运动的看法

4. 第四部分“实施建议”的变化

“实施建议”包括教学建议、评价建议、教材编写建议、课程资源开发与利用建议等四个部分，写得具体，较课标（实验稿）更有操作性。这里仅就其中的重点内容略加提及。

教学建议共七点，强调历史教学必须“坚持正确的思想导向和价值判断”，“充分激发学生的历史学习兴趣”，“注重培养学生的创新意识和实践能力”，增加了“注重对基本史实进行必要的讲述”的内容，删去了“教学活动案例”。针对历史课改和课标（实验稿）相对薄弱的评价环节，课标（2011 年版）对历史学习的评价从评价目标的设计、评价方法的选择、评价标准的制定、评价的实施到评价结果的解释与反馈，都提出了具体的建议。强调课程目标、教学目标与评价的一致性，具有较强的指导性，是课标（2011 年版）的亮点之一。在“教材编写建议”中，课标（2011 年版）强调“历史教科书是学校历史教育最主要、最基本的教学资源”，还第一次将历史图册、历史教师教学用书与历史教科书一起列入历史教材的范畴，并对历史图册、历史教师教学用书的内容提出了明确的要求。在“课程资源开发与利用建议”中，提出要充分开发历史课程的各种资源，指出历史课程资源除历史教科书、学校图书馆、校外历史课程资源、历史题材视频资源和网络资源外，还包括教师资源和学生资源等人力资源。“建议”还提出了选择和利用历史课程资源的四条基本原则。

（二）课标（2011 年版）的特点

根据对课标（2011 年版）上述四个方面的变化的分析，我们可以总结出其具有如下特点：

第一，明确规定了义务教育历史课程的四大特性，特别强调思想性、基础性，凸显“育人为本”“以普及历史常识为基础”“提高学生的人文素养”“培育具有社会主义核心价值观的公民”的价值取向。

第二，构建了点—线结合，按历史发展的时序呈现历史内容的课程体系，充分体现了历史学科时序性、系统性的特征。

第三，清晰、具体地诠释了体现历史学科特点的“三维”目标，具有较强的可操作性。

第四，精选课程内容，合理增删，既加强了基础，又减轻了学生负担。

第五，合理吸收史学研究新成果，反映我国政治文明建设和经济社会发展的新成就以及现代社会面临的新问题，具有鲜明的时代性。

第六，“实施建议”符合我国义务教育阶段历史教育的实际，具有较强的指导性。

课标（2011 年版）的上述特点表明，它无愧为深化历史课程改革的指导性文件。至于如何把课标（2011 年版）落到实处，构建课标—教材—教学—评价四位一体的实施系统，是我们另外要探讨的问题。

六、《义务教育历史课程标准》（2011 年版）的再修订：历史课改正未有穷期

2015 年 1 月 11 日—12 日，教育部召开“社会主义核心价值观进教材研修会”，基础教育课程教材中心负责人在会上作的《课改新形势与新任务》的讲话告诉我们：高中课程方案修订已告一段落。按照新的课程方案，包括历史学科在内的高中各科课程标准的修订已经启动，在新的高中课程标准中将融入学科核心素养和学业质量标准等重要内容。高中课标修订后，义务教育课标又将修订，将融入义务教育阶段学科核心素养和学业质量标准的内容。历史课程改革与其他学科一样，可谓任重道远。

就课标（2011 年版）而言，虽有很多成功之处，但我们在学习课标、研究课标、运用课标指导编写教材时，也存在一些困惑。这些困惑或许是课标（2011 年版）再修订时应注意的地方，现提出来供修订时参考。

（一）关于义务教育历史课程的特性问题

“特性”是“某一事物特有的性质”，具有独特性。义务教育课程的学科特性是由这门课程的内容和社会功能决定的。例如，“以促进学生思想品德健康发展为目的”的“思想品德”课程，课标（2011 年版）确定的历史课程特性是思想性、人文性，实践性、综合性；《语文课标》（2011 年版）确定的课程特点是综合性、实践性、工具性、人文性、强调“工具性与人文性的统一，是语文课程的基本特点”；《历史与社会课标》（2011 年版）确定的课程特性是人

文性、综合性、实践性。这些课标所确定学科课程特性（特点）是较为贴切的。

“思想品德”课标将“思想性”作为课程的首要特性，突出反映了“以促进学生思想品德健康发展为目的”的德育课程性质；“语文”课标将“工具性与人文性的统一”作为语文课程的基本特点，“历史与社会”课标将人文性作为课程的首要特性，突出反映了思想性、人文性很强的文化课程性质。

课标（2011 年版）确定的课程特性是思想性、基础性、人文性、综合性，似感未完全根据历史课程的内容和社会功能反映这门课程的特性。将思想性视为首要特性，似有将“以普及历史常识为基础”“以培养和提高学生的历史素养为宗旨”的历史课程与“以促进学生思想品德健康发展”为直接目的的思想品德课程等同之嫌。诚然，历史课程内容具有鲜明的政治属性，但毕竟历史课程的思想教育是对学科课程内容“润物细无声”的渗透；至于“基础性”，应是义务教育阶段包括语文、数学、物理、化学等各门课程的共同性质，而不是某一学科的特性。加之，课标（2011 年版）“思想性”中的“认同中华民族的优秀文化传统”“逐步树立正确的世界观和人生观”的内容，在“人文性”中已经得到体现。至于“基础性”中有关“普及历史常识”“引导学生掌握基本的、重要的历史知识和技能”的内容，本身就是“人文性”的体现。正因为这样，课标再修订时不必将思想性、基础性作为历史课程的特性提出。

笔者认为，人文性、综合性、借鉴性和史论统一性是初中历史课程的特性。历史课程包含着人文知识与技能、人文能力与方法、人文精神与品质等丰富内容，“对提高学生的人文素养有着重要作用”。课标（2011 年版）的课程三维目标要求，是落实提高人文素养的具体表现。特别是历史课程的情感、态度、价值观目标，包含着丰富的人文精神与品质的内涵，符合党的十八大倡导的“富强、民主、文明、和谐，自由、平等、公正、法治，爱国、敬业、诚信、友善”的社会主义核心价值观的要求；“人文精神”的根本，是学会做人，这也体现了“立德树人”的教育根本任务。

以史为鉴、资政育人，是史学的重要社会功能。这正是“鉴前世之兴衰，考当今之得失”，“善可为法，恶可为戒”。历史与现实紧密联系，历史是昨天的现实，现实是明天的历史。初中历史课程要帮助学生在探究历史的过程中尝试反思历史，吸取历史的经验教训，从历史的经验中、从人类文明的优秀传统中、特别是从中华民族的优秀传统和优秀的历史人物中吸取智慧和力量，从历史的教训中受到警示，从而提高对是与非、美与丑、善与恶的识别能力，形成健康的人格和健康的个性品质，这正是历史课程体现的借鉴性。将“借鉴性”

作为历史课程的一个特性，是符合历史学科特点的。

论从史出、史论结合，是历史学的重要特点，也是学习历史的基本方法和历史教学的重要理念。这里说的“史”，指史实、材料。这里说的“论”，指唯物史观指导下分析和研究史实、材料后得出的结论。课标（2011 年版）强调历史课程要“坚持用唯物史观解释历史的发展变化”，要使学生“了解以历史材料为依据来解释历史的重要性，初步形成重证据的历史意识”，逐步掌握“运用材料具体分析历史问题的方法”。修订课标的这些要求，正体现了符合历史学科特点的历史课程的又一特性——史论统一性。

（二）关于将中国古代“民族融合”的传统表述改为“交往、交流、交融”问题

课标（2011 年版）将中国古代民族关系中“民族融合”这一传统的提法，改为“交往、交流、交融”，是引人注目的一个重大变化。课标修订专家对这一变化的解释是，这一提法“更符合中国历史上各民族相互学习、相互依存的历史实际，更突出中国统一多民族国家的发展”。但多数学者认为，“民族融合”是指两个或两个以上的民族，在长期的交往交流中融为一体。“民族融合”是客观存在的民族现象。今天汉族是以华夏族为主体，在漫长的历史中不断融入其他民族成员而发展壮大的，还有相当多的汉人融入少数民族，并形成一些新民族。少数民族之间也在不断地融合，一些民族发展了，一些民族消亡了，一些新的民族又产生了。东汉末年至魏晋的“五胡”内迁，“五胡”中的匈奴、鲜卑、羯、氐四族早已不存在了。同时期内迁的乌桓、柔然、高车等民族，也不存在了。他们早已融入汉族或其他民族，或融入其他民族后成了新的民族。

我国老一辈史学家的史学著作中，对我国古代客观存在的“民族融合”这一民族现象是持肯定态度的，如翦伯赞编的《中国史纲》（人民出版社）、尚钺编的《中国历史纲要》（人民出版社）、张传玺著的《中国古代史纲》（北京大学出版社）、王仲荦著的《魏晋南北朝史》（上海人民出版社）等。近年由中国社会科学院历史研究所编著的、广受读者喜爱的《简明中国历史读本》（中国社会科学出版社 2012 年 7 月第 1 版，9 月第 6 次印刷）对北朝时期的民族大融合给予很高评价。该书以“孝文帝改革与民族融合”为标题，在叙述孝文帝推行汉化政策后指出：“这些改革不仅推进了北魏国家和拓跋鲜卑等少数民族社会属性的封建化，也促进了北方各少数民族同汉族的民族融合。有学者统计，自魏晋到南北朝，少数民族融入汉族的总人口数多达千万，其中绝大多数是南北朝时期完成民族融合历史进程的。孝文帝所推行的汉化改革起了关键作

用。北朝民族大融合是中华民族发展史上的一个里程碑。”进入21世纪以来，一些研究中华民族史、中华文明史的专著，如田晓岫著的《中华民族发展史》（华夏出版社）、王玉德著的《中华文明史稿》（崇文书局），也都提到古代民族融合的相关内容。有关“民族融合”问题，还见诸党和国家领导人的重要讲话。习近平同志2011年9月1日在中央党校秋期开学典礼的重要讲话《领导干部要读点历史》中，明确指出在中华民族大家庭形成过程中，各民族之间的“交流融合”是民族关系的主流。他说：“在中华民族大家庭的形成过程中，各民族之间有矛盾冲突更有交流融合，在冲突和融合中关系越来越密切，成为民族关系的主流。从先秦到秦汉，经魏晋南北朝、隋唐五代到宋元明清，千百年的交流融合，使得各民族难分难解，终于形成56个民族共同组成的血脉相连、休戚与共、团结进步的中华民族大家庭。”

“交往、交流、交融”的核心是“交融”。“交融”与“融合”是有区别的。如前所述，“融合”是指民族间的差异完全消失，而“交融”是指民族间的共同点、一致性增强，你中有我，我中有你，同时又保留本民族文化的特色。第一次提出促进民族“交往、交流、交融”是2010年2月召开的中央第五次西藏工作座谈会。2010年5月召开的中央新疆工作座谈会再次重申这一原则，同时提出增强对伟大祖国的认同，对中华民族的认同，对中华文化的认同，对中国特色社会主义道路的认同。2014年5月召开的第二次中央新疆工作座谈会，第三次强调“交往、交流、交融”。这次会议还强调“增强各族群众的国家意识、法律意识、公民意识”。由此可见，强调“交往、交流、交融”的提法，是党和国家在社会主义市场经济迅速发展的时代背景下，为避免民族工作中强化民族之间、民族区域自治地方和非民族区域自治地方之间的区分，更多强调中华民族的共同性、一致性而提出的指导民族工作的原则，而不是学术研讨。（见全国政协民族和宗教委员会主任朱维群接受中国西藏网的专访：《民族工作应向“交往交流交融使劲”》，2014年7月28日，中国西藏网）今天强调的指导民族工作的原则并没有否定中国历史上“民族融合”这一客观存在的民族现象。恰恰相反，了解古代“交流、融合”是民族关系的主流，可以帮助学生更好地理解当今强调促进民族之间“交往、交流、交融”的重大意义。鉴于上述原因，笔者建议课标（2011年版）修订时，将古代民族间的“交往、交流、交融”改为“交流融合”为好。

（三）关于一些重要历史内容的缺失问题

课标（2011年版）吸收了中国近代史“范式”研究的新成果，明确中国近代史以中华民族对外反抗帝国主义侵略、对内反对封建专制独裁统治的救亡图存为主线，即以“革命史范式”为主线，兼顾近代化因素。这一指导思想是符合中国近代历史实际和时代特征的。但落实到具体的课程内容的时候，却对近代化因素“兼顾”不够。同课标（实验稿）相比，课标（2011 年版）删去了“知道詹天佑、侯德榜等近代科学技术方面的重要人物及其成就”“了解魏源、严复等人的思想”等有关科学技术与思想文化的内容，删去了“知道轮船、火车、电报、照相和电影等在中国出现的史实”等贴近学生生活的有关社会生活的内容，似感不利于反映历史课程综合性的特性。

课标（2011 年版）在“课程内容”中国现代史板块的概述中，虽明确指出“新中国成立以来，特别是改革开放以来，经济建设、政治建设、文化建设、社会建设、生态文明建设，以及……都取得了巨大成就，综合国力大幅度增强，人民生活水平显著提高”，但在具体的“课程内容”中，政治建设方面，在党的历史上有重大意义的“中共八大”的内容缺失，文化建设、社会建设的成就更显薄弱。在文化建设方面，课标（2011 年版）对新中国成立以来，特别是改革开放以来精神文明建设的成就反映不够，还删去了课标（实验稿）中有关了解我国文学艺术主要成就的内容，以致看不出社会主义文化在增强国家软实力、增强综合国力中的作用。笔者建议按中共十七届六中全会关于推动社会主义文化大发展大繁荣、建设社会主义文化强国的有关精神，补充我国文化建设成就的内容。加强教育事业，办好人民满意的教育，以及建立社会保障体系等，是社会建设的重要内容。课标（2011 年版）删去了课标（实验稿）中“列举九年义务教育基本普及和高等教育迅速发展的史实，认识教育发展在科教兴国战略中的地位”这一重要内容，还删去了就业制度的变化、社会保障制度初步建立的内容，致使社会建设的内容在课标（2011 年版）中缺失。事实上，新中国成立以来，特别是改革开放以来，我国教育事业取得了瞩目的成就。随着“科教兴国”战略的确立，党和国家把教育摆在优先发展的战略地位。1986 年颁布的《义务教育法》是我国历史上第一部普及义务教育的法律。2000 年，我国基本普及了九年义务教育，基本扫除了青壮年文盲，这是中国 20 世纪教育史上的标志性成就。到 2011 年，全国义务教育人口普及率达到 100%，青壮年文盲率降到 2%以下，我国全面完成普及九年义务教育和扫除青壮年文盲的战略目标，这是中国教育发展史上的空前壮举和重要里程碑。我国高等教育实现跨越式发展，到 2012 年普通高校在校学生人数居世界第一，我国高等教育已进入大众化发展阶段。在社会保障体系方面，到 2012 年，我国从制度上实现了基本养老保险和基本医疗保障城乡居民的全覆盖。这些贴近学生生活的社会建设成就，在课程内容中是宜加以反映的。

（四）关于中国近代史下限的表述问题

在对中国近代史下限的表述上，课标（实验稿）、课标（2011 年版）同一些专著的表述还存在差异。课标（实验稿）是“止于 1949 年南京国民党政权覆亡”，课标（2011 年版）是“止于 1949 年中华人民共和国的建立”。但在中国现代史的概述中又都说：“1949 年中华人民共和国的成立是中国现代史的开端”。两个课标的文字叙述似都欠妥。“止于南京国民党政权覆亡”，即止于 1949 年 4 月，历史存在 5 个多月的空白，而且那时全国还有若干地区未解放。若“止于 1949 年中华人民共和国成立”，也似不妥，因为这样就与中国现代史的开端重复了。高等教育出版社出版的“马克思主义理论研究和建设工程重点教材”《中国近现代史纲要》（2013 年修订版）的叙述是：“从鸦片战争爆发到 1949 年中华人民共和国成立前夕的历史是中国的近代史”。将中国近代史的下限定在“1949 年中华人民共和国成立前夕”似更妥当。

（五）关于课程内容学习水平的层次要求问题

课标（2011 年版）每一学习板块列出的学习点，反映了课标要求必学的主要内容。每一学习要点要达到的学习水平（要求达到的程度）是用行为动词表达学习的结果或体验的过程和要求。如果说使用“了解”“知道”“说出”“讲述”等行为动词的知识内容为“了解”水平，使用“归纳”“概述”“理解”“说明”“认识”等行为动词的知识内容为“理解”水平，使用“比较”“分析”“简析”“探讨”“评价”等行为动词的知识内容为“应用”水平的话，那么，课标（2011 年版）课程内容属于较高的“应用”水平要求的仅中国近代史板块有 3 处，即“分析《辛丑条约》对中国民族危机全面加深的影响”“探讨抗日战争胜利的原因及历史意义”“简析国民党南京政权覆亡和人民解放战争迅速胜利的主要原因”，其余 5 个学习板块属“应用”水平要求的一处也没有。相比之下，课标（实验稿）每一学习板块都有“应用”水平要求的内容，共有 12 处，包括“探讨（秦）统一国家建立的意义”“评价汉武帝”“评价唐太宗”“分析《辛丑条约》对中国民族危机全面加深的影响”“评价洋务运动在中国近代化进程中的地位和作用”“探讨抗日战争胜利的历史意义”“探讨经济特区在社会主义现代化建设中的作用和影响”“探讨拜占庭帝国衰落的原因”“探讨世界各民族地区和平交往的历史意义”“评价资产阶级政治家（华盛顿、拿破仑）的历史作用”“探讨明治维新在促进日本向资本主义社会转变中所起的作用”

“评价罗斯福新政在资本主义发展史上的作用”等。

笔者认为，课程内容的三个层次要求，应从学生的心理特征和认知水平出发，根据课程的具体内容确定，在每一板块分别占多大比例，似应整体规划。如果说6个学习板块属于运用层次的只有3个知识点，绝大多数板块一个都没有，特别是初三年级整个世界史内容无一应用层次，似不符合学生的心理特征和认知水平的发展，也不符合历史课程内容的实际。这些问题就留着课标再修订时去研究吧！

【学员拓展阅读】

[1] 中华人民共和国教育部制定．义务教育历史课程标准（实验稿）．北京：北京师范大学出版社，2001.

[2] 中华人民共和国教育部制定．义务教育历史课程标准（2011年版）．北京：北京师范大学出版社，2012.

[3] 中华人民共和国教育部制定．义务教育思想品德课程标准（2011年版）．北京：北京师范大学出版社，2012.

[4] 中华人民共和国教育部制定．义务教育历史与社会课程标准（2011年版）．北京：北京师范大学出版社，2012.

[4] 中华人民共和国教育部制定．义务教育语文课程标准（2011年版）．北京：北京师范大学出版社，2012.

[5] 教育部基础教育课程教材专家工作委员会组织编写．义务教育历史课程标准（2011年版）解读．北京：北京师范大学出版社，2012.

[6] 朱汉国．坚持课改精神　完善课程标准——关于《全日制义务教育历史课程标准》（实验稿）修订的若干说明．历史教学，2004（4）.

[7] 徐蓝．义务教育历史课程标准（2011年版）的新思路与新变化．历史教学，2012（9）.

[8] 叶小兵．《义务教育历史课程标准》（2011年版）的新变化．历史教学，2012（4）.

[9] 李卿．《义务教育历史课程标准》（2011年版）课程内容的新变化．历史教学，2012（6）.

[10] 朱维群．民族工作应向“交往交流交融”使劲．中国西藏网，2014－7－28.

基于翻转课堂模式的初中历史教学设计和实践

（陈子斌，成都金苹果锦城第一中学教师）

一、翻转课堂的界定和理论框架

（一）概念界定

自美国各地兴起的翻转课堂（The Flipped Classroom）引起各种关注以来，国内多地已经有中小学在各学科中尝试实践翻转课堂模式。翻转课堂是什么？翻转课堂是指重新调整课堂内外的时间，将学习的决定权从教师转移给学生。我们可以通过图示（图 2.3.1）来具体理解。

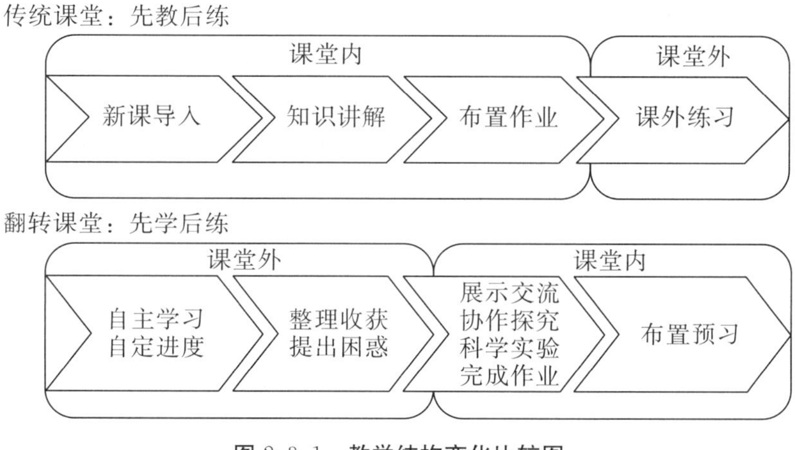

图 2.3.1 **教学结构变化比较图**

在传统的课堂中，教师在课堂上讲授新知识，教师的角色是知识传播者，学生在课后进行巩固复习，以掌握这些知识和技能，并将其迁移到其他相关情景之中；而在翻转课堂的模式中，这个学习流程发生了翻转，学生们在家中按自己的步调观看教学课件，并通过在线方式与同伴及教师进行交流，然后带着问题在课堂上参与讨论、合作学习，教师起引导辅助的作用。总的来说，翻转课堂是大教育运动的一部分，它与混合式学习、探究性学习、其他教学方法和工具在含义上有所重叠，都是为了让学习更加灵活、主动，让学生的参与度更强。翻转课堂形式上是对教学操作流程的变更；本质上是对自主学习与问题解决结合的一种学习方式的运用。

（二）理论框架

信息技术和活动学习是翻转课堂学习模式的两个关键组成部分，图 2.3.2 是翻转课堂的理论框架：

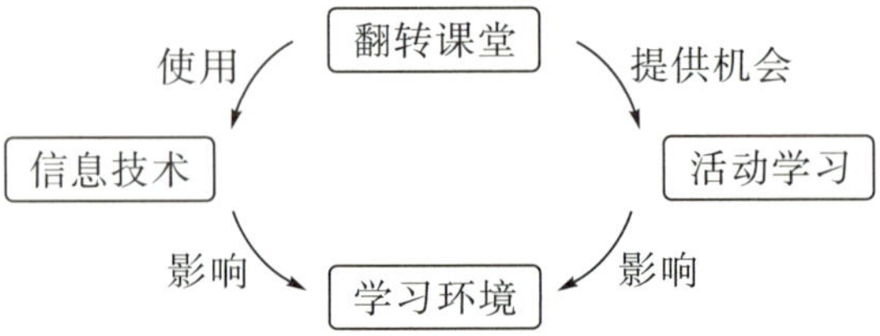

图 2.3.2　翻转课堂的理论框架

通过上图我们可以清晰地看到，在翻转课堂中教师使用信息技术创建教学课件和视频，并利用网络技术为学生提供交流支持，翻转课堂还为学生在课堂上进行讨论交流等各种活动学习提供机会，而且信息技术和活动学习共同影响着学生的学习环境，使得学生们在课堂外能够自主学习，在课堂内能够协作学习。翻转课堂打破了传统的课堂模式，利用丰富的现代化、信息化资源，让学生逐渐成为学习活动的主角。随着翻转课堂的推进，将有利于优质教育资源的共享，对促进教育均衡发展也有很重要的意义。

二、基于翻转课堂模式的初中历史教学设计和实践

（一）初中历史教学翻转课堂实验的实施现状

目前，翻转课堂在美国等国外的很多学校受到欢迎，但在中国却刚刚兴起，以重庆聚奎中学和北京、南京等地学校为代表。从研究现状来看，涉及翻转课堂的文章相对较少，不成体系，大都停留在理论阶段，实践层面研究较少。同时，在各教学网站和微课网站上出现的和翻转课堂有关的学科主要为数学、物理等理科课程，文科涉及较少，初中历史学科就更少。通过网上查询发现，一些教学网站和微课网站上有少量初中历史翻转课堂的微课视频，但数量少、比较零散，没有发现系统的初中历史翻转课堂的内容，更没有独立的历史

微课网站支撑翻转课堂的实施。

（二）基于翻转课堂模式的初中历史教学设计案例

课题：统编版《中国历史》七年级下册第16课《明朝的科技、建筑与文学》

学生：初一（12）班，人数共48人，分为8个学习小组。

课标2011年版要求：知道《本草纲目》《天工开物》等科技著作，了解明代科技成就及影响。

学习目标：表格归纳《本草纲目》《天工开物》《农政全书》的基本内容。课堂上与老师、同学互动，进一步了解《本草纲目》《天工开物》《农政全书》的内容，思考这些巨著对社会的价值和影响。讲述李时珍、宋应星、徐光启的故事，锻炼学生的口头表达能力，同时激励他们树立正确的人生价值观。

翻转设计：教师课前准备教学资源（微课视频、参考书籍、相关专题学习网站）其中微课制作是核心内容，并将其上传到网站供学生课前学习。结合本校的小组合作特色，布置学生小组任务：根据教师提供的教学资源自制《本草纲目》《天工开物》《农政全书》的自主学习任务单，准备课堂交流的内容。了解《本草纲目》作者李时珍、《天工开物》作者宋应星、《农政全书》作者徐光启的简历和小故事，课堂讲述并总结他们有什么样的品质帮助他们获得成功。课堂讨论《本草纲目》《天工开物》《农政全书》的社会价值。

教学实践：由于本校大多数学生无法在家完成课前视频学习部分的实际情况，改为组织学生在学校电子阅览室学习教师提供的教学资源，完成自主学习。

翻转课堂实践情况如下：（1）自主学习汇报，每一个学习小组提供一份自制表格进行展示，其他组的同学就表格形式和内容进行点评，教师引导评价。从中发现的主要问题是设计的表格项目不完整和对这三部科技名著的主要内容描述或是不简洁或是概括不全。讨论后每个同学对自己设计的表格加以修改完善。（2）故事讲述评比。分为讲述组和评价组。讲述组通过课前准备，讲述了李时珍开棺救人、亲自尝试曼陀罗花毒性等故事。评价组根据讲述人的表现进行点评。（3）课堂讨论《本草纲目》《天工开物》《农政全书》的社会价值，每组都举出了具体的实例证明。其中较有特色的是一组带来了山药等《本草纲目》中提到的药材与书中描述相印证；五组拍摄了弹棉花的传统工艺照片与《天工开物》中的插图做对比。由于学生准备充分，参与度高，课堂气氛活跃。

（三）来自调查问卷的反馈

课后教师发放了调查问卷，目的在于了解学生对翻转课堂教学的态度、接受程度以及相关意见。问卷发放48份，回收48份。

关于翻转课堂的问卷调查

请在符合你实际情况的选项旁打钩，横线处填写相关内容。

班级　　性别

你之前是否了解翻转课堂？

了解（　　）　　听过，不太明白（　　）　　不了解（　　）

你在课前是否能完成学习老师提供的教学资源？

能（　　）　　不能（　　）　　原因是

老师提供的视频等教学资源是否足够吸引你？

是（　　）　　否（　　）

通过本课的学习，你是否喜欢这种教学模式？

喜欢（　　）　　不喜欢（　　）　　一般（　　）

在翻转课堂上，你是否经常与同学进行互动交流？

经常（　　）　　偶尔（　　）　　不交流（　　）

通过本课的学习，你的学习兴趣和学习积极性是否有提高？

有（　　）　　一般（　　）　　没有（　　）

与传统的老师讲、学生听完成作业相比，你感觉哪种效果更好？

传统教学（　　）　　翻转课堂（　　）

通过本堂课的学习，哪些方面是你满意的？（多选）

自主性好（　　）　　灵活性高（　　）

学习目标明确（　　）　　小组合作充分（　　）

你认为这种教学法能提高你的哪些能力？（多选）

自学能力（　　）　　问题解决能力（　　）

独立思考能力（　　）　　交流表达能力（　　）

课堂翻转的方法，你认为需要改进的地方是

____

调查显示，48名学生中大多数之前不了解翻转课堂，但通过本课学习，愿意以翻转课堂方式学习的达到78%以上。82%的学生认为该模式调动了学习的积极性，和同学、老师的交流增多，能提高自己的学习能力。在“课前是否能完成学习老师提供的教学资源”一项中，62%的学生表示如果没有老师组织到学校电子阅览室学习，则无法完成。原因有语数外作业过多、放学回家时间太晚、家里无法上网、自觉性不强等。还有个别同学指出课堂小组合作讨论学习或展示中，有的同学没有积极参与，滥竽充数，懒散的态度影响了组内其他成员的学习。

三、实践翻转课堂后的总结与思考

通过案例的呈现与观察和调查问卷的反馈，笔者对基于翻转课堂模式的初中历史教学设计和实践情况进行了一些思考。

翻转课堂将布鲁姆的认知层次清晰分开。利用信息技术把简单的记忆、理解、运用放在课下，核心理念是“让每个学生按照自己的步骤学习”，贯穿“以学生为中心”的现代教育理念。将课堂时间充分进行高层次的综合运用和创新，让学生得到教师个性化指导，形成“以学生为中心”的人性化课堂。翻转课堂拓宽了学生获取历史知识的渠道，丰富了学生感知历史的体验，使知识学习和素质教育都得到了保障。这对于实现义务教育历史课程标准和素质教育的推进有巨大意义。在信息化的大背景下，翻转课堂是个性化学习的发展趋势。

但是在目前我国的教育实际中，在初中历史教学中实施翻转课堂确确实实有许多现实存在的问题需要我们冷静思考和理智面对。

（一）信息技术支持问题

从教师制作教学视频、学生在家观看教学视频到个性化与协作化学习环境的构建都需要计算机硬件和软件的支持。实施翻转课堂教学实验的学校需要给授课教师提供技术上的支持，并在制作授课录像过程中形成流程化的发布范式，为后续教学视频录像提供经验。对于一些缺乏硬件条件的学生，学校应该提供相应的设备支持，例如将学校机房和电子阅览室在课余时间对学生开放。

（二）学科的适用性问题

目前，国内外开展翻转课堂教学试验的学科多为理科类课程。理科知识点明确，其学科特点便于翻转课堂的实施。而像历史这样的文科课程，需要教师与学生进行思想上的交流、情感上的沟通才能起到良好的教学效果。在历史教学中应用翻转课堂模式是对教师的一个重大挑战。解决问题的大致思路为精心设计教学视频，提高教学录像的质量，引发学生的兴趣，激发学生的思考，根据学生的反馈情况推进教学改革。

（三）各学科协调问题

初中历史教学实施翻转课堂也需要学生在课后花费一定时间观看教学视频，完成学习任务，但在中考的升学压力下，很多学校仍以应试教育模式帮助学生提高学习成绩。在中考各学科的分数比重上，成都中考历史只占 20 分，因此，大多数学生将大部分的时间和精力放在分值比重更大的语数外学科上，没有更多的时间和精力在课后完成历史学科的自主学习任务。或许可以考虑将一周两节的历史课拿出一节的时间组织学生在学校机房完成自主学习部分。

（四）学生自学能力与信息素养问题

翻转课堂是建立在学生具有良好的自主学习能力和信息素养的基础上的。学生只有具备较高的自主学习能力才能够通过教学视频进行课程内容的学习，才能合理地安排自己的学习时间。学生只有具备较高的信息素养才能在网络中进行资源检索，通过网络教学平台与教师和同学进行沟通交流。对于自律性和意志力都还处于形成阶段的初中学生，更要注重学生的自主学习能力的培养和信息素养的提升。

（五）教师专业能力问题

将一种新的教学模式高效地应用在教学之中，教师的作用非常重要。在翻转课堂的实施过程中，教师需要录制高质量的教学视频、与学生进行交流指导、安排学习时间、组织课堂活动。因此要加强对教师信息素质能力的培训和相关理论知识的学习，积极转变其观念，提升其专业能力，使其适应翻转课堂的要求。

（六）教学评价方式问题

翻转课堂涉及学生的自主学习能力、独立解决问题能力、合作能力、组织能力、个人时间管理能力、表达能力等，以纸质笔试的传统测试方式无法完全测试出学生在翻转课堂中全部的学习效果，只有转变对教师和学生的评价方式才能更好推进翻转课堂的实施。然而评价方式的改变需要教育行政部门政策体制上的支持。

总之，翻转课堂模式下的初中历史教学虽然受诸多问题的制约，但在信息化时代的背景下，若能借助网络平台，充分发挥现代信息技术的优势，做到课前的学习和课堂教学的有机结合，可以提高中学历史教学的课堂效益，进一步推进初中历史教学的改革与创新。

开发与利用中学历史课程资源的实践

（陈子斌，成都金苹果锦城第一中学教师）

一、课程资源的含义及基本属性

（一）课程资源的含义

课程资源有广义和狭义之分，广义的课程资源指有利于实现课程目标的各种因素，它是形成课程的要素来源及实施课程的必要而直接的条件；狭义的课程资源仅指形成课程的直接来源。目前我国所提倡的课程资源主要指的是广义概念。而历史课程资源观应是大历史观、大资源观，不应局限于历史教材范围。

（二）课程资源的基本属性

课程资源具有多样性、具体性和潜在价值性的基本属性。

多样性指教育教学可以开发和利用的课程资源是多种多样的。课程资源不单单指教科书，也绝不仅仅限于学校内的各种资源。它涉及学生学习与生活环境中所有有利于课程实施、有利于达到课程目标和实现教育目的的教育资源，它弥散在学校内外的方方面面。另外，课程资源多样性的特点不仅表现在其分布和形态上，也体现在其价值、开发与利用的方法途径等方面。

课程资源虽然呈现出多样性的特点，但任何课程资源都因地域、文化传统、学校等差异而不同，因而课程资源又具有具体性的特点。这种具体性表现在不同的地域下，可以开发和利用的课程资源不尽相同，可以结合每个地域的特色进行相应的开发和利用；不同的文化传统下，人的价值观念、风俗习惯、宗教信仰等都具有独特性，开发出来的课程资源也各具特色。

一切可能的课程资源都具有潜在价值性。也许在某一时期，某种课程资源还不能为课程所用，但随着时间的推移、学科课程的发展等，这一课程资源的优势和可利用性可能会越来越突出。

二、中学历史课程资源的种类

按照不同的分类标准，课程资源可以分成不同的种类，这些种类往往相互交叉、相互渗透。

从初高中的历史课程标准中，对课程资源的开发和利用大致可以分为下列几种。

（一）历史教科书

历史教材是历史课程资源的核心，是进行历史课堂教学的基础。学校应在教育行政部门指导下，由学校领导、学科教师、家长代表共同选择经教育部审定的、适应本地特点和需要的教科书。历史教科书的开发和使用应注意这几个方面：（1）以历史课程标准为依据。课标是国家颁布实施的学科的标准，具有权威性和指导性，也是教科书编写的基本依据。（2）认真钻研历史教科书。（如从整体上掌握教科书的框架、脉络；全面理解教科书的基本内容、基本概念、基本观点；把握教科书的重难点；注意初高中衔接等）（3）分析与重构教学内容。（根据教材内容，针对学情，厘定教学目标，重构教学内容）

（二）学校图书馆

学校图书馆是历史课程资源的一个重要组成部分。图书馆的相关资料包括历史书籍（历史教材教辅类资料、历史典籍、其他古代历史典籍、现代历史作品）、教育类书籍、期刊。这些资料能够丰富课程资源的内容，拓展课程资源的视野。

（三）乡土教材与社区历史课程资源

在充分利用校内资源的同时，校外的资源也是可以利用的，特别是地方的课程资源与社区课程资源。它们从不同层次、多角度地为学生学习历史提供了丰富的素材和不同的见解，有利于增强学生的学习兴趣，提高历史学习的基本意识。如成都地区的乡土教材《成都历史》，从成都的历史变迁出发，选择了古蜀文明到川军抗战等古今大事，生动地展示了成都这座古城所蕴含的深厚历史文化。学生通过学习成都历史，可初步了解成都的历史变迁，同时也有利于增加对家乡史的情感和认可。

（四）历史遗迹和各类博物馆、纪念馆

中国悠久的历史给我们留下了丰富的历史遗迹、遗址，蕴含丰富历史内容的博物馆、纪念馆以及人文景观和自然景观，这些是历史教学的重要辅助材料。他们对历史教学活动的支持，有助于学生将历史的文字碎片与实物联系起来，形成直观的历史感，丰富历史的想象。

（五）历史音像资料

这是现代化的课程资源，既包括真实的历史纪录片、录音，也包括历史题材的影视作品。虽然他们或多或少地能够提供某一特定历史时期的社会生活风貌，具有一定的可信度，而且容易调动学生的学习积极性和兴趣，但在使用的时候要慎重，尤其是娱乐性的历史题材影视作品，往往带有戏说成分，不能作为课堂上直接使用的历史课程资源。在选取和使用历史音像资料的时候除了注意历史的真实性，还应考虑音像资料是否能够凸显课程教学的主题。

（六）网络资源与信息技术

随着社会的进步，网络资源与信息技术为历史学习提供了更方便、更快捷和更丰富的信息来源，成为历史课程的新资源。互联网是一个庞大而丰富的资讯库，有多种多样的教学资源。信息技术的支持，又能使课堂资源呈现的效果更加生动和逼真。这有利于激发学生学习历史的兴趣，有利于提高课堂教学的效率，促进中学课堂教学的变革。

三、中学历史课程资源开发与利用的策略

结合中学教学的实际情况，笔者以下从现状分析、资源整合、实践应用、效果反馈等四个方面简述中学历史课程资源开发与利用的策略。

（一）现状分析

1. 对于学习者学习需求的分析

学习者学习需求的分析主要立足于学生和教师。学生的阶段特点和行为习惯往往影响到资源的直观性、逻辑性和趣味性；教师对资源的需求主要基于资源是否容易收集、操作是否简单。学生和教师的个性差异往往影响了课程资源的选择和开发，因而在进行开发之前要调查和研究学习对象的需求，进行准确

的定位。

2. 对于课程资源现状的分析

针对学情，了解学生资源的概况。一是要对学生各方面的素质现状进行调查分析，看看这些学生的素质到底达到了多高的水平，实际上是对学生接受和理解课程资源能力的一种把握。二是要对学生的兴趣以及他们喜爱的各种活动进行研究，在此基础上开发课程资源。

针对师情，分析教师资源的利弊。从学校现有的师资情况出发，看看教师具有什么样的素质，他们在哪些方面有专长、特长，开发课程资源时教师们才能游刃有余。

针对校情，立足校本资源的开发。学校的特色也就是学校的资源优势，这种优势既可以是精神文化等软件方面的，也可以是设施设备等硬件方面的。要充分利用好学校课程资源的优势，立足校本资源的开发。

针对社情，拓展课程资源的渠道。分析社区的资源情况，发挥社区的资源优势，拓宽历史课程资源开发的路径。

3. 对于教研团队成员概况的分析

作为历史教研员或者教研组长，应熟悉团队成员的态度、能力及特长，构建历史资源库的精英团队，切实地调动起团队成员开发和利用的积极性，同时也要建立历史课程开发的激励机制和奖惩制度，形成规则意识和责任意识。

（二）资源整合

1. 熟悉网络资源的检索方法，提高历史课程资源的检索效率

常用的基于网络的历史课程资源检索方法有四种：第一种，利用专业网站或专题网站进行检索，如各学科资源网站、教学网、主题网站等；第二种，利用网页搜索引擎进行检索，如百度、好搜、谷歌等；第三种，利用专用搜索软件进行检索，比如图片搜索、音乐搜索、流媒体搜索等；第四种，利用专业数据库进行检索，如中国期刊全文数据库。教师要熟悉这四种网络资源的检索方法，结合自己的教学需求，选择恰当的方法检索历史课程资源。

2. 掌握网络资源的获取方法，提高历史课程资源的获取效率

网络资源从媒体属性和呈现方式上可分为文本、图像、音频、视频资源等多种类型。教师可以通过现代信息技术高效地获取这些资源。具体而言，文本资源可以通过网页文本的复制与粘贴、保存网页文档、冰点文库下载等方式获取；图像资源可以通过图像的复制与粘贴、照相、截图等方式获取；音频资源

可以通过网页音频文件下载和酷狗音乐播放器下载等方式获取；视频资源可以通过录像设备、网络视频解析软件下载、迅雷下载等方式获取。另外，在获取多媒体资源时，还要注意每类资源的基本存储格式，以便后期对资源进行有效的加工和处理。

3. 强化历史课程资源的分类整理，提高历史课程资源的利用效率

常用的历史课程资源一旦从网络获取之后，首先要对其进行清晰地标识，注明基本信息和用途；其次，围绕着教学的实际需要，要对历史课程资源进行合理分类，构建历史课程资源库；再次，选择恰当的存储方式，进行长期有效的存储；最后，如果需要对已获取的历史课程资源进行利用，可以直接选择计算机自带的检索方式进行搜索和使用。

（三）实践应用

1. 资源的有效利用及建议

从资源的呈现方式来看，课程资源可以分为文本资源、图片资源、视频资源等。每种资源在选择和使用上要注意他们的优势与不足，从而合理选用资源类型，呈现最佳的教学效果。使用文本资源时，要注意文本凸显的教学主题、文本来源的可信度、文本的内容选择（短小精悍）、文本呈现方式（清晰直观）等要素；使用图片资源时，要注意图片的大小与清晰度、图片来源的真伪、图片反映的内容及时代背景；使用视频资源时，要注意视频的大小与效果、视频内容的可信度、视频凸显的主题内容。无论选择哪种资源，最重要的就是要与教学目标和教学内容相吻合，突出教学主题，阐明教学主旨。

2. 多媒体技术的直观呈现

在历史课程资源的实际应用过程中，除了考虑各种资源的使用注意事项，还应尽量使用多媒体技术。对文字、图片、视频等进行综合编辑，有利于呈现更好的教学内容，实现更佳的教学效果。对于文本、图片和视频的综合编辑，推荐使用 Office2013、Office2016 版本的课件制作工具，这些新版本的课件制作工具可以实现对文本、图片、视频的多种编辑，使教学内容得到清晰地呈现。

（四）效果反馈

1. 自我反思是实现课程资源使用最优化的重要途径

史料内容的选择会影响教学效果。如七年级下册“八股取士”的内容，有

位老师采用范进中举的内容来讲述八股取士的特点和危害；而另外一位老师则采用高考作文题，比较古今考试的异同。前者采用语文课本上的内容进行教学，虽然考虑到了学生的学情，但由于与时代脱离较大，学生无法直观理解八股取士的特点及危害；后者则采用高考作文题的方法，贴近学生的学习实际，能够让学生深刻理解八股取士禁锢思想、钳制人才的危害。

教学时机的选择会影响教学效果。如（朱元璋的诗）：“百僚未起朕先起，百僚已睡朕未睡。不如江南富足翁，日高丈五犹拥被。”问题：朱元璋为什么这般辛劳？教师甲：作为引入“明朝废除丞相制度”的教学情境。教师乙：作为结束“明朝废除丞相制度”的教学情境。思考：两位老师情境创设选择的时机哪个更能增强教学的有效性？

同一段史料在不同的教学时机使用，产生的教学效果是不同的。以上史料的内容主要讲述朱元璋的辛劳，乙教师的做法更符合教学情景，有利于增强教学的有效性。

资源呈现的方式会影响教学效果。一般说来，短小精悍的语言表述、生动形象的图片视频、逻辑清晰的思维导图等有利于课堂教学效果的实现。

2. 学生反馈是教学目标达成度的重要准则

课程资源的教学效果是否良好，还需要学生的反馈，而学生三维目标的设计是否清晰、具体、可操作，又可直接体现教学目标的达成度。

3. 同行评价是教学效果不断提高的重要保证

同行评价主要是指学科专家和教研组成员的评价。学科专家和教研组成员对课程资源实施的情况进行点拨引导、交流研讨，有利于进一步优化课程资源的实施，提炼实施的方法与建议。

四、中学历史课程资源应用的原则及意义

（一）中学历史课程资源应用的原则

1. 目标性原则

历史教师在开发和应用历史课程资源时，必须对为什么要教历史这个问题有清晰的认识，必须认真钻研课程标准，吃透所教的历史课程的主题和专题，知道哪些能力要培养，哪些问题要涉及，设定系统的教学目标，选定核心目标。

2. 思想性原则

课程资源的选择要注重其所呈现的思想导向和价值取向，要选择那些有助

于学生全面、客观、辩证地分析历史的资源，充分挖掘课程资源的思想情感教育内涵，潜移默化地对学生进行情感态度与价值观方面的熏陶，帮助他们形成对历史的正确认识。

3. 精选性原则

历史课程资源多种多样，要对各种资源进行筛选，选取反映历史真实情况、具有典型性与代表性的资源，激发学生学习历史的兴趣，帮助学生对重难点有所理解和感悟。

4. 可行性原则

课程资源的选择和运用要考虑学生的实际情况，同时也要考虑其是否直观、具体、可操作。课程资源的有效开发必须易于在教学实际中应用，并且省时、有效。

（二）中学历史课程资源应用的意义

1. 有助于学生更好地理解教材内容

“一标一本”下的历史教材具有综合性、开放性和灵活性的特点，教师要上好历史课，除了要提高自身专业知识和专业技能外，还需要在教学资源的开发、利用等方面下功夫。唯有教学资源丰富了，才能更好地建构教学内容，帮助学生更好地理解教学内容。

2. 有利于激发学生的学史兴趣

影视史料、历史文物、历史遗址等历史课程资源生动形象的特点，给予学生多元的视听感受，加之这部分内容又贴近生活、贴近学生，丰富了历史课内容和形式，有利于激发学生的学史兴趣。

3. 有利于促进学生个性健康的发展和多样性的发展

课程资源对学生的发展具有特殊的作用，现代历史课程资源更加丰富多彩，更加开放直观，这使得学生可以从多种途径学习。与此同时，学生个性特点在多元的课程资源下开始得到彰显，有助于学生的个性得到健康的发展。

4. 有利于促进教师教学方式的转变

课程资源的开发与利用，不仅会使教师开始关注课程资源的收集与实施，还会促使教师的教学观念发生转变。更重要的是，由于课程资源观的转变，势必会影响历史课堂教学方式的转变。一方面，丰富的课程资源可以摆脱唯教材论的狭隘视野，让教学变得更加生动；另一方面，丰富的课程资源也可以改变学生的学习方式，进而使学生从被动的接受者转变为主动的学习者。

统编历史教材观与教师专业发展

（陈辉，四川师范大学教授、博士生导师）

一、《义务教育历史课程标准》（2011 年版）与统编历史教材使用

从课程史的角度来看，《义务教育历史课程标准》（2011 年版）（以下简称“课标 2011 年版”）的颁行，标志着课程改革向纵深推进。课标 2011 年版颁布后，初中历史新教材也开始编写，并逐渐投入使用。2012 年春季至 2016 年春季，初中历史有课标但无教材。因此，教师按课标 2011 年版理念，依据课标实验稿（2001 年版）编写的教材，进行初中历史教学。2016 年秋季，七年级学生开始使用依据课标 2011 年版编写的中国历史（中国古代史）教材。[①] 2016 年开始使用的部编初中历史教材，不仅仅体现了课标 2011 年版理念，还体现了国家对基础教育历史教材的一些新要求。

2016 年，中共中央办公厅、国务院办公厅印发了《关于加强和改进新形势下大中小学教材建设的意见》，提出要健全国家教材制度，成立国家教材委员会，刘延东任教材委员会主任。国家教材委员会的主要职责为指导和统筹全国教材工作，贯彻党和国家关于教材工作的重大方针政策，研究审议教材建设规划和年度工作计划，研究解决教材建设中的重大问题，指导、组织、协调各地区各部门有关教材工作，审查国家课程设置和课程标准制定，审查意识形态属性较强的国家规划教材。国家教材委员会下设若干专家委员会，负责国家规划教材的编写指导和审查，同时建设专家库，为教材建设提供专业支撑，在全国范围推荐专家委员会委员和专家库专家。并且，教育部成立了教材局，加强对教材的管理与使用。教育部教材局的职责在于承担国家教材委员会办公室工作，拟订全国教材建设规划和年度工作计划，负责组织专家研制课程设置方案

---

① 新编初中历史教材简称“部编历史教材”或“统编历史教材”。

和课程标准，制定完善教材建设基本制度规范，指导管理教材建设，加强教材管理信息化建设。

2017 年秋季，经教育部教材局审查通过的、正在使用的有七年级、八年级历史（中国古代史、中国近现代史）教材和九年级（世界历史上册）教材。根据安排，2017 年至 2019 年，我国义务教育历史教材逐步过渡到全部使用统编（2016 年称部编）教材。2017 年秋季统一在全国七年级首先使用统编教材，2018 年延伸至八年级，2019 年实现义务教育学校全覆盖（初中历史教材全部使用统编教材）。统编历史教材历时 5 年完成编审工作（2012—2017 上半年），实现“三统一”：国家统一编写、统一审查、统一使用。统编历史教材意识形态属性比较强，具有极其重要而特殊的育人功能。故统编历史教材旨在强化国家意志、贯彻党的教育方针、落实社会主义核心价值观。统编历史教材实行四审制度，严把三关。所谓四审制度，严把三关，即委托基础教育课程教材专家工作委员会组织资深专家开展思想政治审查、学科审查、专题审查、综合审查，把好教材政治关、理念关和科学关。最后，报国家教材委员会审查通过再投入使用。统编历史教材四审制度，首先是思想政治审查，主要是从中华优秀传统文化、革命传统教育、选文选材价值导向等方面把关，以保证教材坚持正确的政治方向，全面落实社会主义核心价值观。其次是学科审查，主要是从学科的角度，审查历史教材是否符合课程标准，审查历史教材内容的科学性、系统性、准确性和适宜性。再次是专题审查，主要是针对考古文物图片等内容的科学性和准确性进行审查。最后是综合审查，主要是看历史教材不同学段间的纵向衔接和不同学科间的横向协调情况。统编历史教材必须严把三关，其一是教材政治关，重点是审查教材的思想性，以保证教材坚持正确的政治方向，确保国家意识形态安全。其二是教材理念关，看教材反映的教育理念是否正确，是否先进，主要是审查教材是否注重学思结合，是否注重知行合一，是否注重以学生为本。其三是教材科学关，主要审查教材是否符合学生认知规律，内容是否准确，容量是否适当，难度是否适宜；选材是否是学生终身发展必备的最基本内容和社会发展的新成果；编排是否体现整体性和系统性。

二、教师应具有的历史教材观

（一）历史教材

历史教材有广义和狭义之分，广义的历史教材指教学中所用的一切素材，有文本教材，如教科书、讲义、讲授提纲、参考书、教辅材料等；电子教材，如电子课本、电子辅导材料等。狭义的历史教材，特指历史教科书，即师生在历史课堂中使用的课本。这里我们使用狭义的定义，即统编历史教材概念。

（二）历史教材观

所谓历史教材观，是指教师对历史教材内容、属性、结构、功能等的基本看法和观点。教师所具有的历史教材观是不相同的，不同的历史教材观体现出教师对历史教材不同的观点和看法，主要包括历史教材目标观、教材内容观、教材结构观，以及历史教材实施（教学）观，这是历史教师应具有的历史教材观。

历史教材目标观，是指历史教师对教材文本所要实现的功能及目标的看法和理解。历史教材目标观可具体化为课时教学目标。

历史教材内容观，是指历史教师对教材所应涵盖的实质内容（如课本正文、插图、作业等）和形式内容（如课本、教辅资料、音频资料）的观点与主张。

历史教材结构观，是指历史教师对教材的整体结构编排及其单元编排所持有的基本观点。教材结构是教材编写逻辑结构研究的重要内容，主要涉及学科体系逻辑、学习心理逻辑、教材编写逻辑等。

历史教材实施观即历史教材教学观，是指历史教师对如何使用教材进行教学的基本看法和态度。有什么样的历史教材实施（教学）观，反映了一个历史教师选择什么教学内容，采用什么样的教学方法与策略来进行教材处理的基本看法。教师对教材持有的实施（教学）观主要有“本本式”教材实施观、“材料式”教材实施观。“本本式”教材实施观认为历史教材的内容就是教学内容，教师对历史教材要绝对服从，视教材为“圣经”，须持有一颗“尊敬”之心。教师教学只能“教”教材，即“源于教材”“忠于教材”，不能“脱离教材”“超越教材”，不能越雷池一步；“本本式”教材实施观，对历史教学有着极大的负面影响，如教师“照本宣科”，学生成为“书呆子”。“材料式”教材实施观认为历史教材是供师生进行“教学对话”的“文本材料”，这是因为历史教学是教与学的统一，这种统一的实质就是交往。并且，师生间的交往在历史教学中主要表现为师生间的“对话”，而“对话”需要“文本材料”；“材料式”教材实施观凸显出这样一个理念，即历史教材是教学中最主（重）要、最基本和最常用的教学材料（课程资源），但不是唯一的教学材料（课程资源）。

三、统编历史教材的教材观分析

统编历史教材充分体现了新时代下国家对历史课程的要求，从总体教材观到教材内容观，再到教材实施观等表现出了新的内容。

（一）统编历史教材目标观

统编历史教材以立德树人为教材目标观，即总体教材观。“历史课程最基本和最重要的教育理念，是全面贯彻党的教育方针，切实落实立德树人的根本任务，坚持育人为本、德育为先。”① 这就要求我们将立德树人与历史教材、历史教学进行深度融合。

习近平同志曾指出：“历史是最好的教科书，重视历史、研究历史、借鉴历史，可以给人类带来很多了解昨天、把握今天、开创明天的智慧。”② 因此，我们必须充分发挥历史课程立德树人的教育功能，通过历史教材切实落实历史课程的基本理念，让学生能从历史中汲取经验和智慧③，以培养和提高学生的历史学科核心素养。2017 年 9 月 24 日，中共中央办公厅、国务院办公厅印发《关于深化教育体制机制改革的意见》，指出：①应注重培养支撑终身发展、适应时代要求的关键能力。②在培养学生基础知识和基本技能的过程中，强化学生关键能力培养。③培养认知能力、合作能力、创新能力、职业能力。2017 年 10 月，十九大报告关于教育相关论述指出：要全面贯彻党的教育方针，落实立德树人根本任务；要培育和践行社会主义核心价值观，树立正确的历史观、民族观、国家观、文化观；要坚持总体国家安全观，坚决维护国家主权、安全、发展利益；要坚持“一国两制”和推进祖国统一。这些都清楚地指出，历史新课程必须切实落实立德树人的根本任务。

立德树人要解决的根本问题是为谁教、教什么、怎么教、谁来教、教给谁，历史新课改则主要解决的是教什么、怎么教、持什么观念去教的问题。这就要求历史教材要落实立德树人根本任务，充分发挥历史课程特殊的育人价值，从历史发展演进的角度，体现唯物史观，渗透和阐释社会主义核心价值

---

① 中华人民共和国教育部制定：《普通高中历史课程标准》（2017 年版），北京：人民教育出版社，2018 年，第 2 页。

② 中共中央党史研究室：《历史是最好的教科书——学习习近平同志关于党的历史的重要论述》，《人民日报》，2013-7-22，第 8 版。

③ 任青：《在学习历史中更好地走向未来》，《人民日报》，2017-3-26，第 5 版。

观，弘扬中华优秀传统文化，对学生进行爱国主义、革命传统、民族团结等方面的教育，培养学生的家国情怀。

核心价值观（政府主导）即培育和践行社会主义核心价值观。我国社会主义核心价值观主要包括以下三个层面：①国家层面的价值目标，即富强、民主、文明、和谐，这需要我们牢牢把握。②社会层面的价值取向，即自由、平等、公正、法治，这需要我们深刻理解。③公民层面的价值准则，即爱国、敬业、诚信、友善，主要涵盖家国情怀这一概念，这需要我们自觉遵守。

统编历史教材对我国核心价值观有着必要的渗透，例如统编八年级历史教材关于核心价值观渗透：

富强：八年级上册第 4 课（洋务运动）、第 25 课（民族资本主义的发展）；

民主：八年级上册第 10 课（中华民国临时约法）、第 12 课（新文化运动）；

文明：八年级上册第 25 课（社会生活的变化）、第 26 课（文学艺术成就）；

和谐：八年级下册第 10 课（社会主义和谐社会）、第 12 课（民族大团结）、第 16—17 课（独立自主的和平外交、外交事业的发展）；

自由：八年级上册第 10 课（中华民国的建立）、第 13 课（工人运动）；

平等：八年级上册第 8 课（三民主义）；

公正：八年级下册第 7 课（拨乱反正）；

法治：八年级上册第 10 课（中华民国临时约法）；

爱国：八年级上册第 5 课、第 8 课（邓世昌、孙中山等爱国人物和爱国事迹）、第 7 课（抗击八国联军，维护国家统一）；

敬业：八年级上册第 6 课（康有为、梁启超等杰出人物敬业事迹）；

诚信：八年级下册第 16 课（独立自主的和平外交）；

友善：八年级下册第 12 课（民族关系与民族团结）。

统编历史教材强化社会主义核心价值观教育的内容，旨在将立德树人的教材目标观（终极目标）落到实处，解决历史课程最终培养什么人、如何培养人的问题。“教育就是要培养中国特色社会主义事业的建设者和接班人，而不是旁观者和反对派。”① 当下，历史课程培养的人，最终要树立“四个自信”“五个认同”。也就是说历史课程要培养具有坚定的道路自信、理论自信、制度自信、文化自信和具有深刻的国家认同、民族认同、文化认同、道路认同、领导

① 习近平同志 2017 年 10 月 30 日在人民大会堂会见清华大学经济管理学院顾问委员会海外委员和中方企业家委员时讲话，见《中国经济已经由高速增长阶段转向高质量发展阶段》，《北京日报》，2017—10—31，第 1 版。

认同的人。

（二）统编历史教材内容观即唯物史观

“历史教材强化唯物史观的培养，解决持什么史观去编写历史教材。”① 具体到历史教学，就要求我们用唯物史观阐释教材内容，注重历史教材的思想导向和价值引领，让学生全面、正确地认识历史。如统编八年级历史教材内容观就是坚持以唯物史观为指导，对中国近现代历史发展进行实事求是、史论结合的叙述，运用正确的史观评判历史与现实中的大是大非问题，使学生正确地认识历史，反对历史虚无主义。从而将唯物史观这条红线贯穿历史教材内容编写的始终，将正确的价值判断融入历史叙述与阐释之中，做到了思想性和科学性的统一。因此，就历史教学实践而言，教师应对统编历史教材内容所呈现的唯物史观的一些基本理论（如人民群众是历史的创造者等）、观点与主张（如强调时序性和系统性等）有深刻的理解和认识。

（三）统编历史教材实施观

统编历史教材实施观主要包括中华优秀传统文化教育、国家主权意识教育、民族精神传承教育、时代精神培育、革命传统教育、法治教育等。

1. 中华优秀传统文化教育

统编历史教材非常注重中华优秀传统文化教育，在教材实施过程中就要求教师注重中华优秀传统文化传承发展。② 如统编八年级历史教材上册第 26 课（教育、新闻出版业的发展，文学艺术的成就）。

2. 国家主权意识教育

主权意识主要指领土主权意识，包括陆权意识、海权意识等。如统编八年级上册历史教材中融入国家主权意识教育，特别是融入海洋主权意识教育（第 4 课建立新式海陆军、第 5 课甲午中日战争）。③

---

① 参见刘家和、郑谦：《历史教材：强化唯物史观的培养》，《光明日报》，2016－09－13，第 15 版。

② 参阅中共中央办公厅、国务院办公厅 2017 年印发：《关于实施中华优秀传统文化传承发展工程的意见》，中华人民共和国中央人民政府网站：http://www.gov.cn/zhengce/2017－01/25/content_5163472.htm。

③ 参阅杨国桢主编：《中国海洋文明专题研究》，北京：人民出版社，2016 年；陈悦：《甲午海战》，北京：中信出版社，2014 年。

3. 民族精神传承教育

如在统编八年级上册历史教材中融入以爱国主义为核心的民族精神传承教育；又如第一单元第1、2课（鸦片战争、第二次鸦片战争），第二单元第5、7课（甲午中日战争、抗击八国联军）第五单元第18—22课（中华民族的十四年抗战）等。

关于民族精神的传承教育问题，有一个重大的改变就是十四年抗战的问题。[①] 十四年抗战的观念是史观的改变。[②] 统编初中历史教材有2册（八年级上下册）系统讲述了中国共产党建立、发展，领导社会主义革命、建设和改革开放的史实。统编八年级历史教材涉及老一辈革命家40多位，还有英雄先烈人物的事迹，完整介绍了中国抗日战争从局部抗战、全民抗战到最终战胜日本法西斯历经的14年史实，客观讲述了南京大屠杀这一段沉痛的历史，特别强调了中国战场对世界反法西斯战争取得胜利所做出的巨大贡献和中国共产党在抗战中发挥的中流砥柱作用。

4. 时代精神培育

在统编八年级下册历史教材中，融入以改革创新为核心的时代精神培育教育，如雷锋精神、“两弹一星”精神、改革开放精神等。

5. 革命传统教育

革命传统教育是历史教育承担的很重要的任务。如统编八年级历史教材在系统介绍中华民族近代斗争的历史时，特别突出展现了中国共产党的建立和不断发展的历史，对中国共产党在新民主主义革命时期、社会主义建设时期，以及改革开放历史新时期等所起的决定性作用给予了充分的论述。

6. 法治教育

在统编历史教材实施中，突出了法治教育。如统编八年级下册历史教材涉及多部法律法规，有中华人民共和国宪法、义务教育法等。

（四）统编历史教材结构观

统编历史教材放弃以往“学习主题”的呈现方式，采用“点—线”结合的编年体呈现方式，“点”是具体生动的历史事实，“线”是历史发展的基本线

---

① 教育部：《关于在中小学地方课程教材中全面落实“十四年抗战”概念的函》（教基二司函［2017］1号）。

② 朱汉国：《试论明确“十四年抗战”概念的意义》，《历史教学》，2017第3期，第3—4页。

索。以“线”穿“点”，以“点”连“线”，通过“点”与“点”之间的联系来理解“线”，突出了历史进程的时序性，凸显历史发展的主线。

例如，统编八年级上册历史教材的“线”：屈辱史、抗争史。通过“点”，即第一单元（中国开始沦为半殖民地半封建社会，涉及鸦片战争、第二次鸦片战争）、第二单元（民族危机的加剧，涉及甲午中日战争与瓜分中国狂潮、抗击八国联军）、第六单元（中华民族的抗日战争，共 5 课，涉及从九一八事变到西安事变、七七事变与全民族抗战、正面战场的抗战、敌后战场的抗战、抗日战争的胜利）等呈现中华民族是如何对外反抗帝国主义侵略的。

四、历史教材观下教师的专业发展

可以说，教师是影响历史教材观落地的重要因素。将教材观融入学科教学，需加强对教师的专业发展引领，以推动历史教材观的具体落实。教师的专业发展体现在统编教材背景下，教师应具备新的学科素养。2005 年欧盟通过并发布了《通用教师能力和资格标准》，指出基于教材观下的教师必备的核心素养主要包括学科素养，教学素养，数字化素养，学会学习素养，人际关系、跨文化和社会素养、公民素养，创业精神素养，文字表达素养等。

学科素养，指教师应具备学科和跨学科领域的教学知识。教师的学科阅读书目，可参阅历史教师专业发展丛书《史学阅读与微课设计》（共 9 本）：《史料教学的理论与实践》《中国古代史（上下）》《中国近代史（上下）》《中国现代史》《世界古代史》《世界近代史》《世界现代史》（北京师范大学出版社，2015 年版）。跨学科阅读书目，如（英）罗伊·波特（Roy Porter）主编《剑桥插图医学史》（山东画报出版社，2007 年版），等等。

教学素养，包括创设有利的学习环境，团结合作（与学习者合作、与同事协同合作），运用知识（具备并能够使用多种类型的知识，全面理解知识并视学习为终身之旅）。

数字化素养，要求教师具备现代信息和通信技术的技能，并将其有效地融入学与教过程；具备引导和支持学习者在网络上收集和建立信息的能力。

学会学习素养，指教师能够与学生共同制定学习路线，鼓励学生参加课外活动，并学以致用；激励学生完成学习任务；教会学生如何自主学习；具有社会学习、终身学习等理念。

人际关系、跨文化和社会素养、公民素养，指教师能够培养学生的社会竞争力（融入社会），促进学生联盟的形成，教师自己的社交能力，团队精神与家长和伙伴合作。

创业精神素养，指教师知道自己所做的事，做这些事的目的与方法。

文字表达素养，要求教师具备较高的一般知识及世界文化知识水平，具有对文化审美、文化科学等领域采取批判态度的素养。

基于新时代下对教师专业发展的要求，教师认证就显得尤为重要。在美国，全美教学专业标准委员会（National Board for Professional Teaching Standards，简称 NBPTS）的认证是对一名教师教学能力的专业认可。该委员会公布 2016 年优秀教师认证五大标准：

标准 1：教师致力于学生及其学习。

标准 2：教师清楚任教科目并且知道怎样将科目知识传授给学生。

标准 3：教师负责管理和监督学生学习。

标准 4：教师能够系统深入地思考教学实践并从中进行学习。

标准 5：教师是学习共同体成员。

可以说，这五大标准基本包含了教师专业素养的内容。2017 年 10 月 5 日世界教师日的主题是“增教师权能，促教学自由”。重申教师权能的价值，凸显世界各地许多教师在其职业生涯中遇到的挑战。教师权能不仅意味着享有高质量培训、公平的薪酬以及持续的职业发展机会，它还意味着享有支持国家课程开发的自由、选择最恰当方法和途径的专业自主权，从而使得教育更加有效、包容和公平。另外，教师权能还意味着在政治变革、不稳定和冲突时期能够安全地从事教学。

在新时代下，教师必须更新历史教材观，以适应统编教材教学。同时，还要做好专业规划，加强跨学科经典阅读。从而树立新历史教材观（包括目标观、内容观、实施观、结构观），形成独特教学风格，即用教师的人格魅力去立德树人，体现唯物史观，渗透核心价值观。

新时代下的历史教师，要研究课标 2011 年版，尤其是统编历史教材观，并将统编历史教材的核心理念融入教学之中，力求实现六个转型：其一，应由学科教学向学科教育（立德树人）转型；其二，应由知识传授向学科核心素养（即唯物史观、时空观念、史料实证、历史解释、家国情怀）培育转型；其三，应由教师的教向学生的学（自主、合作、探究）转型；其四，应由信息技术向学科融合（“互联网+”）转型；其五，应由基于经验向基于实证（案例研究）转型；其六，应由专家指导向众筹学习（协同提升）转型。

新时代下我国中学历史教育改革发展趋势

（陈辉，四川师范大学教授、博士生导师）

新时代下我国中学历史教育改革呈现如下发展趋势：课程目标从“三维目标”到“学科核心素养”，课程内容从“一标多本”到“一标一本”，课程教学从“讲述历史”到“书写历史”。

一、课程目标：从“三维目标”到“学科核心素养”

（一）中学历史课改教学取得阶段性成效（2001—2011）

2001 年，我国启动义务教育历史课改（七至九年级），2004 年启动高中历史课改。中学历史课改教学实施目标教学，提出“三维目标”，即知识与能力、过程与方法、情感态度与价值观。此一阶段，中学历史课改取得阶段性成效，突出表现在转变教与学方式，即倡导自主学习、合作学习、探究学习。

（二）中学历史课改教学向纵深推进（2012 至今）

《义务教育历史课程标准》（2011 年版）（以下简称“课标 2011 年版”）的颁行及其“一标一本”教科书的编写与使用，标志着义务教育历史课改教学向纵深推进。

《普通高中历史课程标准》（2017 年版）的颁行及其“一标一本”必修教材《中外历史纲要》的编写与试验，标志着高中历史课改教学向纵深推进。高中历史课标（2017 年版）强调从“三维目标”到“学科核心素养”，即唯物史观（核心理论）、时空观念（核心思维）、史料实证（核心方法）、历史解释（核心能力）、家国情怀（核心价值观）。因此，在“依据核心素养确定学科核心素养，依据学科核心素养修订课标与重组教材”的顶层设计之下，历史教师要积极探索学科核心素养在历史课改教学中落地的路径和方法；在历史教学课时目标设计中，尝试从拟订“三维目标”到拟订“学科核心素养”目标；在历史课堂教学过程中，尝试渗透学科核心素养。

二、课程内容：“从一标多本”到“一标一本”

（一）我国历史教科书实现“一标多本”

1. 课改十年初中实行“一标八本”

课改十年，由教育部批准立项编写，并经全国中小学教材审定委员会初审通过的义务教育课程标准历史教材共八套，可配套使用。这八套教材分别由李伟科、陈其主编，人民教育出版社出版；宋一夫、龚书铎、陈之骅主编，中华书局出版；白月桥主编，中国地图出版社出版；龚奇柱主编，四川教育出版社出版；朱汉国主编，北京师范大学出版社出版；王斯德主编，华东师范大学出版社出版；秦进才主编，河北人民出版社出版；刘宗绪主编，岳麓书社出版。

各套教材还基本形成了以教科书为核心的教材系列，丰富了历史课程资源。以川教版为例，除历史教科书外，还有同步的《历史教师用书》（6 册）、《历史教学软件》（6 个）、《历史教学案例及点评》（6 册）、《历史地图册》（6 册）、《历史填充图册》（6 册）、《历史达标训练》（6 册）、历史教学网站（2 个：川教历史课程网和中学历史教学世界网）。

2. 高中实行“一标四本”

新一轮课程改革，由教育部批准立项编写，并经全国中小学教材审定委员会初审通过的高中历史教材共四套，可配套使用。这四套教材的具体信息如表 2.6.1：

表 2.6.1　“一标四本”教材具体信息

教材	主编	组织编写单位
人教版	姬秉新、陈梧桐 欧阳中石、陈其 李伟科、马执斌	人民教育出版社 课程教材研究所 历史课程教材研究开发中心
岳麓版	曹大为、赵世瑜	湖南岳麓书社
人民版	朱汉国、马世力	人民出版社
北师大版（大象版）	王亚民	北京师范大学出版社 （河南大象出版社）

总的来说，“一标多本”政策下的中学历史教材的配套出版和使用，成为

课程改革十年的里程碑。

（二）课改向纵深推进：我国历史教材实施“一标一本”

课标 2011 年版的颁行，标志着课程改革向纵深推进。课标 2011 年版颁布后，初中历史新教材也逐渐编写，并逐渐投入使用。2012 年春季至 2016 年春季，初中历史有新课标但无新教材。因此，教师按课标 2011 年版理念，依据课标实验稿（2001 年版）编写的教材，进行初中历史教学。2016 年秋季，七年级学生开始使用依据课标 2011 年版编写的部编中国历史（中国古代史）教材。2016 年开始使用的部编初中历史教材，不仅仅体现了课标 2011 年版理念，还体现了国家对基础教育历史教材的一些新要求。

统编初中历史教材历时 5 年完成编审工作（2012—2017 上半年），实现“三统一”：国家统一编写、统一审查、统一使用。统编初中历史教材意识形态属性比较强，具有极其重要而特殊的育人功能。统编初中历史教材旨在强化国家意志，贯彻党的教育方针，落实社会主义核心价值观。统编历史教材实行四审制度，严把三关。所谓四审制度，严把三关，即委托基础教育课程教材专家工作委员会组织资深专家开展思想政治审查、学科审查、专题审查、综合审查，把好教材政治关、理念关和科学关。最后，报国家教材委员会审查通过再投入使用。统编历史教材四审制度，其一是思想政治审查，主要是从中华优秀传统文化、革命传统教育、选文选材价值导向等方面把关，以保证教材坚持正确的政治方向，全面落实社会主义核心价值观。其次是学科审查，主要是从学科的角度，审查历史教材是否符合课程标准，审查历史教材内容的科学性、系统性、准确性和适宜性。再次是专题审查，主要是针对科普历史地图、考古文物图片等内容的科学性和准确性进行审查。最后是综合审查，主要是看历史教材不同学段间的纵向衔接和不同学科间的横向协调情况。统编历史教材必须严把三关，其一是教材政治关，重点是审查教材的思想性，以保证教材坚持正确的政治方向，确保国家意识形态安全。其二是教材理念关，看教材反映的教育理念是否正确，是否先进。主要审查教材是否注重学思结合，是否注重知行合一，是否注重以学生为本。其三是教材科学关，主要审查教材是否符合学生认知规律，内容是否准确，容量是否适当，难度是否适宜；选材是否是学生终生发展必备的最基本内容和社会发展的新成果；编排是否体现整体性和系统性。

2017 年秋季，经教育部教材局审查通过的、正在使用的有义务教育七年级、八年级历史（中国古代史、中国近现代史）教材、九年级（世界历史上册）。根据安排，2017 年至 2019 年，我国义务教育历史教材逐步过渡到全部使用统编教材。2017年秋季统一在全国七年级首先使用统编教材，2018年延伸至八年级，2019年实现义务教育学校全覆盖（三年全覆盖，初中历史教材全部使用统编教材）。

高中统编教材的使用安排为：从2019年秋季起，全国各省（区、市）分步实施高中新课程，使用高中新教材；各省（区、市）实施方案于2019年6月底报教育部。高考综合试点省份（上海、浙江）在2019年秋季高一学生中实施新课程，使用新教材。2018年启动高考综合改革省份（重庆、四川等省市）则在2019年或2020年实施新课程，使用新教材。2019年启动高考综合改革省份（青海等）在2020年或2021年实施新课程，使用新教材。2020年启动高考综合改革省份于2021年或2022年实施新课程，使用新教材。

三、课程教学：从“讲述历史”到“书写历史”

在新课改视域下，中学历史课程教学必须与时俱进、开拓创新，必须将“讲述历史”转变为“书写历史”。具体而言，教师既要拓宽学生接触历史的途径，也要指导学生尝试“书写历史”。

（一）学生接触历史的途径

学生接触历史的途径，有“听历史”“读历史”“看历史”等。“听历史”，即在历史课堂上听老师讲述历史。历史课堂是学生获取历史知识的主渠道。教师在课堂上不但自己要讲好历史，还要引导学生讲历史，尤其要引导学生结合教材内容讲好“历史故事”。“读历史”，即在老师指导下阅读有关历史类书刊。“看历史”，即在老师带领下进行游学，考察历史遗迹，走进历史博物馆，观看历史影视片，在电脑游戏中发现历史话题，等等。

（二）学生“书写历史”共享话语权

在历史教学中，教师要在学生听历史、读历史、看历史的基础上，指导学生写历史，共享历史话语权。学生写历史不仅仅是写小论文，还应指导学生书写自己经历的历史或他人的历史，甚至尝试书写国家的历史。学生书写历史不是要求学生都成为史学家，而是让学生认识到历史就在我们周围，历史就在我们的生活中，人人都可以书写自己的历史。目前，与中学生“书写历史”相关的竞赛和活动主要如下：

（1）大赛组委会主办、网易新闻客户端历史频道联合主办：全国青少年历史记录大赛。

（2）中国社会史学会："燕园杯"中学生历史写作大赛。

（3）华东师范大学："青史杯"高中生历史剧本大赛。

（4）季我努学社："致敬恩师·史学百家"全国采访大赛。

（5）成都市双流中学实验学校：口述史与中学生写史。

（6）成都市树德实验中学：我们的家史——从老照片老物件中走近我们的祖辈。

例如，成都市树德实验中学2018届15班50多位同学书写的《我们的家史》主要涉及：姥爷的从军经历，外公奋斗的青春，爷爷奶奶的峥嵘岁月，一家三代石油人，我是"红四代"……外婆的传家宝，妈妈的日记本，一套瓷茶具，一只舀米碗，一口箱子，小小烟壳中的时代变迁，有故事的粮票，爸爸给我讲家谱，母亲记忆中的老家，祖屋的记忆，曹氏与胥氏之源……从学生书写的家史中，折射出他们对自己家庭历史的解读，诠释了"历史就在我们身边"，明白了"历史还可这么学"，回答了"新时代怎么去培育孩子们的家国情怀"。

家史是最好的教科书。每个人的家史其实就是一部社会生活史。家史也是国史的延伸和拓展。历史的秘密，或许就深埋在自己的家里，这个"家"，不仅仅是我们的"家庭"，还是我们的"家族""家乡"，乃至"家国"，需要我们用心去探索、去体验。发掘家庭的历史，对于中学生来说，不仅是追寻被时代洪流淹没的个体记忆，收集和复原那些历史的碎片，更是在"寻根"——寻找和父辈、祖辈的亲密感，重新面对他们的过往，返回他们来的地方，找到他们未来的方向。树德实验中学的历史老师让学生回到家中，坐下来和家人一起，一同踏上"寻根"之路，或做口述录音访谈，或从老照片、老物件中走进自己的长辈，书写自己的家史。这种历史探究性学习活动，不仅使历史"鲜活"了起来，又使学生在"鲜活"的历史中体验了人生的真谛，有助于他们树立正确的历史观，将书写家史的感悟、收获与家乡、民族和国家的命运联系起来，形成对祖国历史（国史）的认同感和正确的国家观，使他们从小立志为新时代中国特色社会主义建设、中华民族的伟大复兴而奋斗终生。树德实验中学在历史探究性学习活动中，尝试"中学生书写家史"，发现身边的历史，共享历史的话语权，使新时代历史教育"学科核心素养"的家国情怀得以"接地气"，值得借鉴。

新中考新高考背景下历史教师的对策

（陈辉，四川师范大学教授、博士生导师）

一、新中考新高考改革到底改什么

（一）我国新中考新高考改革的文件依据

国家新一轮中考高考，即新中考新高考所依据的是以下文件精神：

（1）教育部《关于全面深化课程改革 落实立德树人根本任务的意见》（2014年4月）。

（2）《国务院关于深化考试招生制度改革的实施意见》（国发〔2014〕35号）（2014年9月）。

（3）教育部发布的《关于普通高中学业水平考试的实施意见》和《关于加强和改进普通高中学生综合素质评价的意见》两个高考改革配套方案（2014年12月）。

（4）《教育部关于进一步推进高中阶段学校考试招生制度改革的指导意见》（教基二〔2016〕4号）。

（5）中共中央办公厅、国务院办公厅印发《关于深化教育体制机制改革的意见》（2017年9月24日）。

（6）2017年10月，十九大报告关于教育的相关论述。2017年10月，十九大报告关于教育相关论述指出：要全面贯彻党的教育方针，落实立德树人根本任务；要培育和践行社会主义核心价值观，树立正确的历史观、民族观、国家观、文化观；要坚持总体国家安全观，坚决维护国家主权、安全、发展利益；要坚持“一国两制”和推进祖国统一。

（7）教育部《关于做好普通高中新课程新教材实施工作的指导意见》（教基〔2018〕15号）（2018年8月15日）。

（8）《中共中央国务院关于深化教育教学改革全面提高义务教育质量的意

见》(2019 年 6 月。)

(9)《国务院办公厅关于新时代推进普通高中育人方式改革的指导意见》(国办发〔2019〕29 号。)

(10)中共中央国务院印发《深化新时代教育评价改革总体方案》(2020 年 10 月。)

(二)我国新中考新高考改革的主要目标

我国新中考改革旨在逐步建立一个“初中学业水平考试成绩+综合素质评价”的高中招生录取模式,重在改变目前高中招生将部分学科成绩简单相加作为录取唯一依据的做法,克服唯分数论。我国新高考着力于将学科核心素养与学业质量水平与考试评价相融合。高中学业质量水平测定将每个核心素养划分为 4 个水平,水平 1 为最低等级,水平 2 是合格等级,水平 4 为最高等级。

1. 我国新中考新高考改革的主要内容

我国新中考改革的主要内容:通过推广初中学业水平考试(改变考试科目构成、改变考试内容、改变成绩表达),完善学生综合素质评价,改革招生录取办法。我国新高考改革的主要内容:推广学业质量标准的水平,是全体学生经过必修课程《中外历史纲要》的学习后必须达到的水平。通过学业水平合格性考试后,予以毕业,不排除学生可达到水平 3 或水平 4。学业质量标准的水平 3—4 是学生在必修课的基础上,学习选修 I 课程(《国家制度与社会治理》《经济与社会生活》《文化交流与传播》)应该达到的水平,通过等级性考试加以检测。学业质量标准的水平 3—4 同样体现在作为校本课程的选修 II 课程(《史学入门》《史料研读》)中,可作为等级性考试后高等院校相关专业录取的参考。学业质量标准的水平 4 是高考命题的基本参照。

2. 我国新中考新高考改革的时间安排

我国新中考新高考改革时间安排如下:

(1)新中考:由于初中学业水平考试一般由地市组织实施,新中考要求地市制定科学规范的综合素质评价体系,制定具体的中考改革实施方案并报省级教育行政部门备案。省级教育行政部门则制定初中学业水平考试、综合素质评价的统一要求;选择有条件的地市进一步扩大综合改革试点,制订中考改革实施意见,2017 年 8 月底前报教育部备案。综合改革试点从 2017 年之后入学的初中一年级学生开始实施,现在的初中在校生、非试点地市仍执行原来的考试招生办法。到 2020 年左右,初步形成一个基于学业水平考试成绩、结合综合素质评价的高中阶段学校考试招生录取模式。

（2）新高考：从2019年秋季起，全国各省（区、市）分步实施高中新课程，使用高中新教材，实施新高考；各省（区、市）实施方案于2019年6月底报教育部。高考综合试点省份（上海、浙江）在2019年秋季高一学生实施新课程，使用新教材，2022年实施新高考。2018年启动高考综合改革省份（重庆、四川等省市）则在2019年或2020年实施新课程，使用新教材，2022年或2023年实施新高考。2019年启动高考综合改革省份（青海等）在2020年或2021年实施新课程，使用新教材，2023年或2024年实施新高考。2020年启动高考综合改革省份于2021年或2022年实施新课程，使用新教材，2024年或2025年实施新高考。

二、新中考新高考改革的具体实施

（一）四川新中考改革

1. 文件依据

四川新中考改革依据的主要文件是《四川省人民政府关于印发四川省深化考试招生制度改革实施方案的通知》（川府发〔2016〕20号）和《四川省教育厅关于进一步推进高中阶段学校考试招生制度改革的实施意见》（川教〔2017〕107号）。

2. 总体要求

到2020年左右，基本形成基于初中学业水平考试成绩、结合综合素质评价的高中阶段学校考试招生录取模式；规范有序、监督有力的管理机制，提升教育质量，促进教育公平。

3. 主要任务

四川新中考改革的主要任务在于实行初中学业水平考试，通过“两考合一”的方式，实行“全科开考”，灵活运用考试方式、时间等，以达到学业质量测评的要求。所谓“两考合一”是指将初中毕业和高中招生考试“两考合一”，合并为初中学业水平考试，实现“一考多用”，减轻学生多次备考负担。其中，已经实行初中毕业、高中招生“两考合一”的地区要统一规范为初中学业水平考试；个别没有实行“两考合一”的地区要从2017年秋季入学的初中一年级学生起实行初中学业水平考试，实现“一考多用”。

就考试科目而言，初中学业水平考试范围覆盖义务教育课程方案规定的所有科目（14 门），实行“全科开考”，包括现有的语文、数学、外语、物理、化学、生物、道德与法治、历史、地理、体育与健康、音乐、美术、综合实践活动中的信息技术和地方课程等，并根据义务教育课程方案调整而调整。其中，综合实践活动的其他相关情况（包括研究性学习、社区服务与社会劳动实践、劳动与技术教育）应结合实际作为综合素质评价内容。各地要引导学生认真学习每门课程，确保初中教育的基本质量。值得注意的是，各科目考试分值的设定，应当以义务教育课程方案、课程标准设定的课时、课程容量等为主要依据，避免个别科目分值过低、科目之间分值差距过大。

就考试方式而言，语文、数学、外语实行纸笔闭卷考试，有条件的市（州）外语考试可增加听力测试、口试；物理、化学、生物采取纸笔考试和实验操作技能考试相结合的方式，可将每个科目的两项考试成绩合并计算作为学科总成绩；实验操作技能考试按四川省相关要求执行；道德与法治、历史、地理实行纸笔考试；信息技术实行上机操作考试；体育与健康考试科目由体能和技能项目组成，鼓励多项目抽考选考，由各市（州）统一组织实施；音乐、美术成绩由艺术素质测评成绩和技能测试成绩组成，由各市（州）确定具体要求；地方课程的考试方式由各市（州）确定；文化学科可以根据学科性质和特点，采取各科分卷或相近科目合卷的方式考试。

就命题要求而言，语文、数学、外语科目命题由省教科院组织；其他科目（含历史等）考试命题由各市（州）组织实施，当然各地也可根据需要进行联合命题。这就要求省级教研部门要加强对各地的命题指导和必要的培训，每年对各地试题进行评价并发布评价报告。

就考试时间安排而言，语文、数学、外语考试一般于每年的 6 月中旬进行；物理、化学、道德与法治、历史、生物、地理、信息技术 7 科考试和物理、化学、生物实验操作考试按照“学完即考”的原则，及时安排；体育与健康考试、音乐和美术技能测试安排在九年级下学期进行。

就成绩呈现而言，则采用分数、等级等形式。用等级呈现，即将考试成绩分为 A、B、C、D、E 等若干等级，其中音乐、美术用等级或“合格”“不合格”呈现。此外，将体育与健康纳入高中阶段学校招生录取计分科目，其分值权重原则上不低于总分的 8%。

就组织实施而言，初中学业水平考试具体由各市（州）组织实施。目前，绵阳市、宜宾市、眉山市三地作为中考综合改革试点，将从 2017 年秋季入学的初中一年级学生起开始实施。试点之外的其他地区从 2017 年秋季入学的初中一年级学生起开始推行初中学业水平考试和综合素质评价，高中招生录取可以暂时继续按照现行的方式进行。必须注意的是，各地要立足实际逐步改革，最迟从2021年秋季入学的初中一年级学生起，实行基于初中学业水平考试成绩、结合综合素质评价的高中招生录取办法。

（二）四川新高考改革

新高考是指文理不分科，采取3门统考（语数外）+3门选考（6选3）相结合的方式，启动学生综合素质评价。其中，外语考两次，取最佳成绩。概括而言，四川新高考有以下五大变化：

其一，录取模式上，由“原来依据高考成绩”，改为“两依据、一参考”，即依据3门统考科目和3门选考科目成绩，参考学生综合素质评价结果。

其二，考试科目上，由原来的语文、数学、外语、文（理）科综合科目改为语文、数学、外语3门统考科目和3门选考科目，取消文理分科。

其三，考试时间上，由原来在六月一次性进行所有科目考试改为分两次进行，选考科目在高三第二学期高考前完成，统考科目仍在6月进行。

其四，外语考试上，由原来的学生外语科目只能考一次，改为学生可以参加两次考试，取最好成绩计入高考总成绩。

其五，计分方式上，考试总成绩由原来的各科成绩直接累加，改为语文、数学、外语3门统考成绩加上3门选考科目按等级折算的相应分数。

三、新中考新高考背景下历史教师的对策

在新中考新高考背景下，中学历史教学必须与时俱进、开拓创新。这就要求历史教师必须制订相应的对策，具体而言，应至少包括以下四个方面：

其一，注重高考综合改革与中考改革的有效衔接。我们应有效发挥高考改革对中考改革的正确导向作用，围绕高考核心功能（立德树人、服务选才、引导教学），全面深化考试内容改革（如何命题）。例如，2018年高考命题尤其是全国卷的命题强调用十九大精神统领高考命题工作，全面落实立德树人要求（核心观点）。

其二，根据中学水平考试要求，提升历史考试命题的能力和水平。首先，认识命题考试在新时代初中高中历史课改中的积极导向作用，所命试题应体现立德树人的育人功能。其次，根据高中历史课标（2011年版、2017年版）和统编初中高中历史教材教学，紧密联系社会实际与学生生活经验命制试题，增强试题命制内容的基础性、综合性，注重对学生学科素养目标达成的考查。此

外，还应积极探索学业水平考试成绩用等级呈现的方式。

其三，根据国家历史课程实施要求和统编历史教材内容的变化，依据学科核心素养，上好新时代初高中历史课。初高中历史课程教学要落实立德树人根本任务，充分发挥历史课程特殊的育人价值，培养学生的学科核心素养（唯物史观、时空观念、史料实证、历史解释、家国情怀），从历史发展演进的角度，体现唯物史观，渗透和阐释社会主义核心价值观，弘扬中华优秀传统文化，对学生进行爱国主义、革命传统、民族团结等方面的教育，培养学生的家国情怀。

其四，进一步提高教师的学科专业素养，使其成为高素质专业化创新型历史教师。历史教师的专业发展主要有进修和自学两种方式。因此，历史教师既应通过参加学科专业培训，促进初高中历史教师终身学习和专业发展，又需要坚持历史校本研修，助推初高中历史教学改革。换言之，新时代教师专业发展目标要求历史教师不断提升专业素质能力，成为高素质、专业化、创新型历史教师。

培训获奖与成果分享

表1　四川师范大学2009—2020年历史教师培训获奖情况与培训成果统计表①

序号	时间	颁奖部门	获奖/成果名称	内容摘要
1	2009	教育部	全国普通高中课改实验省教师远程培训历史学科首席专家	四川师范大学陈辉教授被教育部聘为全国普通高中课改实验省历史教师远程培训专家，赴北京参加2009－2010年教育部举行的全国普通高中课改实验省历史教师远程培训
2	2010	教育部	教育部“国培计划”评估调研专家组评估	专家组对2009年四川师范大学历史学科国培组织专家、学员同台献课、建基地学校开展同课异构、参与式学习等模式创新给予高度评价
3	2010	培训学员	赠送锦旗	参加四川师范大学举办的四川省初高中历史骨干教师培训班学员向历史文化与旅游学院赠送锦旗“兢兢业业汗水浇灌梅兰开花香四海，勤勤恳恳辛血栽培桃李结果献九州”
4	2010	四川师范大学	历史教师培训生成性课程资源研制	四川师范大学陈辉主编的《历史学科省级骨干教师研修的实践与探索》，作为“省培计划”生成性课程资源，于2010年由四川师范大学电子出版社出版
5	2011	教育部	“国培计划”成果展览	四川师范大学实施2010年“国培计划”示范项目历史教师培训的经验与做法，被教育部作为典型经验，在北京举行的教育部“国培计划”成果展览会上予以展示，面向全国推广
6	2011	教育部	“国培计划”专家	四川师范大学项目主持人陈辉教授被教育部授予首届“国培计划”专家称号
7	2011	教育部	“国培计划”征文获奖	在教育部组织的“国培计划”征文活动中，参加四川师范大学国培示范项目培训的学员、来自山东聊城莘县实验初中的刘明云老师撰写的《国培，感谢有您》荣获三等奖；来自山东省济宁市教研中心的马广忠老师撰写的《走进成都，感谢国培》、来自北京市通州区玉桥中学的王晓燕老师撰写的《幸运·幸福·责任》，分别荣获优秀奖
8	2011	四川日报	“国培计划”典型经验报道	2011年11月9日，四川日报以《国培计划：让骨干教师成名师》为题目，报道了四川师范大学实施历史学科“国培计划”的典型经验与做法

① 本表由四川师范大学2018级专门史（历史教育史）硕士研究生杨友红整理与绘制。

续表

序号	时间	颁奖部门	获奖/成果名称	内容摘要
9	2012	教育部	“国培计划”培训项目机构资质	四川师范大学被教育部授予“国培计划”示范性集中培训项目中学历史教师培训机构资质和中学历史教师远程培训机构资质
10	2012	四川师范大学	教师培训工作表彰	荣获集体奖1项，个人奖1项。其中，四川师范大学历史文化与旅游学院荣获“四川师范大学中小学教师培训工作先进集体二等奖”；项目主持人陈辉教授荣获“四川师范大学中小学教师培训工作先进个人”
11	2012	教育部	历史学科“国培计划”课程标准研制	四川师范大学陈辉教授与首都师范大学赵亚夫教授共同研制的成果——《历史学科“国培计划”课程标准》，被教育部采纳，编入教育部制定的《“国培计划”课程标准（试行）》，2012年由高等教育出版社出版，面向全国推广
12	2012	四川师范大学	历史教师培训生成性课程资源研制	四川师范大学陈辉撰写的《教育部“国培计划”历史骨干教师培训实践探索》一文，作为历史教师培训生成性课程资源，刊登于王川主编的《狮山史学教研》（四川大学出版社2012年版）
13	2012	教育导报	“国培计划”典型经验报道	2012年11月28日，教育导报以《“国培计划”历史团队研修班开班——100名历史学高校教师、基层教研员启航“培训者培训”》为题目，报道了四川师范大学实施历史学科“国培计划”的典型经验与做法
14	2012	四川师范大学	校级高等教育教学成果奖	四川师范大学陈辉教授主研的《“国培计划”项目实施与管理标准化及专业化实践探索》，荣获校级高等教育教学成果奖一等奖。该成果于2014年被评为四川省政府高等教育教学成果奖二等奖
15	2013	教育部	“国培计划”示范项目表彰	四川师范大学“国培计划”历史学科示范项目进入全国中小学、幼儿园国家级教师培训前5强
16	2013	教育部	“国培计划”示范项目网络匿名评估	在教育部组织的“国培计划”参训学员网络匿名评估中，四川师范大学实施的国培示范性项目——全国高校历史培训团队研修项目获得第二名
17	2013	四川省教育厅	四川省普通高中课程改革教师远程视频培训工作表彰	四川师范大学历史文化与旅游学院参与的“省培计划”项目被授予“四川省普通高中课程改革教师远程视频培训工作先进集体一等奖”荣誉称号

续表

序号	时间	颁奖部门	获奖/成果名称	内容摘要
18	2013	教育部	“国培计划”专家	四川师范大学历史学科培训专家组成员、成都树德中学特级教师郭子其被教育部授予第三批“国培计划”专家称号
19	2013	教育部	“国培计划”中西部项目和幼师国培评审专家	四川师范大学陈辉教授被教育部聘为“国培计划”中西部项目和幼师国培评审专家，对2013—2017年中西部项目和幼师国培项目申报材料进行评审
20	2013	四川师范大学	历史教师培训生成性课程资源研制	四川师范大学陈辉、潘树林主编的《问题源于历史教学实践》，作为“国培计划”生成性课程资源，于2013年由四川师范大学电子出版社出版
21	2013	培训学员	赠送牌匾	参加四川师范大学举办的2013年四川省初中历史骨干教师培训班学员感谢历史文化与旅游学院，赠送牌匾“科学严谨的教学，启迪一线教师心智”
22	2013	培训学员	赠送牌匾	参加四川师范大学举办的四川省首届教学名师培训的历史班学员感谢历史文化与旅游学院，赠送牌匾“专家引领，名师成长”
23	2014	四川省国培办	四川省“国培计划”项目实施工作优秀单位和优秀个人表彰	荣获集体奖2项，个人奖3项。其中，四川师范大学历史文化与旅游学院荣获“2013年度四川省‘国培’项目实施优秀单位”称号；四川师范大学“国培”跟岗研修基地——成都七中初中学校荣获“2013年度四川省‘国培’影子跟岗研修优秀实践基地”称号；四川师范大学历史文化与旅游学院陈辉教授荣获“2013年度四川省‘国培’优秀项目首席专家”称号；四川师范大学历史文化与旅游学院潘树林副教授荣获“2013年度四川省‘国培’优秀教学与行政班主任”称号；四川师范大学历史文化与旅游学院“国培”跟岗研修基地、成都七中初中学校张力生老师荣获“2013年度四川省‘国培’优秀影子跟岗指导教师”称号
24	2014	教育部	国家级教学成果奖	四川师范大学陈辉教授主持的历史教师培训相关研究成果，荣获国家级教学成果奖二等奖，成为历史学科类唯一获奖的奖项

续表

序号	时间	颁奖部门	获奖/成果名称	内容摘要
25	2014	四川省人民政府	四川省教育教学成果奖	四川师范大学历史学科国培首席专家陈辉教授（排名第三）主研的成果《“国培计划”项目实施与管理标准化及专业化实践探索》荣获四川省政府高等教育教学成果奖二等奖。与历史教师培训相关的其他研究成果，荣获 3 项奖励，其中，荣获四川省政府高等教育教学成果奖二等奖 2 项，四川省政府普通教育教学成果奖二等奖 1 项
26	2014	培训学员	赠送牌匾	参加 2014 年“国培计划”一线优秀教师培训技能提升研修的历史班学员感谢四川师范大学历史文化与旅游学院，赠送牌匾“授教有方，明德为范”
27	2014	培训学员	赠送牌匾	参加 2012－2014 年度省培高中骨干教师历史班学员感谢四川师范大学历史文化与旅游学院，赠送牌匾“师恩永存”
28	2015	教育部	“国培计划”示范性项目匿名评估	在教育部组织的对 2014 年“国培计划”示范性项目匿名评估排名中，四川师范大学主办的培训团队研修项目（历史）荣获第四名
29	2015	教育部	义务教育历史学科教师培训课程标准研制	应首都师范大学邀请，陈辉教授参加由该校承担的、四川师范大学等协同单位共同参与的教育部“教师培训课程标准——义务教育历史学科教学”的研制工作
30	2015	培训学员	赠送锦旗	参加四川师范大学举办的 2015 年“国培计划”一线优秀教师培训技能提升研修的历史班、历史教研员班学员向历史文化与旅游学院赠送锦旗“国培情无价，相聚也有缘”
31	2015	四川师范大学	校级优秀硕士论文	研究生李奋珍撰写的《“国培”四川初中历史教师置换脱产研修的研究——以四川师范大学为例》，被评为“四川师范大学 2014 年度优秀硕士学位论文”。国培首席专家、论文指导教师陈辉教授被评为“优秀指导教师”
32	2017	四川省人民政府	四川省教育教学成果奖	四川师范大学历史教师培训相关研究成果，荣获 3 项奖励，其中，四川省政府高等教育教学成果奖二等奖 2 项，四川省政府普通教育教学成果奖二等奖 1 项

续表

序号	时间	颁奖部门	获奖/成果名称	内容摘要
33	2017	教育部	“国培计划”示范项目经验总结	四川师范大学“国培计划”示范项目主持人陈辉教授在北京教育学院举办的教育部“国培计划（2016）”示范项目总结会议上，介绍了四川师范大学实施国培历史培训团队研修示范项目的经验
34	2017	培训学员	赠送锦旗	参加四川师范大学举办的2015－2017年度“国培计划”西藏专职培训团队研修项目的历史班学员向历史文化与旅游学院赠送锦旗“川师国培育种子，雪域儿女满园春”
35	2018	全国教指委	全国教育专业学位教学成果奖	四川师范大学陈辉教授主持的历史教师培训相关研究成果，荣获第二届全国教育专业学位教学成果奖二等奖，成为历史学科类唯一的全国获奖项目
36	2019	培训学员	赠送锦旗	参加四川师范大学举办的2016－2019年度成都市中小幼市级骨干教师培养项目初中历史班的学员向历史文化与旅游学院赠送锦旗“群英竞艳开，成就师生情”
37	2019	教育部	“国培计划”精品培训项目	四川师范大学“国培计划”历史学科示范性集中培训项目被教育部评审为“国培计划”精品培训项目，成为历史学科类全国唯一的国家级精品培训项目
38	2020	四川省教师培训项目办公室	四川省教师培训优秀成果奖	工作案例《基于胜任力特征的历史教师培训开发与设计》（陈辉、黄牧航）获一等奖，研究成果《问题源于历史教学实践》（陈辉）获二等奖，学员案例《学无止境：川师历史国培引领专业发展》（郑晓峰）获二等奖

表 2　四川师范大学 2008—2020 年承担的国家级和省（市）级历史教师培训项目表①

序号	时间	类别	项目名称
1	2008	省级项目	四川省省级初中历史骨干教师培训项目（初中历史）
2	2008	省级项目	四川省省级高中历史骨干教师培训项目（高中历史）
3	2008	省级项目	四川省初中历史课程送教下乡活动项目（初中历史）（南充市高坪区）
4	2009	省级项目	四川省基础教育新课程省级培训初中历史教师项目（初中历史）
5	2009	省级项目	四川省民族地区高中历史骨干教师培训项目（高中历史）
6	2009	省级项目	四川省顶岗实习——置换脱产培训项目（初中历史）
7	2010	省级项目	四川省普通高中课程改革教师远程视频培训项目（高中历史）
8	2010	省级项目	四川省顶岗实习——置换脱产培训项目（初中历史）
9	2011	省级项目	四川省省级骨干教师送教下县培训农村教师项目（初中历史）（内江）
10	2011	省级项目	四川省省级骨干教师送教下县培训农村教师项目（初中历史）（广安）
11	2011	省级项目	四川省民族教育中央补助经费双语骨干教师培训・双语教师技能培训项目（高中历史）
12	2011	省级项目	四川省中小学省级骨干教师培训项目（初中历史）
13	2011	省级项目	“四川省中小学教学名师培养人选”培训项目（初中历史）
14	2011	省级项目	“四川省中小学教学名师培养人选”培训项目（高中历史）
15	2011	省级项目	四川省顶岗实习——置换脱产培训项目（初中历史）
16	2012	省级项目	四川省高中省级骨干教师培训项目（高中历史）
17	2012	省级项目	四川省省级骨干教师送教下县培训农村初中历史教师项目（初中历史）（雅安）
18	2012	省级项目	四川省省级高中历史新课程送教培训项目（初中历史）（德阳）
19	2012	省级项目	四川省省级高中历史新课程送教培训项目（初中历史）（甘孜）

① 本表由四川师范大学 2018 级专门史（历史教育史）硕士研究生杨友红整理与绘制。

续表

序号	时间	类别	项目名称
20	2013	省级项目	四川省省级骨干高中历史教师培训项目（高中历史）
21	2013	省级项目	四川省省级骨干初中历史教师培训项目（初中历史）
22	2013	省级项目	四川省高中新课程送教高中历史培训项目（高中历史）（广安）
23	2014	省级项目	四川省高中骨干教师培训项目（高中历史）
24	2014	省级项目	广西南宁高三骨干教师培训项目（高中历史）
25	2015	省级项目	四川省中小学教研组长培训项目（高中历史）
26	2016	省级项目	四川省彝区精准扶贫研修项目（初中历史）
27	2017	省级项目	四川省阿坝州教育局初中新编历史教材培训项目（初中历史）
28	2017	省级项目	四川省眉山市 2018 届普通高中学科教师培训项目（高中历史）
29	2018	省级项目	四川省眉山市 2019 届普通高中学科教师培训项目（高中历史）
30	2013	市级项目	成都市市级高中历史骨干教师培训项目（高中历史）
31	2014	市级项目	成都市市级高中骨干教师培训项目（高中历史）
32	2015	市级项目	成都市市级高中骨干教师培训项目（高中历史）
33	2017	市级项目	成都市市级初中骨干教师培训项目（高中历史）
34	2017	市级项目	成都市市级初中骨干教师培训项目（初中历史）
35	2018	市级项目	成都市市级初中骨干教师培训项目（初中历史）
36	2019	市级项目	成都市市级初中骨干教师培训项目（初中历史）
37	2019	市级项目	成都市 2019 年教师素质提升工程——成都市骨干教师培训中学历史班（初中历史、高中历史）
38	2019	市级项目	成都市 2019 年教师素质提升工程——成都市未来名师培养项目（中学文科综合）（初高中历史、地理、政治学科）
39	2009	国家级示范性项目	“国培计划”——中西部地区中小学骨干教师示范性培训项目（初中历史）
40	2010	国家级示范性项目	“国培计划”——中小学骨干教师示范性研修项目（初中历史）
41	2011	国家级示范性项目	“国培计划”——中小学教师示范性集中培训项目（初中历史）

续表

序号	时间	类别	项目名称
42	2012	国家级示范性项目	“国培计划”——中小学教师示范性集中培训项目（初中历史）
43	2012	国家级示范性项目	“国培计划”——培训团队研修示范性集中培训项目（历史）（高校历史教师和各级培训机构骨干培训者）
44	2012	国家级示范性项目	“国培计划”——培训团队研修示范性集中培训项目（历史教研员）
45	2013	国家级示范性项目	“国培计划”——历史培训团队研修项目（历史）（高校历史教师和各级培训机构骨干培训者）
46	2013	国家级示范性项目	“国培计划”——初中历史骨干教师培训项目（初中历史）
47	2013	国家级示范性项目	“国培计划”——初中历史教研员培训项目（初中历史）
48	2014	国家级示范性项目	“国培计划”——一线优秀教师培训技能提升研修项目（初中历史）
49	2014	国家级示范性项目	“国培计划”——一线优秀教师培训技能提升研修项目（初中历史教研员）
50	2014	国家级示范性项目	“国培计划”——培训团队研修项目（历史）（高校历史教师和各级培训机构骨干培训者）
51	2015	国家级示范性项目	“国培计划”——一线优秀教师培训技能提升研修项目（初中历史）
52	2015	国家级示范性项目	“国培计划”——一线优秀教师培训技能提升研修项目（初中历史教研员）
53	2015	国家级示范性项目	“国培计划”——专职培训团队研修项目（历史）（高校历史教师和各级培训机构骨干培训者）
54	2016	国家级示范性项目	“国培计划”——专职培训团队研修项目（历史）（高校历史教师和各级培训机构骨干培训者）
55	2016	国家级示范性项目	“国培计划”——专职培训团队研修项目（历史教研员）
56	2017	国家级示范项目	“国培计划”——示范性培训团队研修项目（历史）（高校历史教师和各级培训机构骨干培训者）
57	2017	国家级示范项目	“国培计划”——示范性培训团队研修项目（初中历史）
58	2017	国家级示范项目	“国培计划”——示范性培训团队研修项目（初中历史教研员）

续表

序号	时间	类别	项目名称
59	2018	国家级 示范项目	“国培计划”——示范性培训团队研修项目（历史）（高校历史教师和各级培训机构骨干培训者）
60	2019	国家级 示范项目	“国培计划”——国培管理者团队研修项目（历史）（高校历史教师和各级教师培训机构骨干培训者）
61	2020	国家级 示范项目	“国培计划”——国培培训团队高级研修项目（历史）（高校历史教师和各级教师培训机构骨干培训者）
62	2010	国家级 中西部项目	“国培计划”——四川省农村中小学教师地震灾区培训项目（初中历史）
63	2011	国家级 中西部项目	“国培计划”——四川省农村中小学教师置换脱产研修项目（初中历史）
64	2011	国家级 中西部项目	“国培计划”——四川省农村中小学骨干教师短期集中培训项目（初中历史）
65	2011	国家级 中西部项目	“国培计划”——西藏自治区农村中小学教师短期集中培训项目（初中历史）
66	2011	国家级 中西部项目	“国培计划”—四川省农村中小学教师远程培训项目（初中历史）
67	2012	国家级 中西部项目	“国培计划”——四川省农村中小学教师置换脱产研修项目（初中历史）
68	2012	国家级 中西部项目	“国培计划”——四川省中小学学科带头人短期集中培训项目（初中历史）
69	2013	国家级 中西部项目	“国培计划”——四川省置换脱产初中历史教师研修项目（初中历史）
70	2013	国家级 中西部项目	“国培计划”——四川省教学名师讲师团送教初中历史项目（内江）
71	2013	国家级 中西部项目	“国培计划”——四川省中小学教学名师高中历史培训项目（高中历史）
72	2013	国家级 中西部项目	“国培计划”——四川省中小学教学名师初中历史培训项目（初中历史）
73	2013	国家级 中西部项目	“国培计划”——四川省网络研修与校本研修整合培训项目（初中历史）
74	2014	国家级 中西部项目	“国培计划”——四川省置换脱产初中历史教师研修项目（初中历史）
75	2014	国家级 中西部项目	“国培计划”——四川省农村中小学主干学科短期集中培训项目（初中历史）

续表

序号	时间	类别	项目名称
76	2014	国家级 中西部项目	“国培计划”——四川省网络研修与校本研修整合培训项目（初中历史）
77	2014	国家级 中西部项目	“国培计划”——四川省农村中小学学科教师远程培训项目（初中历史）
78	2015	国家级 中西部项目	“国培计划”——四川省置换脱产专职培训团队研修项目（农村骨干历史教师）
79	2015	国家级 中西部项目	“国培计划”——西藏自治区置换脱产专职培训团队研修项目（初中历史）
80	2016	国家级 中西部项目	“国培计划”——四川省教师培训团队置换脱产研修教研能力提升培训项目（初中历史）
81	2016	国家级 中西部项目	“国培计划”——湖北省教师培训团队置换脱产研修项目（初中历史）
82	2017	国家级 中西部项目	“国培计划”——西藏自治区置换脱产专职培训团队研修项目（初中历史）
83	2017	国家级 中西部项目	“国培计划”——四川省置换脱产专职培训团队研修项目（初中历史教师/教研员）
84	2019	国家级 中西部项目	“国培计划”——四川省紧缺领域（学科 ）教师专项培训项目（研学旅行教育 ）
85	2019	国家级 中西部项目	“国培计划”——西藏自治区中西部和幼师国培项目（初中历史优秀青年教师助力培训）
86	2020	国家级 中西部项目	“国培计划”——四川省骨干教师提升培训项目（初中历史）
87	2013	国家人事部、财务部、教育部等七部委联合举办的特殊人才培养计划项目	“特培计划”——西藏少数民族专业技术人才特殊培养计划（2013—2014）（历史）
88	2017	国家人力资源社会保障部特殊人才培养计划项目	“特培计划”——西藏少数民族专业技术人才特殊培养计划（2017—2018）（历史）

表 3　四川师范大学 2008—2020 年历史教师培训专题讲座统计表①

序号	姓名	单位	职称/职务	专题讲座题目
1	龚奇柱	重庆市教育科学研究院	研究员、特级教师	初中历史新课程教学改革的现状、特点和趋势
				教师培训者的专业发展必由之路：坚持教育、教学与教研的有机结合
				初中历史课程改革现状与发展趋势
				初中历史学科课改最新动态
				初中历史课程教学改革的回顾与展望
				新版中国近现代史教材与学科前沿动态
				国家文化安全与历史教育
2	冯一下	成都大学	教授	初中历史新课程教学情境的有效创设技巧
				中国古代史教学中的学术前沿问题研究
				中国古代史研究动态与初中历史教学
				中国史研究动态与初中历史教学
				初中历史课程改革再深化的重难点问题
				初中历史知识与新课标课程内容分析
				中国历史课程内容体系的百年回顾
				高中历史课程教学中的中国主流思想研究
3	朱汉国	北京师范大学	教授、博士生导师	中国史研究信息与初中历史教学
				中国近代史研究动态与初中历史教学
				新课标倡导的历史新课程理念研究
				新课标指导下的高中历史教科书的编撰
4	聂幼犁	华东师范大学	教授、博士生导师	初中历史教学的有效性问题

① 本表由四川师范大学 2018 级专门史（历史教育史）硕士研究生杨友红整理与绘制。

续表

序号	姓名	单位	职称/职务	专题讲座题目
5	叶小兵	首都师范大学	教授	高中历史课标修订与学科核心素养研制
				高中历史学习质量评价标准研制
				部编初中历史新教材编写的总体思路与结构
				部编初中历史新教材重难点问题研究
				初中历史课标的修订与实施思路
				新版初中历史课标教学建议及其实施
				历史学科核心素养与初中历史教学
				中学历史课标实施及其修订
				义务教育历史课程标准思路、成就与变化
				修订前后的初中历史课标解读
6	姬秉新	西北师范大学	教授、博士生导师	关于基础教育课程改革的几个问题
				作为培训者的高校历史教师角色定位
				历史教育与中学历史课程的价值观教育
				作为教师培训者的角色定位
				高中历史有效教学现状及对策
				高中历史课堂深度问题教学研究
7	赵亚夫	首都师范大学	教授、博士生导师	历史教育研究的基本理论与方法
				中学历史课堂教学实录分析研究
				新中国历史教育回顾与展望
				历史教育与中学历史课程的价值观教育
				当下中学历史教育改革的现状及其对策
8	李稚勇	上海师范大学	教授、博士生导师	中外历史教育课程改革比较研究
				当代历史教育研究概述
				我国历史教育研究的发展及其趋势
				新中国历史教育的回顾与展望
				怎样做一个优秀的历史教师
9	朱煜	扬州大学	教授、博士生导师	中国史研究前沿与课程内容解析

续表

序号	姓名	单位	职称/职务	专题讲座题目
10	黄牧航	华南师范大学	教授	历史教师培训方案的设计
				历史教师培训项目的开发与管理
				历史学科试卷的命制技巧
11	齐健	齐鲁师范学院	教授	中学历史教学创新的理性思考
12	郑林	北京师范大学	教授、博士生导师	高中历史教学中的史观与价值取向问题
13	任世江	《历史教学》杂志社	主编	初中历史教师的师德素养与专业化发展
				中国史研究前沿与课程内容解析
				学术研究与中学历史教学
14	刘立新	西华师范大学	副教授	历史认知目标与多样化教学设计
				高中历史新课程实施与三维目标的构建
15	任鹏杰	陕西师范大学《中学历史教学参考》杂志社	主编、教授	历史教育期刊选稿与文章撰写
				历史教育：莫让“废墟”湮没价值
				价值引领成就中学历史教育
				历史教育改革何以必须回归常识
				过程与方法目标实施策略
				历史教育的终极目标：培养学生的健全人格论
16	陈辉	四川师范大学	教授、博士生导师	骨干教师研修学习计划拟订策略
				历史学科核心价值与历史教学关键点
				初中生历史学习现状的心理分析及对策
				初高中历史探究性学习的比较分析
				历史教学研究文章的写作
				历史教学科研成果的撰写技巧
				初中历史课标修订与课程教学改革的回顾与展望
				新版课标关于教学实施新要求
				义务教育历史课程标准（2011 年版）的理念及取向
				历史教师学习与发展规划策略
				历史名师指导青年教师的有效方式

续表

序号	姓名	单位	职称/职务	专题讲座题目
16	陈辉	四川师范大学	教授、博士生导师	中学历史课程标准与教学实施
				普通高中历史课程标准实施调研与修订情况介绍
				中学历史课程改革再深化的重难点问题
				基于新版课标的历史教学实施策略
				历史教师培训方案的设计与案例分析
				历史教师培训效果的考核与评价
				慕课（MOOCs）与翻转中学历史课堂
				历史教育名著研读与校本研修
				新版课标 2011 年版教学建议及其实施
				历史教师培训申报与实施方案研制
				初中历史教师培训标准的研制与实施
				历史教师培训绩效评估
				初中历史知识的基本特征及其实施
				历史教师培训模式与方法创新
				历史教师培训课程方案的设计与需求诊断
				统编历史教材观与教师专业发展
				统编教材背景下初中历史教学改革发展趋势
				历史学科培训成果的总结与提炼
				新中考背景下的初中历史教学改革及其发展趋势
				新型教材观与中学历史骨干教师的专业发展
				国际视野下的全球历史教育发展趋势
				高考招生制度综合改革下的历史教师应对之策
				高中历史课程改革现状及其发展趋势
				历史骨干教师研修学习计划的拟订与案例分析
				历史校本研修与微型课题研究
				高中文科综合化趋势研究
				高中历史课程教学改革的现状、特点和趋势
				新课程背景下历史教师的专业发展困境及对策

续表

序号	姓名	单位	职称/职务	专题讲座题目
17	李月琴	华东师范大学《历史教学问题》杂志社	教授、副主编	历史教育期刊选稿与文章撰写
18	陈志刚	广西师范大学	教授、博士生导师	从教学立意谈初中历史教材分析
19	姚锦祥	南京师范大学	教授	初中中国史课程内容的变化及其教学要求
20	杜芳	华中师范大学	教授、博士生导师	信息技术与历史学科教学的整合
21	何成刚	教育部基础教育课程教材发展中心	研究员	2011 年版初中历史课程标准解读
				基于课程标准的教学实施建议
22	陈新民	杭州师范大学	教授	教育期刊论文选稿与历史教师投稿指南
23	徐赐成	陕西师范大学	教授	历史意识视野下的历史教学
				历史教师培训案例资源的采集与利用
24	张汉林	首都师范大学	教授、博士生导师	历史教研员培训者的角色定位
				历史教师培训校本研修指导
				历史理解与理解历史
				学科素养背景下的历史理解与理解历史
25	张天明	绵阳师范学院	教授	历史教育创新与民族精神传承

续表

序号	姓名	单位	职称/职务	专题讲座题目
26	张利娟	四川师范大学	副教授	初中新课标历史教材的编撰与使用
				互联网络与信息技术辅助历史教学
				历史课堂教学常用技能与问题诊断
				历史教科书文本资源的开发
				地方课程资源考察与初中历史教学
				历史教学与网络公共资源的获取与利用
				历史课堂教学设计及其实施策略
				外国历史教科书中的“中国形象”
				高中专题史中的史料教学设计与实施
				图像史料与中学历史教学
27	杨天宏	四川大学	教授、博士生导师	科举制度的革废及其影响
28	彭小瑜	北京大学	教授、博士生导师	西方历史误读的东方背景：教皇革命、宗教改革和禁欲主义
29	李伯重	清华大学	教授、博士生导师	早期经济全球化进程中的中国
30	霍巍	四川大学	教授、博士生导师	考古发现与历史研究
31	高中伟	四川省委宣传部	教授、博士生导师	中国梦与教师立德树人
32	韩东育	东北师范大学	教授、博士生导师	东亚的博弈——兼谈亚太国家的心理
				中日关系问题专题研究
33	王子今	北京师范大学	教授、博士生导师	秦始皇帝的海洋意识
34	何平	四川大学	教授、博士生导师	历史教学与人文素质培养
35	石硕	四川大学	教授、博士生导师	史料与西藏历史研究
36	李大龙	云南大学	教授、博士生导师	中国的边疆与边疆问题
37	李松林	四川师范大学	教授、博士生导师	中学生核心素养的发展
38	郎维伟	西南民族大学	教授、博士生导师	中国民族政策与民族理论的回顾与前瞻

续表

序号	姓名	单位	职称/职务	专题讲座题目
39	秦和平	西南民族大学	教授、博士生导师	建国初期西南民族地区的历史性跨越
40	李娜	浙江大学	教授、博士生导师	公众史学与历史教育
41	王续添	中国人民大学	教授、博士生导师	音乐与政治：音乐中的民族主义——以抗战歌曲为中心的考察
42	杨先农	四川省社会科学院	研究员、博士生导师	毛泽东思想的当代价值
43	吴定初	四川师范大学	教授、博士生导师	历史教研组的校本研修与微课题研究
				我国西部基础教育现状与改革
				钱学森之问与创新能力培养
				义务教育：常识与问题
				四川基础教育改革现状与深化发展
44	巴登尼玛	四川师范大学	教授、博士生导师	教育的含义及其使命
45	曹正善	四川师范大学	教授、博士生导师	教师如何提高教育科研水平
				和谐师生关系的建设
				哲学家视野中的教师图像
				教师学习共同体的建立与运行
				普通高中综合实践课程实施现状及对策

续表

序号	姓名	单位	职称/职务	专题讲座题目
46	王川	四川师范大学	教授、博士生导师	民族史研究与义务教育地方课程教材开发策略
				西康近代史研究概述
				中国历史学科的发展趋势
				巴蜀文化与地理环境
				巴蜀文化史简论
				口述史研究与中学历史教学
				川藏“茶马古道”及其文化价值
				区域文化研究丛谈
				西藏历史文献的整理及其“非遗”意义
				南方丝绸之路丛谈
				“天府文化”古今谈
				中国历史学研究及其发展趋势
				中国西南地区的宗教与社会
				四川历史名人文化传承与初中历史教学
				从“丝绸之路”到“一带一路”
				高中历史教育中的民族与宗教
				巴蜀文化与文化强国
				近年来中国史研究若干热点问题分析
				茶马古道与巴蜀文化
47	吴建华	西南大学	教授	世界史研究信息与初中历史教学
				世界史教学中的学术前沿问题研究
				世界近代史研究动态与初中历史教学
				世界近现代史研究前沿与教材解析
				基于课标的世界古代近代史基本线索与学科前沿动态
				新版课标中的世界近代史前沿动态
				新版世界史教材与学科前沿动态
				当代国际关系史若干问题研究

续表

序号	姓名	单位	职称/职务	专题讲座题目
48	赵昆生	重庆师范大学	教授	新版课标中的中国古代史前沿动态
				基于课标的中国古代史基本线索
				初中川教版（2016）中国古代史新教材内容解读及教学建议
				新版中国古代史教材与学科前沿动态
49	游永恒	四川师范大学	教授	灾后公共卫生及安全应急处理对策
				模范教师的师德与职业认同
				教师的伦理精神
				教师的人文精神与人文素养
				新课程背景下教师专业发展
50	吴达德	四川师范大学	教授	史学的核心价值与历史教师的人文素养
				史学方法论指导下的历史教学
51	李志全	四川师范大学	教授	四川师范大学名师培养方案解读
				《中学教师专业标准》与教师专业发展
				教师培训内容与表达方式
				实践取向的教师专业发展模式
				普通高中课程改革的问题与反思
52	曹启富	四川文化产业职业学院	教授	文化传承与地方历史资源的开发利用
53	荣维木	中国社会科学院	研究员	抗日战争史研究若干问题分析
54	曹成建	四川师范大学	教授	中国梦与教师立德树人
55	谢元鲁	四川师范大学	教授	巴蜀文化的发展与地理环境
56	曹华清	西南大学	教授	历史学习兴趣及其在教学中的激发
				中学生历史学习心理分析
57	刘世哲	中国社会科学院	研究员	学术转型与民族研究的选稿取向
58	林中泽	华南师范大学	教授	西方宗教的历史考察

续表

序号	姓名	单位	职称/职务	专题讲座题目
59	陈乾康	四川师范大学	教授	文化遗产与中学课程资源的开发和利用
60	田利军	四川师范大学	教授	中国近代史研究动态与初中历史教学
				中国史研究动态与初中历史教学
				中国历史教科书中的学术前沿信息与教学实施对策
				新版课标中的中国近代史前沿动态
				基于课标的中国近代史基本线索与学科前沿动态
				中国史课程内容与研究前沿
				基于高中课标的中国史若干问题研究
61	黄天华	四川师范大学	教授、博士生导师	中国现代史研究动态与初中历史教学
				中国历史教科书中的学术前沿信息与教学实施对策
				新版课标中的中国现代史前沿动态
				基于课标的中国现代史基本线索与学科前沿动态
62	王晓焰	四川师范大学	教授	世界现代史研究动态与初中历史教学
				世界历史教科书中的学术前沿信息与教学实施对策
				新版课标中的世界现代史前沿动态
				基于课标的世界现代史的基本线索
				世界历史学科的发展趋势
				世界史研究前沿与课程内容解析
				初中历史教科书中的女性问题研究
				初中世界史课程内容的变化及其教学要求
				统编历史教材九年级世界史课程内容的变化及其教学要求
				欧洲文明的精神渊源与世界史教学
				历史教科书中的女性人物研究
				近年来世界史研究若干热点问题分析
				基于高中课标的世界史若干问题研究

续表

序号	姓名	单位	职称/职务	专题讲座题目
63	刘开军	四川师范大学	教授	历史教育与国家历史文化认同
64	韩万斋	四川师范大学	教授	国歌·国魂
65	段永清	四川师范大学	教授	社会主义核心价值观及其取向
66	张皓	四川师范大学	教授	教师心理健康与自我保健
				教师心理健康维护
67	王春英	四川行政学院	教授	重大突发事件情景构建
68	张果	四川师范大学	教授	区域发展与城市化
69	陶旭泉	四川师范大学	教授	艺术欣赏
70	王春光	《中小学教师培训》杂志社	执行社长、教授	历史教师培训课题的选题与研究指南
71	杨莲霞	《历史教学》杂志社	主编、编审	中学历史教学选题与写作
72	潘树林	四川师范大学	副教授	新史观与历史教学
				世界古代史研究动态与初中历史教学
				世界近代史研究动态与初中历史教学
				世界古代及中世纪史研究动态与初中历史教学
				世界史研究动态与初中历史教学
				新版课标中的世界古代史前沿动态
				新版课标中的世界近代史前沿动态
				影响中学历史教学的几种史观
				评卷工作与中学历史教学
				历史微格说课与历史教学
				新史观与高中专题史教学
				史学观念在历史新课程教学中的运用
73	李华平	四川师范大学	教授	新背景下的教师专业发展
				人的尊严乃教育的使命

续表

序号	姓名	单位	职称/职务	专题讲座题目
74	王雪梅	四川师范大学	副教授	中国传统文化简介
75	黄秀琼	四川师范大学	副教授	教师教学技能与新课程
76	余家春	四川师范大学	教师	网络社区研修指导
77	吕丹	四川师范大学	副教授	历史学习心理与历史学习效益
				初中历史学习现状的心理分析及其对策
78	李峻杰	四川师范大学	副教授	史学研究和历史教育中的学科能力与人文素养
79	陈静亦	四川省教育科学研究院	历史教研员、高级教师	初中历史考试与学业评价改革
				中学历史学业评价与备考策略
				初中历史课堂不良状况的矫正策略
				历史学科试卷的命制技巧
				基础教育课程改革中关于评价问题的思考
				统编历史教材七至八年级中国史课程内容的变化及其教学要求
				统编八年级中国近现代史教材解读及其教学实施建议
				初中历史课程教学改革的现状、特点和趋势
				初中历史新课程改革与中考命题研究
80	黄勇	四川省教育科学研究院	历史教研员、高级教师	学科核心素养培育与历史试题命制
				初中历史图像教学课例研究
				唯物史观与中学历史教学
				“证据意识”与统编初中历史教材教学
				新课程背景下的试题评价与改革
				新课程中考历史科研究
				统编九年级世界历史教材教学策略
				高中历史新课程改革与学业测量评价研究
81	王本书	成都华阳中学	正高级教师、特级教师	初中历史优质课评课策略

续表

序号	姓名	单位	职称/职务	专题讲座题目
82	郭子其	成都树德中学	正高级教师、特级教师	优秀历史教师爱岗敬业与专业成长
				历史教师职业倦怠调节与专业成长
				高中历史选修模块教材中的学术前沿信息与教学实施对策
				高中历史教学创新思考
				教师专业发展之路的规划与实施
83	刘松柏	四川师范大学附中	正高级教师、特级教师	史料研习与初中历史教学资源开发
				基于史料的历史教学设计
				基于情境创设的历史教学设计
				高中历史必修模块教材中的学术前沿信息与教学实施对策
				四川省高考考试说明的再解读
				新高考改革实施方案背景下的高中学业水平考试
				高中历史新高考方案与学业水平考试
				学科核心素养与历史试题命制
				高中历史核心素养与高考备考
84	卞金祥	山东省教育厅中小学师资培训中心	主任	名师成长机制分析
85	郭斌	四川省教育科学研究院	历史教研员、高级教师	历史多媒体课件的制作与运用
86	魏书生	江苏台州书生中学	特级教师	名师成长个案探究
87	沈为慧	江苏昆山中学	正高级教师、特级教师	史料教学与历史教师阅读
88	张华中	江苏苏州市高新区教研室	正高级教师、特级教师	中学历史教科研实务探略
				历史学科教研室建设现状及管理对策

续表

序号	姓名	单位	职称/职务	专题讲座题目
89	徐彪	重庆求精中学	特级教师、正高级教师	初中川教版（2016）中国古代史新教材内容解读及教学建议
				川教版八年级上册历史新教材内容解析与使用建议
90	郭富斌	陕西西安中学	特级教师、正高级教师	高中专题史教与学问题诊断及解决
				初中优秀历史教师教学风格的提炼
				历史教师教学风格的总结与提炼
91	赖蓉辉	成都市教育科学研究所	历史教研员、特级教师	初中历史活动与探究课设计
				搭建教研平台——促教师专业发展
				高中历史问题探究式教学实施策略
				初中历史自主学习活动课堂模式的构建
92	夏辉辉	广西教育学院	历史教研员、高级教师	历史教研工作转型与教研员专业成长
				历史课堂教学研究活动的组织
93	李正平	成都市青羊区教育科学研究室	历史教研员、特级教师	基于学科核心素养的初中历史生动、活泼、互动课堂构建
				基于学科核心素养的初中深度历史课堂的构建
				初中历史问题教学课例研究
94	唐先义	成都航天中学	特级教师、正高级教师	基于名师工作室下的初中历史教师专业成长探究
				因势利导培养青年教师　稳步推进名师工作室工作
95	罗光火	成都航天中学	特级教师、高级教师	新课改背景下名师工作室如何开展高中历史教学研究
96	肖延安	广安市教育科学研究所	历史教研员、特级教师	作为培训者的初中历史教师的角色定位
				中学历史高效课堂建设的基本策略
				中学历史有效教学的途径与方法
97	王廷明	攀枝花市教育和体育局	特级教师、高级教师	中学历史教师的培养与选聘
98	胡克芹	成都双流中学	特级教师、高级教师	教学名师引领中学历史新课改

续表

序号	姓名	单位	职称/职务	专题讲座题目
99	王明宪	成都石室中学	特级教师、高级教师	历史教师潜能自我提升策略
100	赵剑峰	广东深圳外国语学校龙华校区	特级教师、正高级教师	基于历史课堂观察的听评课策略
101	魏恤民	广东深圳龙华区教育科学研究院	历史教研员、正高级教师	历史教师培训工作中的说课与评课
102	汪瀛	湖南省株洲四中	特级教师、正高级教师	历史教师培训者的角色定位
103	牛学文	浙江省教育厅教研室	历史教研员、高级教师	历史教师培训方案研制与培训方法创新
104	卢志	四川省教育科学研究院	研究员、高级教师	高中新课程实施中的困难、问题及对策
105	王真东	四川省教育科学研究院	研究员	中学教师教育科研与方法
106	黄开红	重庆市教育科学研究院	历史教研员、正高级教师	中学历史课堂的智慧立意及其实施
107	李洁	成都市教育科学研究院	高级教师	农村历史教师的生存状态与职业倦怠感成因及对策
108	何平	四川大学附中	高级教师	灾后的师生心理康复研究
109	李丹	成都彭州博骏公学	高级教师	初中历史课程有效课堂教学策略及实施
110	何倩	成都七中育才学校	高级教师	初中历史同课异构教学活动探究
111	刘建国	四川省教育科学研究院	正高级教师	名师科研课题实施与管理

续表

序号	姓名	单位	职称/职务	专题讲座题目
112	林桂平	安徽滁州市第二中学	特级教师、正高级教师	构建有生命的历史课堂——历史课堂有效教学策略
				区域历史名师工作室建设的实践与反思
				中学历史同课异构教学设计与实施
113	杨杰	宜宾市教科所	历史教研员、高级教师	新课程背景下历史校本研修的组织与实施
114	陈晓玲	成都市锦江区教育科学研究院	历史教研员、高级教师	历史优质课的设计思路探究
115	倪晶	北京中教启星科技股份有限公司	装备研发部历史产品设计师	助力初中历史教学　培养学生学科核心素养
116	谢宏	眉山市教育科学研究所	所长、高级教师	2019 届高三历史复习优生培养　开放性试题复习策略　命题技术研究
117	戴羽明	天津市中小学教育教学研究室	研究员、历史教研室主任	2018 年高考历史试题分析及教学建议
				“同课异构”历史教研活动的实践探索
118	蒋兆俊	阿坝州马尔康中学	特级教师、正高级教师	学科核心素养与初中新教材历史教学
119	肖庆达	成都外国语学校	特级教师、高级教师	“以学定教”的历史课堂转型
				历史校本研修的设计与实施
120	雍建平	南充市教育科学研究所	特级教师、历史教研员	初中历史课堂教学活动研究
121	王雄	江苏扬州中学	特级教师、教授级高级教师	“参与式”教学在初中历史课堂中的运用
				作为培训者的历史教师角色定位
				历史教师培训模式与方法创新
122	彭启耀	成都石室中学	特级教师、高级教师	教学模式在历史课改教学中的借鉴与应用
				中学新课程发展的最新动态

续表

序号	姓名	单位	职称/职务	专题讲座题目
123	王开元	成都七中	特级教师、高级教师	骨干教师专业发展规划的拟订策略
				历史课程性质与价值观教育
				历史教师专业发展之路的规划与实施
124	崔新萍	成都盐道街中学	特级教师、高级教师	高中历史同课异构教学实践活动研究
125	代小强	德阳市教育科学研究院	历史教研员、高级教师	高三历史一轮复习备考建议
126	束鹏芳	江苏镇江市教研室	历史教研员、教授级高级教师	历史教学名师的教学与校本研修
				历史教学名师教学风格的总结与提炼
127	王晓娟	成都棕北中学	高级教师	初中历史学法指导与案例评析
				初中历史课堂教学设计案例分析
128	曾庆沙	成都树德实验中学	特级教师、高级教师	初中历史教学与班主任德育工作的深度融合
129	喻后敏	成都航天中学	高级教师	提高历史高中成绩的思考
130	江晓英	成都龙泉中学	高级教师	初中历史生本课堂探究
131	华黄来	成都七中实验学校	高级教师	中学历史课堂教学的语言艺术
132	高增平	资阳乐至博骏公学	高级教师	初中历史教学设计策略与实施
				初中历史课改与学生学法指导
				初中历史课堂观察与同课异构
				校园文化建设与历史教学
133	邱兴华	成都七中初中学校	高级教师	历史教师的情怀与社会担当
				教师立德树人与历史教学专业认同
134	余敬敏	桂林市德智外国语学校	高级教师	初中历史自主探究式学习课堂模式探究
135	漆志英	长沙湘仪中学	高级教师	初中历史课堂观察与说课评课

续表

序号	姓名	单位	职称/职务	专题讲座题目
136	冯瑛	重庆江津中学	高级教师	初中历史深度课堂建构策略
137	周雪	成都树德实验中学	特级教师、高级教师	初中历史史料教学课例研究
				初中历史课堂教学设计案例分析
138	林锐	成都市锦江区教育科学研究院	高级教师	培训者角色定位与素养结构
139	张明星	成都西北中学实验学校	高级教师	初中历史教师专业发展规划指导
				初中历史课堂教学问题诊断策略
				初中历史课堂教学设计与教学策略
140	刘燕玲	成都七中嘉祥外国语学校	高级教师	初中历史课堂教学常见问题的诊断策略
141	罗大文	四川省绵竹市教师培训中心	高级教师	新课程背景下评课的价值取向与注意事项
142	何艳妮	成都列五中学	高级教师	历史课堂观察与说课技巧
143	张波	重庆巴蜀中学	高级教师	历史教研组的集体备课与课程资源研发
144	王才金	成都彭州博骏公学	高级教师	学校精神与历史教师专业成长
145	高建文	成都市成华区育科学研究院	历史教研员、高级教师	初中历史教学的叙事研究与行动研究
146	邓兴国	成都玉林中学	高级教师	基于讲授的历史教学设计
147	肖成全	成都市武侯区继续教育中心	副主任	有效教学与骨干教师经验成长
148	马晓斌	成都市第二十中学校	高级教师	基于学科核心素养下的初中历史教学案例研讨
149	陈瑾	成都市锦江区教育科学研究院	副校长	区域教研活动的设计与实施

续表

序号	姓名	单位	职称/职务	专题讲座题目
150	朱章义	成都市金沙博物馆	常务副馆长	金沙与古蜀文明
151	张力生	成都七中初中学校	高级教师	初中历史课堂学习模式的构建
				初中历史教师校本研修指导
				个性化的初中历史教师教学风格的总结与提炼
152	何静	湖北襄阳市四十二中	高级教师	初中历史课程有效课堂教学策略及实施
153	杨关志	成都市郫都区第二中学	高级教师	初中历史课程有效课堂教学策略及实施理念深化
154	喻敏	成都市锦江区教育科学研究院	历史教研员、高级教师	初中历史课程有效课堂教学策略及实施
155	杨溢	成都七中育才学校	高级教师	初中历史课程有效教学策略探究
156	叶德元	成都七中育才学校	全国模范教师、高级教师	立德树人与统编初中历史教材内容的深度融合
				做一个有个性的历史教师
				师生关系与关爱学生案例评析
				做一个有“温度”的初中历史教师
				初中历史教学与班主任德育工作的深度融合
				初中历史教师工作坊与名师工作室建设
				教师立德树人与中学历史教学的深度融合
157	陈子斌	成都金苹果锦城第一中学	中级教师	“互联网+”时代下的历史学习变革及教学适应
				中学历史微课程的制作与应用
				中学历史课程资源开发与利用案例分析
				中学历史教学多媒体课件制作与应用
				信息化背景下统编初中历史课程资源开发与应用
				基于校本研修平台的初中历史微课程开发
				网络资源与初中历史教学设计

续表

序号	姓名	单位	职称/职务	专题讲座题目
158	蒋静	成都青羊实验中学	高级教师	基于统编教材背景下的初中历史课教学设计与实践
				初中历史教师教学风格的总结与提炼
159	汪霞	成都温江中学	中级教师	初中历史课堂活动设计
160	饶振宇	成都石室天府中学	高级教师	从学科核心素养思考初中历史教育
161	赵鹏程	成都双流中学实验学校	高级教师	基于名师工作室下的初中历史教师专业成长分享
162	凌生刚	宜宾龙文学校	高级教师	统编九年级世界历史教材教学策略
163	文艺	宜宾龙文学校	中级教师	统编初中中国史教学设计案例分享
164	尚倩	宜宾行知学校	中级教师	统编初中世界史教学设计案例分享
165	汪洪亮	四川师范大学	教授、博士生导师	近代中国藏学研究与中华民族共同体构建
166	陈山	四川师范大学	教授	学科统编教材教学中的法制教育的渗透
167	匡世国	成都市双流区教科院中学	高级教师	高阶思维与初中历史深度问题教学
168	余朝元	重庆市教育科学研究院	正高级教师	中国历史骨干教师爱岗敬业的典型事迹
				教师培训教学实施能力提升策略
169	郭华榕	北京大学	教授、博士生导师	历史也是现实的存在——欧洲档案的启示
170	刘芳芳	首都师范大学附中	高级教师	基于历史解释下的教学设计与实施
171	贾雪枫	泸州市教育科学研究所	特级教师、高级教师	从经验到思想的初中历史骨干教师的专业成长
				教师工作坊与历史名师工作室建设

续表

序号	姓名	单位	职称/职务	专题讲座题目
172	张姝	四川师范大学	教授、博士生导师	基于脑科学和心理学的教师培训模式创新与探索
173	王亚军	四川师范大学	副教授	从脑科学和心理学的角度谈教师培训模式创新
174	李惠军	上海晋元中学	特级教师、正高级教师	高中统编《中外历史纲要》必修教材分析与教学
175	李继	成都师范学院	副教授	高阶思维与高中历史思维教学

二〇二〇年教育部『国培计划』十周年典型案例征集入选案例

历史学科培训构建“七环节三结合”同课异构模式的探索

（陈辉，四川师范大学教授、博士生导师）

自教育部实施“国培计划”以来，四川师范大学着力将历史学科国培示范项目打造成为教育部国培精品培训项目，并于2019年首次获批，成为全国历史学科国培唯一获此殊荣的培训示范项目。在历史学科国培示范项目培训实践中，通过走近中学历史教学现场，构建“七环节三结合”同课异构培训模式，对来自高校的历史学科培训者、教研机构的历史教研员、中学一线骨干历史教师进行现场诊断式培训，重点提升参训教师的教学组织能力和实施能力。

一、背景与问题

同课异构是中学开展学科教研活动的一种方式，近年来广泛用于各类教师培训的实践教学与观摩环节。这是因为，教师不仅是实践者，更是反思者，需要将同课异构引入培训实践之中，通过鲜活的同课异构的案例分析提高培训成效的针对性和实效性。同课异构侧重于培训的实践层面，有助于在培训中激发参训教师对课堂教学的创新意识，提升教学组织能力和实施能力，促进学科专业发展。但在具体的培训实践中，同课异构培训实践存在以下问题。

（一）同课异构特色不明显

同课异构是培训实践中公开展示给参训教师进行研讨的观摩课、示范课。因此对“同课”进行“异构”，应充分展示参训教师的教学水平和教学风格。而一些培训实践的同课异构，过分强调“同课”，没有很好地凸显“异构”特色，因典型性不强而无培训研讨的价值。

（二）同课异构主题不突出

培训实践中的同课异构不能等同于常态化的教研活动，需围绕同课异构主题有重点地听课与评课。一些培训实践的同课异构的评课存在“公式化”“八股化”倾向，部分参训教师“全方位”评课，评教学目标、教材内容、教学程序、教学方法、教学语言、教学效果等，疏而不漏，没有突出主题，不得要领。

（三）同课异构话语权错位

同课异构培训实践中，培训专家和每一位参训教师应是平等的参与者，应享有平等的“话语权”。而一些同课异构实践课，“话语权”由培训专家把持，致使同课异构“一言堂”，参训教师无法充分表达自己的见解，参与度不高，积极性不强。

（四）同课异构学生评课缺失

同课异构培训实践中，往往只有培训专家、参训教师的评课，而没有课堂主体——学生参与评课。由于学生评课的缺失，评课成为“独角戏”，致使同课异构效果带有主观性和片面性。

二、理念与问题解决的思路

秉承“教师行动研究”的理念，四川师范大学在历史学科国培示范项目实施中，着力创新同课异构培训实践模式，使参训教师不再是单纯的“受训者”，而是同课异构活动的“主体参与者”以及实践经验的“主动建构者”。

（一）精选同课异构课文案例，解决异构特色不明显的问题

培训实践中的同课异构，既是展示课、示范课，也是提供给参训教师的研究课，具有示范、引领作用，其课例的选择要触及学科教学研究的前沿，能真正解决参训教师教育教学中的实际问题，有利于提升参训教师的教学组织能力和实施能力。选择的同课异构课文案例要具有挑战性，能充分展示参训教师作为授课教师的教学风格和教学特色。与此同时，能使参训教师在“同课”对比“异构”中，探究同一教学内容的两种不同的课堂教学呈现方式，从而达到殊途同归的教学效果。

（二）巧设同课异构活动主题，按“七环节”解决评课面面俱到的问题

基于培训实践的同课异构，应巧妙设计活动主题，开展“主题式同课异构”研讨活动。参训教师能紧紧围绕同课异构的主题，按同课异构“七个环

节”，即课前说课、课堂展示、学生评课、授课反思、分组研讨、微型讲座、问题探究，实践与理论相结合进行同课异构培训研讨活动与问题反思探究。

（三）同课异构“三结合”，解决参训教师话语权错位与学生评课缺失的问题

基于培训实践的同课异构，应做到“参训教师深度参与评课”“培训专家专业引领评课”和“上课学生参与评课”三个方面的有机结合，从同课异构“权重专家”“教师评课”转移到“关注学生参与评课”，做到三者的有机结合与良性互动，实现同课异构培训效益的最优化。

三、经验与创新

基于以上培训实践的同课异构理念和问题解决的思路，四川师范大学历史学科国培示范项目的同课异构按“七环节”步骤实施，具有如下特色与创新。

（一）课前说课凸显同课异构主题

参训教师以课前说课方式，进一步阐明同课异构的主题是什么，如何根据确定的主题实现“同课”中的“异构”，“异构”的创新点及其困惑所在。

（二）课堂展示重点关注“同课”中“异构”细节

参训教师、培训专家围绕主题进行课堂观察，抓住授课教师的“异构”细节描述，做好课堂观察记录。

（三）注重“三结合”师生共同享有评课话语权

培训专家以“现场采访”的方式随机地向学生进行“启发式”询问，让学生开口说话参与评课。同课异构教师反思总结教学目标的达成度及其预设教学行为的实现度。参训教师分组研讨，充分发表见解，集思广益，就同课异构达成几点共识，并推选代表在微型讲座环节予以陈述。

（四）微型讲座从实践到理论展开问题探究

培训专家以“主题式微讲座”方式，结合学科教育教学理论，就同课异构培训实践的理论基础、成功之处、异构风格、改进建议等，从实践到理论进行点评。由授课现场延伸到个体反思，参训教师结合所获、所悟、所感，聚焦问

题，反思探究，撰写同课异构研究微论文，在国培简报、国培微信公众号、国培 QQ 群予以摘要刊登。

四、思考与展望

历史学科构建“七环节三结合”同课异构培训实践模式，参训教师基于此开展教师培训的理论与实践相结合的专题研究，很有现实价值与推广意义。来自山东高唐县时风中学、参加 2018 年四川师范大学国培示范项目研修培训的任富国老师返回学校后，借鉴“七环节三结合”同课异构培训实践模式，以“教出历史的温度”为主题，组织了一次高唐县初中历史教师培训优课观摩活动，整个培训研讨活动采用课前说课、优课展示、学生评课、磨课历程、评委论课、教师评课、专家讲座等环节，收到了良好的培训效果。

诚然，“七环节三结合”同课异构培训实践模式，还有待进一步探索与实践。如同课异构课堂展示环节，参训教师是在后排“排排座”进行课堂观察，还是穿插于学生之间入座就近观察学生的学习行为？学生参与评课除启发式“现场采访”外，是否可采取“师生座谈”和“问卷调查”等方式让学生参与评课？如此等等，尚待在历史学科同课异构培训实践中加以探索。

五、案例实践情况

●项目名称：教育部“国培计划”（2018）示范性专职培训团队研修（历史）

●实施时间：2018 来 11 月 6 日

●实施地点：国培基地学校——成都西北中学实验学校

●同课异构课文：《沟通中外文明的丝绸之路》（七年级统编《中国历史》上册）

●同课异构教师：章勇（参训教师、广东省云浮中学教师）、李岚（成都西北中学实验学校教师）

●同课异构主题：如何从“教本课堂”到“学本课堂”，实现“以学习者为中心”，上好中学历史课，为学生个性化学习奠定基础

●参加人员：全体参训教师、培训专家、项目首席专家、七年级二班学生

●实施七环节：课前说课、课堂展示、学生评课、授课反思、分组研讨、微型讲座、问题探究

• 第一环节：课前说课：章勇老师以“开路→通路→护路→续路”为线索进行本课说课，阐明如何构建“学本课堂”。李岚老师试图通过“丝路未通→丝路开通→丝路联通→丝路贯通”为问题导向，以问题综合解决为线索，整个课堂教学融入“学本课堂”理念。

• 第二环节：课堂展示：李岚老师通过“学本课堂”中，学生的结构化预习、合作讨论、展示交流以及探究学习，引导学生学习张骞通西域和丝绸之路沟通中外文明交流的相关史实，帮助学生更好地理解“丝绸之路”与“一带一路”的联系。章勇老师以“学生介绍四川”导入新课，通过对“锦”字的解读，引出本课研讨主题——丝绸之路，并在课中开展“守擂游戏”，让学生提出问题、思考问题、解决问题、学生高度参与，踊跃发言。

• 第三环节：学生评课：在培训专家、成都市历史教研员、特级教师赖蓉辉老师主持下学生开始参与评课。赖蓉辉老师询问学生“通过这节课后学到了什么”“本节课给你留下的最深刻的印象是什么”等为话题，引导学生评课。学生认为，章勇老师的历史课生动有趣，学了本课后为自己的家乡感到骄傲，明白了丝绸之路的重要性。同时也给章勇老师提出建议和意见，如“希望穿插‘小笑话’之类的故事来吸引同学们的学史兴趣”“课前应让同学们温故知新”“上课内容还可以再丰满点”“说点‘成都话’让历史课堂更加生动”等。

• 第四环节：授课反思：章勇、李岚两位老师向全体参训教师反思与总结了自己的课堂教学行为和教学效果。其中，章勇老师认为上课中，在组织学生自学、激发学生兴趣等方面尚有很大的改进空间，对学生评课提出的建议和意见欣然接受。

• 第五环节：分组研讨。高校组参训教师在研讨中达成共识，认为李岚老师的课前说课没有提及“学本课堂”的操作步骤。章勇老师的同课异构将史料与史学研究新成果相结合，极大地调动了学生学史的积极性，使学生在“学本课堂”上敢于“说话”。中学组参训教师在研讨中一致认为，两位老师的同课异构很精彩，李岚老师采用“学本课堂”模式，以“老师为主导、学生为主体”进行教学，学生参与度高。章勇老师的同课异构互动精彩，将课堂教学与地方历史资源相结合，调动了学生学习的积极性。教研员组参训教师在研讨中一致强调，李岚老师的同课异构氛围活跃，引发了学生的积极思考与问题探究。章勇老师作为广东人在历史课中融入成都地方史，且能做到原汁原味地讲述，展现了“一堂有温度的历史课”。但是历史是离不开人物的，两节同课异构历史课都没有呈现“张骞”这一重要历史人物，应该在教学中深入挖掘。

• 第六环节：微型讲座：在这一环节，培训专家、中学正高级教师、特级教师、成都华阳中学教科室主任王本书老师以"'学本课堂'让学生'开口说话'"为主题进行微型讲座，主要涉及"学本课堂"是什么、教师在"学本课堂"教什么、学生在"学本课堂"学什么等理论与实践问题，认为以同课异构模式展示的、渗透"学本课堂"理念的两堂历史课，实际上就是两堂"课改课"，有助于学生深度学习历史。上好"学本课堂"历史课，教师思维的转变、具备高阶思维品质至关重要。教师在"学本课堂"历史课中，应扮演学生深度学习的引导者，要让每一位学生会提出问题，能开口说话，并学会独立思考、解决问题。

• 第七环节：问题探究：参训教师课后撰写的微论文《从激发学生学史兴趣谈"学本课堂"实施》《基于深度学习的"学本课堂"建设》《"学本课堂"与教师课堂教学行为转变》等摘要刊发于国培简报、国培微信公众号等媒体。

后　记

本书主要由四川师范大学教授、博士生导师陈辉撰稿，且负责统稿工作。参加本书撰写的还有龚奇柱（重庆市教育科学研究院）、姬秉新（西北师范大学）、赵亚夫（首都师范大学）、黄牧航（华南师范大学）、徐赐成（陕西师范大学）、张汉林（首都师范大学）、赵剑峰（深圳外国语学校龙华校区）、赖蓉辉（成都市教育科学研究院）、林桂平（安徽滁州第二中学）、陈子斌（成都金苹果锦城第一中学）、李奋珍（四川师范大学 2011 级硕士研究生）、杨友红（四川师范大学 2018 级硕士研究生）。

本书的出版获得四川师范大学国家级一流本科专业建设点经费、教师培训专项经费、师范类专业认证经费的资助。本书的出版，特别感谢四川师范大学教师培训学院（教师教育学院）院长李志全教授的业务指导；特别感谢四川师范大学历史文化与旅游学院党委书记杨国军教授和院长汪洪亮教授的大力支持；特别感谢四川大学出版社高庆梅女士的精心策划和编辑工作；特别感谢四川师范大学专门史（历史教育史）硕士研究生杨友红同学的仔细校对。

历史学科教师培训是一个长期的理论探索与实践过程。由于我们水平有限，书中难免有不足与欠缺之处，真诚地希望学界同仁提出批评和建议，以共同推进新时代下历史教师培训的理论研究与实践探索。

陈　辉

2020 年 8 月于狮子山